社会史と経済史

英国史の軌跡と新方位

A・ディグビー／C・ファインスティーン 編

松村高夫・長谷川淳一・髙井哲彦・上田美枝子 訳

北海道大学出版会

New Directions in Economic and Social History

Edited by Anne Digby and Charles Feinstein

序文

アン・ディグビー
チャールズ・ファインスティーン

本書は、経済史と社会史の領域の研究者が近年なした重要な新解釈のいくつかを、より多くの読者にもたらすことを目的としている。主題に関して専門化が進展したこと、および、方法論に関して数量化がいっそう強調されたことは、この領域における多くの重要な進展に一般の読者が近づきにくくなったことを意味している。このことを克服する一助として、経済史学会は、その主題の指導的専門家が彼らの最近の研究成果をより広い読者層に提供できるようにとくに意図された出版に対し、助成することを決定した。この本のすべての章は、もともと学術誌『リフレッシュ』*ReFRESH* (*Recent Finding of Research in Economic and Social History*) に掲載されたものである。『リフレッシュ』は、明確に構成されたテクストと用語一覧による専門用語の説明を使用することによって、複雑な議論が単純な段階で理解されうることを示すために発刊された。著者は、議論の主要な論点を明確にするために多数の表、統計、図、地図を使うよう、そして多様な相互に強化するような方法で情報を提示するよう求められた。

『リフレッシュ』はもともとおもに教員を対象にしていたが、生徒や大学学部生を含む多くの他の人々もまた、その教材がきわめて役に立つことがわかった、というのが刊行後数年の反応の示すところであった。それゆえ、その論文をより多くの読者に入手可能にすることは意義あることと判断された。本書では指導的学者が、たとえば一八世紀後期の人口の急成長の理由、産業化の生活水準への影響、エンクロージャーの結果、チャーティズムの本質といったような古くからの問題に対し、新しい解答を議論している。著者は、文書史料からの新証拠、新しい分析方法、新しいアプローチがこれらの主要な歴史的論点に関するわれわれの理解を変えるのに資することを示している。彼らは同じ主題についての現在の発見を古い、より知られている見解と関連づけるよう注意を払っている。

ここで概観する経済史と社会史にみられる新方位のおもな特徴のいくつかとは、何であろうか。多くの新研究のきわめて明白な特徴の一つは、漸進主義的な解釈の強調である。力点を工業あるいは農業における「革命」におくような、以前の研究を特徴づけていた劇的変化に代わって、いまでは経済の成長と変化の長期的な性質が高く評価されている。たとえばクラフツは、一七八〇年から一八三〇年の産業革命「古典」期における発展を劇的な「離陸《テイク・オフ》」とする見解を断固として退け、これに代えて長期にわたり持続した着実な経済成長という像をおいている。まったく異なる分野では、ミドルトンの二〇世紀における管理経済の興亡に関する論考もまた、現在利用可能な新たな証拠に照らして、ケインズ革命についてより長期的な見解がとられねばならないことを示唆している。このことは、経済政策策定における政府の新たな役割への移行にあたって直面した諸問題の起源や、ケインズ主義思想が受容された速度、またその思想が経済に及ぼした影響に関する歴史家の判断を変えてしまった。同様に、連続的な農業革命に関するオーヴァートンの論考は、歴史的な記録と同等に概念の定義というものが、革新の役割と特質に対する納得のいく評価にとって、いかに決定的なものであるかを力説している。

経済史と社会史の輪郭が描き直されるさいにしばしばもちあがる関連する論点は、歴史的発展のより重要な特徴は変化であるのか、あるいは連続性であるのか、という問題である。この論点は、ドゥームズデイ・ブックや福祉国家、あるいは近代イギリスの女性などのさまざまな主題の論考のように、いくつかの章の中心となっている。最近の解釈は連続性を強調する。ハーヴェイのドゥームズデイ・ブックの分析がこの例であるが、彼女はそれをアングロサクソンの慣習とノルマンの封建的利害関係の接合とみている。社会史の本書以外の最近の研究でも同様であるのだが、ここでやはり注目に値するのは視野の広がりである。すなわち、歴史的脈絡をそれまで中心的な事件あるいは問題とみなされてきたものと相互に関連づけうるような、あるいはそれについての評価を変えようるような諸方法を、よりいっそう評価することである。たとえば、セインは福祉国家の成長に対する評価において、集産主義的施策の増加にもかかわらず、自発的活動や自助にかなりの余地が残されていることをわれわれに想起させる。このように、異なる形態をとる福祉の役割は、互いに代替物としてではなく、密接な関連をもって成長したのであろう。彼女はまた、福祉の方策がもつ社会変化への影響力が限られていることを力説する。

これらの研究から浮かびあがるもう一つのテーマは、経済的過去の一側面についてのわれわれの理解を変えた新研究が、関連する分野における従来と異なる展望を導くか、あるいはそれをともなうだろうということである。いまや工業化は以前よりも、長引きかつ拡散した過程であったとみられるとして、ホプキンスは、帝国主義的衝動は長期により多くの力点をおくことなしには理解できないと主張する。産業と帝国という伝統的意味で、一九世紀のイギリス帝国主義を工業化と結びつける代わりに、力点は製造業にはより少なく、金融とサービス業の成長にはより多くおかれるべきである、とホプキンスは示唆するのである。近代初期のイギリスにおける人口変動に関するリグリーとスコフィールドの型破りな研究は、人口増加においては結婚が中心的変数であるという主張に焦点を当てているが、これもまた「長期の」一八世紀における経済成長と生活水準の斬新な洞察に至るものである。結婚行動が経済的環境に敏感であったため、結婚を延期することにより、資源に対する人口の重圧は避けられたことをリグリーは示している。このようにして、近代初期のイングランドの人々は、比較的高い所得と良好な生活水準を享受できたのである。工業化のあいだに、またそれ以降に達成された生活水準を再検討するにあたって、フラッドもまた古くからの論争を解明する新たなデータ——今回は身長に関するもの——を提出している。身長の変動は栄養状態の変化を反映するため、生活水準のいくつかの重要な構成要素に対する、よい指標を与えることを彼は示している。これに基づくフラッドの結論は、彼のデータが一九世紀初期に労働者階級がこうむった貧困についての追加的証拠を提供し、そして、より推論的であるが、世紀末へ向けての失業の広範な広がりの指標を提供する、というものである。

社会史の他のいくつかの研究において新たな発見を生みだしたのは、概略においては熟知している論題をみる異なった視角である。本書のチャーティズムやドゥームズデイ・ブックや労働貴族についての最近の研究の論評では、これまでになく女性がみえてきたことが、この進行中の過程の実例である。いずれの場合も、女性は以前は概して見過ごされてきたが、いまでは彼女らは重要な役割を果たしてきたとみなされている。ルイスによる一八七〇年以降の女性と社会についての広範な議論が指摘しているところによれば、女性に関する歴史的資料を発見することは、しばしば困難をもたらすとはいえ、この情報が解釈されるさいにもちあがる問題に比べれば相対的には容易である。たとえば、次に続くフェミニストの世代は、何が女性の生活において「進歩」を構成したのかに関しては、まったく異なった考えをもっている。

観察者の目というものは、歴史理解にとって明らかに決定的なものである。歴史家たちの個々の先入観が、われわれの過去のヴィジョンの創造に重要な役割を果たしてきた。本書の数章は、以前の白黒のはっきりした事件像が――そこでは経済的利益は社会的損失と対照をなしていたが――最近の研究ではそれほど明快ではなくなってきた道筋を例証している。伝統的な見解は、ハイランド・クリアランスを土地没収に起因する貧困の観点からみていた。これとは対照的に、ディヴァインの最近の研究における分析は、極貧状態は人口排除が生活水準のさらなる悪化をもたらす以前においてさえ広範に及んでいたとする、より複雑な解釈に代えている。ハイランド地方内における経済状態の多様性の評価と、そこから帰結された居住者排除は差異のある影響を与えたという彼の結論は、ターナーの議会エンクロージャーの経済的社会的諸結果に関する判断と同じ方向である。ターナーは、開放耕地の囲い込み農業に対する相対的な経済効率をめぐる論争は、いまのところまだ解決されておらず、またエンクロージャーは社会的には農村プロレタリアートの出現を「円滑にした」が、初期の研究者たちが主張したようなその唯一の原因とか、主要な原因とかではないと考えている。

しかしながら、社会的関心をもち論争的なハモンド夫妻の姿勢に典型的な、初期の歴史家たちの率直な結論は、常に放逐すべきであると決めてかかるのは誤りだろう。都市化や工業化の影響についての、この初期の悲観的解釈で提起された多くの論点は、現代の著述家たちの心を奪い続けている。さらに、新たな証拠の発見や、より洗練された方法の採用による再検討は、ただ以前の結論を裏づけることだけに役立つかもしれない。このことを認めなければならない一方で、多くの新研究がそれまでは受け入れられていた見解に挑み、修正し、それを覆していることは事実である。論争の火はかきたてられたままであるが、この原因の一つは、暗黙であれ明示的であれ、歴史家がとっている思想的立場である。このことは、変化しつつあるチャーティズム解釈のロイルによる通覧が明らかにしているように、とくに労働史において顕著である。彼の主張によれば、チャーティズムの経済的解釈はもはや適切とはみなされえず、いまでは政治的次元がより大きく評価されている。「労働貴族」が獲得した経済的利益の解釈における政治的要素は、モリスの論述でもまた明らかにされている。彼は、雇用者による贈賄か、それとも労働者階級のエリートによる協働かという対抗する仮説を論評するが、しかしそれらの仮説の代わりに、この労働者集団の特権的な経済的地位は、彼らの交渉力と独自の文化的価値観の双方によって可能になったと指摘している。一九世紀を通して起こった労働者階級全体の教育やレクリエーションにおける文化的価値観の変容は、よく使用される――また乱用もされる――社会統制《ソーシャル・コントロール》という概念のF・M・L・トムスンによる詳細な研究の中心をなしている。さらに彼は、歴史家が彼らの道具袋を一新させるために、他の研究領域から概念や専門用語あるいは技術を借用するその方法に対しても注意を喚起している。

ここ数年のこの道具袋の拡大は、非常に明白な利益をもたらした。人口の章はたとえば、技術的な問題や資料の欠乏という問題が、家族復元《ファミリー・リコンスティテューション》法や逆進投影《バック・プロジェクション》法、教区簿冊の利用によっていかに克服されたかを明らかにしている。このことは、出生率と死亡率の傾向の相対的重要性をめぐる長年の見解の相違を解決するのに役立ってきた。型にはまった事実よりはむしろ現在も続いている論争に関わる問題として経済史と社会史をみるこの見解は、すべての章で強調されている。著者たちは、研究と議論が将来有益に進展することになるであろう方法を指摘する。刺激的な新研究が追究されている分野のわずかしか、この『社会史と経済史――英国史の軌跡と新方位』の第一巻では扱われていない。より多くの課題が将来の『リフレッシュ』に登場する予定になっている。この学術誌の購読の詳細は、ヨーク大学経済学部の編集者から得られる。今後これらの論文は、本書の続巻に登場することになっている。

日本語版への序文

アン・ディグビー
チャールズ・ファインスティーン

I

『リフレッシュ』は一九八五年、経済史と社会史の指導的専門家たちの研究成果をより広い読者層に提供するために、経済史学会により発刊された。それを発案した編集者たちは、各章の執筆者が明確な文章を用い、専門用語には特別の説明をつけ、各分析の重要点を明確にするために表や図や地図を使えば、たとえその見解が複雑であってもそれは学生やその他の人々に理解しやすいものにしうると確信していた。『リフレッシュ』の最初の一四篇の論文は、一九八九年に『社会史と経済史――英国史の軌跡と新方位』と題して再掲され、三年後には第二巻目の論文集が出版された。

歓迎すべき『新方位』の日本語版のために書き下ろされたこの序文では、まず最初に、英語版の刊行以降イギリスの経済史家と社会史家が行なった研究のおもな特徴のうちいくつかをきわめて一般的な文脈で論評し、続いて最近の研究のなかから二つの例について多少くわしく議論してみたい。経済史を社会史から分離することは、常に多少とも人為的であり、たとえば貧困の測定、所得分配の変化、労働市場における女性の役割というような主題では、そうすることは不可能である。しかし、多数の文献をここで簡潔に論評するための大きな構成上の原則として、最初に経済史の最近の研究を考察し、それから社会史の研究に目を向けることにしよう。

過去一〇年間のイギリス経済史の特徴は、よく知られた主要なテーマに持続的に集中してきたことである。一九一三年以前の時期については、次のようなテーマが含まれる。すなわち、プロト工業化の意義、産業革命の性質・時期および重要性、これに関連した相対的生活水準、農地囲い込みおよび一八世紀と一九世紀の農業における産出と生産性の経済的改善の財源、金融と産業の関係、移動の長期的あるいは短期的性質およびそれが都市成長にもたらす寄与、「衰退論」、つまり（経営的失敗、技術科学教育の不効率さ、資本市場の制度的不完全さのいずれによるのであれ）一九世紀末の成長鈍化の諸原因に焦点を合わせた経済的停滞である。

二〇世紀を扱った主要な主題のなかには、イギリスの相対的「衰退」（好まれる説明としては、構造的弱点、経営の失敗、貧弱な政府の政策、劣悪な労使関係、非効率的な教育制度がある）、金本位制度の利点と一九二五年に四・八六ドル＝一ポンドという戦前のレートで金本位制に復帰したことの当否、一九二九〜三二年の大恐慌の性質と諸原因、(帝国や、戦争の影響や、政府の政策との関係における)イギリスの国際的経済的地位の低下、そして最後に、製造業部門に雇用される労働力の割合が低下することに関連する工業の空洞化の範囲と性質が含まれる。

このかなり長い主題の一覧表は、もっとも研究の対象とされた時期を明瞭に示している。研究のおもな重心は、一八世紀から一九三九年までの分析にあった。そしてその後の一九五〇年代と六〇年代から一九七三年の石油危機までの時期の研究は増えてきたけれども、文献に基づく質的研究は「三〇年ルール」によりすべての公的記録が閉ざされているという事実により著しく妨げられてきた。ごく最近のことに関する研究のほとんどは、応用経済学の領域へと変化し、いっそう量的形態をとる傾向にある。通常文字が数字より好まれる社会史とは異なり、数量化は経済史の顕著な特徴であり、あらゆる時期に関してその応用は単純な図表から公式のモデルの精緻な検証にまで及んでいる。方法論は社会史に比べてはるかに選択的でも自覚的でもなく、実証主義的アプローチが基準になっている。

アプローチや課題が明らかによく知られているからといって、対象の新しい枠組み、新鮮な問題提起、相異なる位置づけの分析といったような、多数の経済史研究の革新的性質を曖昧にすべきではない。加えて、新しい展望の採用、あるいは独創的な課題設定は、典型的な主題に対する解釈上の視点の変化を促進するかもしれないし、交替した文脈はよく知られた史料を再評価するよう促すかもしれない。これらの新しい傾向の例は、続くいっそう詳細な論評のなかで討論される。

経済史の標準的単位としてなお国家が注目されているけれども、とくに比較地方史研究の発展にみられるように、いくつかの変化が現れてきた。初期の経済発展の鍵となる諸局面の動態的軌跡として、地域に重要な焦点が合わされているのである。プロト工業化の地域的性質に続いて、地域的に集中したイギリスの工業化の初期の局面が現れるが、その位置は石炭や他の自然資源の供給によって強く規定された。工業化のさらに後の局面では、これらの地域は「後発効果」によって強化されることが示されてきた。企業家と労働者の双方にとってのその地域の吸引力により、その競争相手の地域より先んじるからである。これは周囲の道路と鉄道のインフラ整備のような、それ自身の拡張が生み出す外部経済により強化された。工業資本のための地域的ネットワークの継続的重要性は、ある経済史家たちによって強調されてきたが、しかし他の経済史家たちは工業の金融的必要性に応える全国的ネットワークが一八四〇年代までに出現したことを指摘した。

因果関係がどちらの方向かという問題はまた、工業化過程の技術的ならびに組織的性質における重要な論点を切り開いた。そこでは、より微妙な解釈は、一方向的説明が歴史証拠の複雑性を正しく評価していないことを強調した。工場の発展において、技術と工場の関連も再評価されつつある。その結果は、工場労働の再組織化はそれ自体新しい技術の必要性を生みだすかもしれない、という深まった認識だった。すなわち工場は技術を鼓舞し、技術を工場生産の発展をもたらす経路に方向づけたのである。それゆえ工場は、工業化の過程を支配したというよりも、むしろ工業化の変化の一部分になった。

同様に技術の研究においても、歴史家は産業革命の中心にあるのは技術的変化だったのか、それとも工業化が技術発展の原動力だったのか、という問題を提起してきた。設計技術と熟練が技術進歩における応用科学よりも重要であったか否かという、長いあいだ議論されてきた問題に関しては、発明が圧倒的に仕事場で生じたという事実が、技術と熟練の重要性を示した。生産性向上技術と新製品に関する最近の研究もまた、増加する一群の専門的発明家による発明の特許使用とともに、増加する収益がなす寄与を強調している。

先端を行く研究の他の手段は、結合を通してであった。すなわち、通常は別々の副領域とみなされていたアプローチを統合することを通してとか、いままでは別々に扱われていた主題を分析のために総合することを通してとか、である。たとえば、多くの経済活動が大きく依存するネットワーク産業に関する研究は、鉄道や電話、水道、ガス、電力の供給のネットワークの性質と現実の分布を検討してきた。その結果、技術の「早期スタート」は、低生産性をともなう断片的で非効率なシステムなのでコストがかかることが完全に明白にされている。戦間期スコットランド経済の構造的弱点の考察におけるように、経済史や経営史といった異なる副領域を結合させることもまた、有益であることが証明されている。ここで経営史研究は、個人企業がまだ重要な位置を占める経済における、企業家たちの期待と意志決定を解明した。それは、なぜ企業家たちが合理化や多様化を通して効果的に指示するのに失敗したかを説明する助けになる。

研究の焦点を変えることもまた、有効な戦略であることが明らかになった。というのも、関連するより多くの変数を提供するために分析がなされる文脈を拡大するからである。農業革命の時期についても議論が続いており、農業革命が一八世紀末から一九世紀初めに起こったとし、改良の重要な要因として開放耕地の議会エンクロージャーを突出させるような従来の見解に対し、多数の最近の研究者は反対している。定説に反論する最近の再評価は、生産性のもっとも重要な上昇は中世から一八世紀に至る開放耕地で生じ、それゆえ独立自営農民あるいは小農の所有地で生産性が上昇したことを示唆するものである。新見解はさらに、事実一八世紀の中期と末期——古い解釈では鍵になる局面——には、生産量と生産性の増加の欠如が著しく、クローバー、カブ、二期作のようなこの時期の古典的革新は、生産性の増加にほとんど寄与していないと主張する。論争はけっして終わったとはいえず、伝統的解釈の擁護者が自説の裏づけを続けている一方で、若い学者はこの決定的な論点に新しい光を投射することが求められていると確信して、証拠の新史料と分析の新方法を探求している。

他の領域では、経済史の新方位は史料の革新的使用から生じた。とりわけ、産業革命期のイギリスにおける労働者階級の生活水準をめぐる長いあいだなされてきた論争の新しい推計と解釈において、異なる解釈が新史料に基づくいっそう精緻な数量的推計により基礎づけられた。この点は、この序文の最終部分で詳細に論ずる。家族復元に関する大規模な歴史人口学のプロジェクトもまた、最近の研究のなかで著しく開発された領域であり、人口構造の変化が経済成長に与える影響を詳細に分析した。

情報の新史料の使用が、重要な論点に新鮮で独創的な光を注ぐことができた顕著な例は、裁判記録の使用であった。革新的な研究者は、裁判記録が特定の事件が起こった時点で終始、証人と被告による多数の言及を記録していること、そして人々が働いている時間や日数のデータを得るためにこの情報を研究に使用しうることを知った。このデータベースから労働者等が働く労働時間や週労働日を推計することができ、こうして全労働時間が産業革命の時期を通してどのように変化したかを描くことができるのである。

身長のデータは、生活水準の変化を代替して測るものとして引き続き使用され、多様な新史料の独創的な使用により男女のさまざまな集団の推計が集められた。しかしながら、この方法を用いた経験が示す結果は、一定の問題があることが明らかになったということであり、いまではこれは最終的な解決方法というよりも情報の補完的史料とみられている。われわれは、生活水準を直接測定する代用としての身長の役割について、最後の検討で再び言及する。他の分野では、ケンブリッジ家計データセットにおいてより詳細で多数の史料が収集され、より厳密に使用された。これは工業化のあいだと後における女性労働の広がりの問題に適用された。ここに引用された例のほとんどにおいて、洗練された数量的技術の採用が新史料をより効率的に発掘することを可能にし、いっそう正確な結果が達成された。

経済史のなかで、何が成長領域であったのだろうか？　一時は経営史が工業・製造業活動の事例研究数を急増させ、もっともダイナミックな領域であったということもできよう。アルフレッド・

チャンドラーの研究がきわめて刺激的であることは明らかだったが、同時に多くの批判もなされた。伝統的に製造部門が好まれ、サービス部門は無視されてきたし、生産者の研究は消費者のそれを凌駕したが、しかしこうした排除された領域の研究がなされ始めている。消費の歴史家たちは、一九世紀末から二〇世紀末まで消費の新しい型（必需品からのシフト）が展開され、消費者の新しい集団が（とくに女性、若者、労働者階級のなかで）生じたと主張した。これらをまとめて「消費者革命」とする用語が適切であった。これに関連して小売業の研究がなされ、その研究は地方的基礎から全国的基礎へのシフトに焦点を合わせた。小売業における規模の拡大は、一八八〇年代から一九一四年にかけて（一つの会社が多数の小売店をもつ）チェーンストアや（一店舗内に多数の売り場がある）デパートや活発な生協小売り運動を通して生じたものだった。

II

社会史は経済史よりアプローチではより多様であるが、方法論では依然として圧倒的により質的である。しかしながら、一九二九〜三一年のロンドンの生活と労働の新調査から得た膨大なデータをコンピューター化するような、いくつかの注目すべき数量的研究がなされている。「言語論的転回」、すなわち言説分析、および口述《オーラル》証言の適用は、この一〇年間あまりの社会史において顕著にみられたが、しかしポストモダンのアプローチの適用はきわめて限られていた。最近の社会史のもっとも著しい特徴の一つは、文化的対象への関心であり、分析される主題の範囲が目立って拡大したことによっても特徴づけられる。これらの拡大した分野には、健康の歴史（幼児死亡、精神病治療、病院といった研究が含まれる）、女性史（女性労働、および工業化あるいは戦争が女性労働の範囲と性質に与える影響に関する研究）、一九四〇年代の古典的福祉国家（女性や老人にとっての福祉国家の限界、福祉国家の経済との関係）、年齢関係（子供と老人の研究）、犯罪性の水準およびその水準と法律制度との関係、そして新労働史が含まれる。新労働史は、イデオロギー的論点に比べるとあまり労働組織や労働組合を志向していない。これらのうちのいくつかは以下で論じられる。

工業化以前と工業化したイギリスの家庭と職場における女性の役割は、断片的で不十分な証拠にもかかわらず（おそらくそれゆえに）、広範な研究の対象であった。興味深いことに、工業化以前の社会に関する研究は、これまで史料的に裏づけられてきたよりもいっそう多くの財産を管理することによってか、あるいは家庭の消費、生産、再生産の要において中心的な戦略的役割を占めた女性によってか、いずれにせよ女性のかなり大きい経済的影響を強調してきた。後の時期の女性の地位は、明瞭でないままである。なぜなら、最近の研究は、工業化のあいだおよび工業化以後における性分業についてまだ決定的解釈を提出することなしに、それにともなう複雑性を暴露し明確化する傾向があったからである。議論が対象としているのは既婚女性労働者なのか独身女工なのか、女性の経済参加の地方的、地域的、季節的偏差はどの程度なのか、といったような困難な点を議論は浮き彫りにした。

幅広い解釈を提供しようとして、フェミニストの学問研究は扉を開くよりもむしろ閉じることを強調し、労働市場における女性の地位は工業化により改善されたというピンチベックの古典的見解に挑戦した。女性が周辺に追われたといういっそう悲観的な説は、一八世紀中女性が共有地に近づくのがより制限されていたので、その結果女性の労働が減少したこと、および地方工業が長期にわたり衰退したこと、この二つに基づいて展開された。しかしながら、新しいケンブリッジ家計データセットは、女性の有給雇用への参加が下降傾向にあったことを必ずしも明白に示さなかった。というのも、そのデータセットは出現率には地域的、職業的偏差があるけれども、女性が屋外の仕事に広範に従事したことを明らかにしたからである。

女性の労働生活だけでなく女性の家族内での地位にも注意が払われた。その家族内の地位は、より広い家父長的文脈における、男性が一家の稼ぎ手であり女性は扶養されるという家族のモデルの出現と関連している。一九世紀中頃、狂信的愛国的労働組合は「家族賃金」を奨励し、他方で労働保護立法は既婚女性の労働市場への参加を妨げる方向に作用した。このことは、家庭外で働く妻たちには礼儀が欠けていると強調する、後の尊敬《リスペクタビリティー》できる態度の概念により強化された。これらのしばしば例示される理由が、女性の労働市場参加率の低下のもっとも重要な原因であるのか、それとも女性労働にとって乏しい経済的報酬をともなう供給過剰な労働市場がもっとも影響力のある要因であるのかは、なおさらに明確にする必要がある。工業化のあいだの女性労働あるいは家族生活における連続性と変化とのあいだの総合的バランスについては、まだ同意に至っていない。その代わりに、最近の研究の成果として、断片的な記述ではあるけれども、われわれは家庭と仕事場における女性の役割の複雑性、多面的性質、差異についてのより賢明な認識という恩恵をこうむっている。

性（ジェンダー）と同じく、年齢関係も豊かな研究領域であり、老齢と加齢についてのいくつかの重要な研究がなされた。老齢者は現代社会では人口統計学的にますます重要になっているが、逆説的なことであるが、老齢者は歴史叙述にはほとんど現れてこなかった。二〇世紀のあいだに、出生率が低下し、より重要なことであるが死亡率が改善された結果、イギリスでは老齢者は人口の一〇分の一以下から五分の一以上にまで増加した。研究が示すところによれば、核家族が歴史的に支配的であったが、しかし拡大家族の多くないということ――老齢者の同居が少ないということ――が、以前の著述家たちが推測していたような、全般的なヴィクトリア時代とエドワード時代の老齢者の施設への収容をもたらしはしなかった。この収容は主として身寄りのない老齢者に限られていた。しかし近代の社会調査は、こうした状況がしばしば老齢者を貧困に追いやり、その結果多様な形態の扶助に依存するようになったことを示した。

国民保健サービス（NHS）もまた、老人に対し不均衡に支出した。だが、雇用されている老齢者の生産性は引き続き維持されると指摘する調査報告は、老齢者に対する社会の否定的態度により無視された。六五歳以上の人々の仕事場からの撤退は、すでに一九世紀末に起こりつつあり、二〇世紀には年金計画の発展と結びついてこの実践は徐々に標準化された。生活水準の改善、栄養の改良、そしてかなり制限された程度ではあったが、近代医学の発展により健康状態が向上し、それが長寿を補強した。

医学史は主要な拡張領域であった。学術的討議の主題は、代替医学、補強医学、看護史、精神異常と精神病を含み、国民保健サービスについても多くの考察が一九九八年の五〇周年を契機に生じた。国民保健サービスは臨床では適切であったとかなり積極的に評価されたが、その財源については不適切であったとかなり批判的に評価された。より一般的にいえば、医学史の経済的側面は社会的・文化的側面ほど注意が払われてこなかった。これまでなされてきた経済的研究は、近代イギリスにおいて医者はどのように生計を立ててきたかという分析を含んでいる。これらの研究が示唆することは、医者は現場の潜在力を効率的に開発し、専門技術の新分野を発展させるという二点において、企業家的で柔軟な性質を示したということである。

その他の重要な探究のなかには、多数の人々の疾病の経験を系統的に記録した友愛組合の記録を調査することがあった。この記録は、一九世紀末の死亡率低下の時期に、疾病率の興味をそそる上昇があったことを示している。歴史家は、二〇世紀初期の篤志病院の財政に注意を払ってきた。この財政上の苦闘は、拡大する地方自治体の医療部門の活力と対照的であったが、その医療部門の戦間期の発展は後の国民保健サービスによりまったく無視された。加えて、周囲の地域社会と患者家族の必要性との関連で医療機関を位置づけることが、新しい歴史学の課題を切り開いた。これは、病院と施設の入院政策における選択が財政や道徳によるものであること、健康管理の個人的責任と社会的責任のあいだの境界線が移動し柔軟になっていること、家族介護の代替あるいは補完としての医療機関の役割が変化していること、を重視してきた。

同様のアプローチは、福祉施策の歴史においても明らかであった。そこでは私的責任と公的責任のあいだの変転する区分が分析された。とくに二〇世紀の福祉に関する最近の研究は、政府の福祉にあまり焦点を合わせなくなり、公的扶助の慈善事業あるいは慈善団体による施策により関心をもつようになった。二〇世紀以前に関する研究は、救貧法研究に革新的解釈をもたらした。ここで支配的なのは、昔の受身的な貧民から救済行政官と成功裏に交渉することのできる自己主張の強い知識のある扶助請求者へと、像を再構成することであった。そしてここでもまた、貧民救済と労働市場とのあいだの複雑で地方ごとに異なっていた関係を明らかにすることによって、救貧法をより広い政治経済学と統合することに関心が向けられた。

福祉の活動と発展における女性の活動的な役割によって、一八三四年以前の旧救貧法下の看護と地域医療、新救貧法下の知識のある女性申請者による給付と慈善の取得、一九世紀末や二〇世紀初めの「母性福祉国家《マターナリスト・ウェルフェア・ステイト》」形成における創造的活動、といった主題が強調されてきた。二〇世紀中頃に関しては、イギリスの「古典的」福祉国家の施策は、ヨーロッパと比較するとかなり制限された範囲であったことが示された。この命題は、福祉国家の施策がとりわけ女性と老齢者の場合に限界をもっていたことを強調する、多数の社会政策研究にも適合する。同様に、これは一九四〇年代アトリー政権が達成した経済的効率性に関する、経済史家のもう一つの議論と関係する。それは経済的目標を達成するために社会福祉支出が削減されたことを強調したものである。これらの論争は、歴史家の社会的探求と経済的探求のあいだで続けられている共働作業の例である。

III

この最後の節では、イギリスの経済史と社会史に携わる者の注意をひきつけてきた重要な主題のうち、二つについてやや詳細にみることにしたい。両者とも産業革命の本質と諸結果に関わっている。

まず、一八世紀末と一九世紀初めの転換と技術進歩が起こった重要な時期における、経済成長の速度と型という中心的論点をとりあげる。古典的見解は、成長率が一七八〇年代に急激に加速され、工業生産と国内総生産（GDP）の曲線が明確に不連続になったとするものである。これはこの時期を描くのに「産業革命」なる用語を優先的に選択する基礎づけになるアプローチであり、ウォルター・ホフマンが作成した工業生産指数により数量的表現と正確さが与えられた。ホフマンの指数は最初一九三〇年代にドイツ語で発表されたが、英語訳が一九五〇年代に出てより広く知られるようになった。ホフマンは主要な発見を次のようにまとめている［Hoffmann, British Industry, pp. 31-33］。

「一八世紀のほとんど全期間を通して、イギリスの工業生産の年増加率は二％以下であった。一七八〇年代と一七九〇年代の年成長率だけが、生産の基本的条件に重要な変化が生じたことに疑問の余地がないほどの増加を示した。……一七八〇年頃に生じた生産率の変化は決定的だったので、それがイギリスの経済発展における画期を明確に印すのをみることができる」

急激な加速化というこの見解は、一七八〇〜一八〇〇年のイギリスの発展を描くのに離陸というメタファーを見事に使ったロストウによって強化され、他の研究者たちによっても採用された。たとえば、エリック・ホブズボームは『革命の時代』(二八ページ)のなかで、一七八〇年代に「すべての関連する統計的指標は、離陸を示す、あの突然の鋭いほとんど垂直的方向の上昇を示した」と述べている。その分析はさらに、一九六二年に公刊されたディーンとコールのいっそう包括的な数量的研究によって確認された。彼らの推計は、一八世紀末に最初のスパートを示し、続く数十年間にさらなる加速を示すものであり、一七〇〇年から一七八〇年までのGNP成長率は年〇・七%弱であり、その後一七八〇年から一八〇〇年までは年二%に、一八〇一年から一八三一年までは年三%に上昇している。

一八世紀末に経済成長が急激に加速したというこの像は、しばらくのあいだ支配的定説であり、すべての人の第一次産業革命に関連する見解を彩った。その後一九八〇年代にこの見解は、最初は独自に後には共同で研究したハーレイとクラフツによる挑戦を受けた。彼らの新しい推計によると、工業でも経済全体でも成長率はきわめて緩慢であり、速度の変化は以前の推計値が示したほど急激ではなかった。彼らが異なる結果を得た最大の理由は、指数作成の技術的側面にあったが、しかし彼らの基礎的な議論――それが正しいことはほとんど確実である――は、以前の推計が綿業と鉄という典型的でない二つの産業における例外的に急速な成長にあまりにも大きなウエイトをかけた、というものだった。

ハーレイとクラフツの産業革命の新見解はきわめて注目されたが、同時に多くの批判も受けた。一九九〇年代初めに多数の論文が書かれたが、これらはすべてこの新見解を覆そうと試みるものだった。批判点は次の三点に要約できる。第一点は、批判者がデータ、すなわち生産と生産性の増加を測定する統計的手続きの信頼性に疑問を投げかけるものであり、なかには近代統計学創設以前の当該時期の経済成長を測定する試みそのものを非難する者さえいた。これらの批判はわれわれにはひどく誇張しているようにみえる。たしかにこの時期の数量的推計は困難ではあるが、しかしそのデータを注意深く査定すると、クラフツとハーレイの数値の誤差は、工業化の速度と型について彼らが修正した見解の主要な点に疑問を投げかけるほど大きくはないようである。

批判の第二点は、経済全体の、そして工業生産全体の、上述した見解は大筋では認めるが、しかし経済転換は漸進的過程であり、必然的に経済の特殊な部門で小規模に始まったに違いないと主張するものである。それゆえ、この見解の支持者は、ＧＮＰのような集計された数値のなかに劇的変化を見いだすことをわれわれは期待すべきではない、それが期待できるのは基幹部門の集計値のなかでのみであると主張する。最初は特別な部門でのこうした革命は、集計数値の増加を示すにはその影響は小さすぎるだろう。それにもかかわらず、主導部門のこうした諸変化はきわめて重要であり、その部門で始まった変化は徐々により広範に拡大するだろう。これはより合理的な批判であり、われわれは、そして疑いもなくクラフツとハーレイも、個々の産業あるいは地域の発展は重要な研究対象であるということに躊躇なく同意するだろう。

攻撃の第三点は、真に問題とすべきは成長率ではなく、産業革命の他の諸特徴であるとする主張であった。それには生産方法、工場制度の出現、機械化と技術進歩の程度、労働力の変化の意義、家族経済の地位と女性の役割への影響などが含まれる。ここでもまたわれわれは、これらの側面はきわめて重要であることは認めるが、成長率の速度と型という論点が無視されるべきだとする見解は是認できない。

クラフツとハーレイは彼らのアプローチと推計を強固に守ったが、しかし彼らはまた、成長の型に関する彼らの修正が「一七五〇〜一八五〇年という一世紀のあいだにイギリスの経済の基本的転換があった」ことを否定することを意味しない、と述べるところまできている。彼らはまた、この成長が「歴史的に独特であり国際的に顕著である」との見解を明確に是認した。

こうして産業革命という概念は確固とした位置を占め続けているが、しかし成長率全体の非連続性はあまり強調されず、綿業と鉄の特別の状況がより強調されている。綿業と鉄といった革命的な産業は生産方法を転換し、そして他の諸部門に強力な影響を及ぼした。革命的な産業は他の諸部門と相互関連をもったが、しかしこれらの部門はまだ技術変化の恩恵に浴していなかった。たとえば、ハーグリーヴとクロンプトンが導入した紡績の革新は、綿布生産の巨大な増加を生みだしたが、一九世紀の最初の時期にはこれは手織り工の伝統的活動を大きく刺激した。しかしながら後には、手織り工の数の増加は、一八四〇年代に機械化が織布部門まで拡大したとき悲劇的に終わった。

経済的手段の革命はまた、社会的政治的条件の急進的変化をひきおこしたが、これも工業化と都市化の拡大の同じく重要な側面であった。

われわれが言及したい他の主要な主題は、初期工業化と資本主義がイギリスの労働者階級の生活水準に及ぼした影響についての論争である。このように圧倒的かつ持続的に注目の的となった経済史における問題はきわめて稀であり、一八三〇年代の「イングランドの状態」に関する当時の論争から経済史家と社会史家の最近の著述に至るまで、継続的かつ精力的に論争されてきた。

一九八三年にリンダートとウィリアムソンによる新しい一連の数量的推計が、この問題への決定的解答を提供すべく現れた。彼らは、成人男子の平均実質賃金が一八二〇年と一八五〇年のあいだに「約二倍になった」ことを示す新データを提供し、これはきわめて大きな増加なので、「産業革命のあいだに実質賃金が改善したか否かをめぐる論争のほとんどが解決される」と主張した。彼らはまた、どの程度失業や、女性と子供の考慮や、都市地域の不快さがこの発見の修正を必要とするかも考察し、生活水準論争は最終的に解決したとの彼らの見解を再確認した。彼らの議論によれば、悲観論者は一八二〇年以前に時期をずらすことによってのみ、その主張を維持できる。それ以降については、「平均的労働者は一八二〇年以降どの一〇年間も一八二〇年以前のどの一〇年間よりもはるかに裕福になった」という。

リンダートとウィリアムソンの超楽観的な判断は、ただちにモキアの挑戦を受けた。モキアは、彼らの判断が輸入品の砂糖、茶、タバコの一人当たり消費に関する貿易統計からの証拠と矛盾しないかどうかと疑問を呈した。クラフツは彼らの生計費指数の数点を批判し、彼らに数値を修正し作成し直すよう促した。さらに、特定の産業についての二つの研究が、部分的な証拠ではあったけれども相異なる判断を生みだした。ハントとボーサムは生活水準論争の楽観論の側に入るが、ポタリーズ地方の熟練労働者が一七七〇年と一八一五年のあいだに実質所得の顕著な増加を達成したことを示した。反対に、ブラウンは北西イングランドの繊維産業地域における工場労働者と手織り工の所得と物価の数値を作成し、都市の追加的生計費を加えてこれらの数値を調整した。ブラウンの結果は、「一八四〇年代までは、そしておそらく一九世紀の前半全体を通して、綿繊維産業の生活水準には目にみえるような改善はなかった」ことを示した。

最近、新しい一群の身長のデータを集積し分析する研究努力もなされた。身体は、当初はきわめて成果の上がる、所得や消費にとって代わるもののようにみえた。なぜなら、身体は食糧や他の資源から健康に投入される供給と、労働努力や病気といった要因による需要の双方を捉える、ネットの測定方法であるからである。しかしながら、身長に影響を及ぼしうる潜在的な関連要素が広範囲にわたること、そしてそれらの影響の正確な時と方法が不確かなことが、身長が生活水準にとって意味することとの解釈をめぐって困難な諸問題を生じさせた。所得と身長のあいだの単純な関係は、時系列的比較から期待されるべきではない、といまでは一般的に受けとられている。

フラッドなどが集めたイギリスのもっとも重要なデータが示すところによると、一七八〇年代末から一八二〇年代初めにかけて生まれた人々の成人身長は伸びつつあり、その後一八二〇年代と一八四〇年代のあいだに生まれた人々の身長は低くなり、続く二〇年間はその低い水準にとどまり、そして最後に一八六〇年代とそれ以降の時期に生まれた人々の身長は再び伸び始めた。これらの結果は、リンダートとウィリアムソンの実質賃金数値とは逆説的関係になる。というのは、産業革命の初期局面では賃金が横ばいのとき身長が伸びつつあり、それ以降の時期では実質所得が増加しつつあるときに身長は低くなるか横ばいであった、ということになるからである。

前者の矛盾は、フラッドたちの初期の楽観論的結果が多数の研究者により挑戦され、他の資料からの証拠とも矛盾すると効率的に排除された。しかしながら、一九世紀初期から生じた身長の低下傾向は、一八一二年から一八五七年までにイギリスで生まれた男女の常習犯の身長記録から得られた独自のデータにより確認された。これはナポレオン戦争終結から世紀半ばまで低下を示しており、一八四〇年代にはもっとも急速な低下が起こっている。この低下傾向を、実質賃金の急速な改善と矛盾なく説明することは困難である。

死亡率は、より扱い慣れた生物学的変数を提供するものであり、最近の多くの研究は、一致して一九世紀第2四半期では逆行する傾向を示している。ハックは、イングランド北部の九つの都市教区の事例から、幼児死亡率が増加したことを発見した。ハックがいうように、その結果は「世紀の前半の教区を事例とした工業都市においては、生活水準が著しく上昇しつつあったとの見解を支持するものではない」。リグリーとスコフィールドが集めた出生時の平均余命のより広範な推計値は、一七九〇年代の約三七歳から一八二〇年代中頃の四〇歳へと増加したが、その後五〇年間ほどはそれ以上の変化は示さなかった。他方、彼らの家族復元の研究は、一九世紀初期には「幼児と児童の死亡率がひどく悪化した可能性を示唆している」。シュレターとムーニーは、都市・工業人口全体の死亡率の推移の新しい推計値を集めた。その推計値は一九世紀の第2四半期における「鋭い悪化」を示し、最終的にはそれは一八七〇年代までよくならないとした。こうしてこれらの研究すべては、都市の工業労働人口の生活水準が著しく悪化したことと両立する。

こうしてこれらの研究の多くが、一八二〇年以後の所得の改善の規模についてある程度の懐疑を生むかもしれないが、しかしリンダートとウィリアムソンの実質賃金の数値がもつ広範な射程と権威主義的な性格は、依然としてその楽観論的解釈に挑戦する試みが直面する障害であり続けた。その後一九九八年に刊行された論文で、ファインスティーンが新しい実質賃金の数値を提出した。これは、貨幣賃金と生計費の双方の動向に関するすべての証拠の包括的な研究に基づくものである。新しい結果がリンダートとウィリアムソンの結果と異なってくるのは、主として物価指数の調整によるからである。新たな推計値はまた、生活水準論争のなかで重要な要素をなす一連の追加的要素についても明確に考察している。追加的要素に含まれるのは、失業と短時間労働による修正、アイルランドにおける実質賃金の大幅に異なる変化の型、労働時間の変化、労働している者による扶養者数の増加、みすぼらしい家屋の有害な効果、不適切な公衆衛生、都市における労働と生活の不快さ、および救貧の変化の影響である。これらの推計値から帰結されるおもな結論は、一七七八〜八二年から一八五三〜五七年までの七五年以上にわたる平均的な労働者階級家族の実質消費の増加は、失業や短時間労働を考慮に入れても、おそらく一〇～一五％以上ではないということである。賃金取得者の平均実質所得は、国の多くの地域において一八世紀後半に低下したのできわめて低い水準から出発したという事実にもかかわらず、一八三〇年代初めまでの五〇年間はほぼ横ばいであった。一八三〇年代半ばにわずかな進歩があったが、しかし所得はその後一八三八～四二年の周期的不況のとき再び低下し、一八四〇年代半ばになって初めて新たな水準へと上昇を開始した。より本格的な上昇は一八六〇年代まで達せられず、平均実質所得が最終的に加速されたのは、ようやく物価が下落した一八七三年以後であった。

ファインスティーンの論文はさらに、長期の停滞状態とそれに続く緩慢な改善というこの見解が、より楽観論的な評価に比べて地方と都市の両地域の状態の歴史的な分析によりよく適合するし、他の一連の経済的・政治的・人口統計的指標にも適合すると主張した。実質賃金の緩慢な改善は、経済理論が豊富な労働供給のある労働市場の場合に推測することと適合的である。労働市場ではきわめて急速な人口増加による労働供給に加えて、農業国アイルランドにおける巨大な労働予備軍が労働供給を補充したし、外国へ移民する機会は一八四〇年代まではかなり制限されていた。一八二〇年よりもむしろ一九世紀半ばに生活水準の転換点をおくことは、また、一八一〇年代から一八四〇年代まで労働者のあいだに生じた経済的・政治的不安定の程度と、その不安定が経済環境により説明されうるとするかぎり、明らかにより一貫性をもつ。ラダイト運動（いわゆる「暴動による団体交渉」）、キャプテン・スウィング暴動、チャーティズムの不安定と急進主義を経験したのはまさにこの時期であった。これは一八五〇年代以降になって初めて調和、安全、社会的安定という意識へと道を譲ったのである。

生活水準のより悲観論的説明はまた、福祉の他の指標との関係でも説得的である。それは幼児と児童の死亡率の急速な悪化の証拠ともよりよく一致する。それはまた、生活水準の急速な上昇があったといわれるときに生じた、一九世紀初期の身長データが指示する栄養状態の悪化という逆説を解消させる。それは一人当たり所得の増加が一人当たり食糧供給の停滞ないし低下と明白に共存するという、最近発見された「食糧の謎《フードパズル》」を解決しさえする。

これらすべてを考慮して、ファインスティーンは次のように結論した。

「ほとんどのイギリスの労働者とその家族は、産業革命のあいだと後において生活水準の実際の低下を経験しなかった。しかし、彼らは超楽観論者が判定したような急速な進歩も享受しなかった。大部分の労働者階級にとっての歴史的現実は、彼らが創造するのを助けた経済的転換の利益からいくらかの分け前にあずかり始める以前には、ほとんど一世紀にわたる厳しい労苦を、低い水準からほとんどあるいはまったく前進を得ることなしに、耐えねばならなかったということである」

文　献

R. C. Allen, *Enclosure and the Yeoman: the Agricultural Development of the South Midlands, 1430-1850* (1992).

J. Benson, *The Rise of Consumer Society in Britain, 1880-1980* (1994).

M. Berg and P. Hudson,'Rehabilitating the Industrial Revolution', *Economic History Review*, XLV (1992).

J. C. Brown,'The Condition of England and the Standard of Living: Cotton Textiles in the Northwest, 1806-1850', *Journal of Economic History*, **50** (1990).

S. Cherry, *Medical Services and the Hospitals in Britain, 1860-1939* (1996).

G. Clark, M. Huberman and P. H. Lindert,'A British Food Puzzle, 1770-1850', *Economic History Review*, XLVIII (1995).

E. J. Y. Collins (ed.), *Agrarian History of England and Wales, VIII, 1850-1914* (2000).

N. F. R. Crafts, British Economic Growth during the Industrial Revolution: a Restatement of the Crafts-Harley View', *Economic History Review*, XLV (1992).

M. Daunton (ed.), *Charity, Self Interest and Welfare* (1996).

A. Digby, *Making a Medical Living* (1994).

A. Digby, *The Evolution of British General Practice, 1850-1948* (1999).

C. H. Feinstein,'Pessimism Perpetuated: Real Wages and the Standard of Living in Britain during and after the Industrial Revolution', *Journal of Economic History*, **58** (1998).

R. Floud, K. Wachter and A. Gregory, *Height, Health and History* (1990).

J. S. Foreman-Peck and R. Millward, *Public and Private Ownership of Industry in Britain, 1820-1990* (1994).

J. R. Harris, *Essay in Industry and Technology in the Eighteenth Century: England and France* (1992).

E. J. Hobsbawm, *The Age of Revolution* (1962).

W. G. Hoffmann, *British Industry, 1700-1950* (1955).

J. Hoppit, 'Counting the Industrial Revolution', E*conomic History Review*, XLIII (1990).

S. Horrell and J. Humphries,'Women's Labour Force Participation and the Transition to the Male-Breadwinner Family,

1790-1865', *Economic History Review*, XLVIII (1995).

P. Huck,'Infant Mortality and Living Standards of English Workers during the Industrial Revolution', *Journal of Economic History*, **55** (1995).

E. H. Hunt and F. W. Botham,'Wages in Britain during the Industrial Revolution', *Economic History Review*, XL (1987).

R. V. Jackson,'Rates of Industrial Growth during the Industrial Revolution', *Economic History Review*, XLV (1992).

R. V. Jackson,'The Heights of Rural? Born English Female Convicts Transported to New South Wales', *Economic History Review*, XLIX (1996).

D. Jenkins 'Factories and the Industrial Revolution', *ReFRESH*, **16** (1993).

P. Johnson,'Old Age and Ageing in Britain', *ReFRESH*, **17** (1993).

P. Johnson and J. Falkingham, *Ageing and Economic Welfare* (1992).

P. Johnson and S. Nicholas,'Male and Female Living Standards in England and Wales, 1812-1857: Evidence from Criminal Height Records', *Economic History Review*, XLVIII (1995).

P. H. Lindart and J. G. Williamson,'English Workers' Living Standards during the Industrial Revolution: A New Look', *Economic History Review*, XXXVI (1983).

C. McLeod,'The Springs of Invention and British Industrialisation', *ReFRESH*, **20** (1995).

J. Mokyr,'Is There Still Life in the Pessimist Case? Consumption during the Industrial Revolution, 1790-1850', *Journal of Economic History*, **48** (1988).

J. Mokyr. *The Lever of Riches: Technological Creativity and Economic Progress* (1990).

S. Nicholas and D. Oxley,'Living Standards of Women in England and Wales, 1785-1815: New Evidence from Newgate Prison Records', *Economic History Review*, XLIX (1996).

A. Offer, *The first World War: An Agrarian Interpretation* (1989).

M. Overton, *Agricultural Revolution in England. The Transformation of the Agrarian Economy 1500-1850* (1996).

S. Pollard, *Britain's Prime and Britain's Decline: the British Economy, 1870-1914* (1989).

J. C. Riley, *Sick Not Dead: The Health of British Workingmen during the Mortality Decline* (1997).

P. Sharp, 'Continuity and Change: Women's History and Economic History in Britain', *Economic History Review*, XLVIII (1995).

S. Szreter and G. Mooney, 'Urbanization, Mortality, and the Standard of Living Debate: New Estimates of the Expectation of Life at Birth in Nineteenth Century British Cities', *Economic History Review*, LI (1998).

P. Thane, 'Old age: burden or benefit?', in H. Joshi (ed.), *The Changing Population of Britain* (1989).

J. Tomlinson, 'Why so austere? The welfare state of the 1940s', *Journal of Social Policy*, **27** (1998).

H-J. Vothm, *Time and Work in England, 1750-1830* (2001).

R. Weir, 'Structural Change and the Scottish Economy, 1918-1939', *ReFRESH*, **19** (1994).

C. Webster, *The National Health Service. A Political History* (1998).

社会史と経済史――目次

目次

第Ⅰ部

農業

第1章　一五四〇～一八五〇年のイングランドに農業革命？

M・オーヴァートン

一七五〇年以降百年のあいだに、貴族の英雄たちによって始められたという農業革命の話は、驚くほど長続きした伝説であったことが実証された。産業革命の初期の叙述がそうであったように、個々の革新（ターニップ、ノーフォーク式四種輪作、播種機などの機械装置）や、それらから連想される偉人たち（「ターニップ」のタウンゼント、コーク・オブ・ホルカム、ジェトロ・タル）に力点をおいて民衆の想像力を魅了したのは、ヴィクトリア後期につくられた物語である。それに続く農業史研究が、この伝統的な叙述がひどく誤解をまねく戯画であることを示したにもかかわらず、農業史家のあいだでは農業の決定的変容の本質とタイミングについての、これに代わる見解をめぐっては意見の一致をみていない。

諸農業革命

「農業革命《アグリカルチュラル・レボリューション》」という語は現在、一五五〇年以降の三世紀間のどこかの時点で起こった、数々の事件や過程をいうのに用いられている。一九六〇年代に出版された研究を用いると、［不定冠詞の］「農業革命」が起こったとされてきた三つの異なる期間を識別することができる。本章ではこれらそれぞれを順に略述した後、農業史の最新の研究のいくつかの観点からそれらを批判する。最新の研究は、農業変化の過程があまりにも連続的であり、また多様性があるため、長い発展の歴史のどれか一つの挿話的出来事をとって［定冠詞の］「農業革命」であると認定することはできないことを示している。また本章では、「農業革命」の概念に関する短い評論も行なっている。というのも、そのような現象の存在は、歴史的事実の検討のみによって決定されうるようなものではないからである。

期間Ⅰ　一七五〇～一八五〇年

何年にもわたって、研究は「偉人たち」の名声を落としてきた。「ターニップ」のタウンゼントは、ターニップが彼の農場で初めて栽培されたとき少年であったことや、ジェトロ・タルは多少奇人であり、播種機を最初に発明した人物ではないことが明らかになっている。コーク・オブ・ホルカムは（とくに彼自身の学説の）大宣伝家であったが，しかし彼が奨励した農業実践のいくつかは（たとえば，不適当な条件のもとでのノーフォーク式四種輪作の採用など），ひどく有害だったようである。より一般的には，一八世紀の突然で急速な変容という伝統的描写像は誤りであり，また，いくつかの改良は長い先行歴をもつことが認められている。それにもかかわらず，伝統的な説明に対する修正派の見解は，G・E・ミンゲイの研究に負うところが大きいが，依然断固として農業革命を一七五〇年以降の百年間にすえている。この解釈によると，進歩は土地生産性（エーカー当たり産出）を高めた技術革新によってもたらされ，また，議会エンクロージャーによって促進された。

この説明が重要視している主要な技術革新は，二種の飼料作物，ターニップとクローバーである。それらはしだいに耕地の輪作に組み入れられていった。それらは家畜の飼育容量を，したがって下肥――耕作地の中心的肥料――の供給を増加させる。このことは土壌の肥沃度を，それゆえにエーカー当たりの収量を高める。新作物は，穀作物が飼料作物に替わるという輪作で栽培された。これは数種の穀作物が連続的に栽培され，次に完全休耕がくるという古い輪作にとって代わったものである。休耕は，窒素（植物に不可欠な栄養素）を大気中からとりこみ土壌を回復するために，また連続耕作による多年生の雑草の増殖を防ぐために，かつては必要であった。休耕の多くは回避できるようになった。なぜなら，ターニップの成長が，鍬を用いて栽培されるならば，雑草を抑えることができたし，また一方，クローバーは大気中の窒素を土中の硝酸塩に変えたからである。一七五〇年から一八五〇年のあいだの，北ヨーロッパでの耕地生産性の増加の三分の一は，クローバーなどのマメ科植物によるものと考えられている。またターニップは、以前は耕作作物向けには開墾されなかった軽土を開墾する手段となった。新作物はしばしば、クローバーが大麦の下植えとなり、ターニップが二種の穀作物のあいだに入るような輪作で栽培された。これらの方式の究極的表現が、小麦、ターニップ、大麦、クローバーというノーフォーク式四種輪作である。だが、この輪作は純粋な形では稀にしか実行されなかった。あらゆる環境がこれに適しているわけではなく、また土壌と気候が適していても農業経営者はたいてい、飼馬を養うためのオート麦など他の作物を栽培したがった。

一八世紀のその他の改良は、家畜の品種改良を含んでいた。これは動物の大きさと形を変えるものだが、より重要なことには飼料の肉への転換率を向上させた。一九世紀の初期に、小麦を収穫する道具が小鎌から大鎌へ替わってはいたが、広範な機械の導入は一八三〇年代から四〇年代に始まる。この変化は収穫時の労働生産性（一人当たり産出）の倍増を可能にした。他に二つの一九世紀の「農業革命」があったとされている。第一は、家畜飼料と化学肥料の国外からの輸入が一般的になった一八三〇年代に始まるとするものであり、また第二は、イングランドの重層粘土地帯にタイルの排水管を用いる暗渠排水がなされた一九世紀中頃に始まるとするものである。

チェンバースとミンゲイは、国内生産が一八五〇年には一七五〇年と比べて六五〇万人多い人々を養ったと推計されることから、これらの一七五〇年以降の諸変化を「革命的《レボリューショナリー》」であるとするのが正当であるとした（人口は一一〇〇万人増加したが、イングランドは食糧の純輸出国から純輸入国へと切り替わった)。より多くの土地が耕作されたとはいえ、この食糧の増加分はエーカー当たり産出の増加の結果であった。土地生産性を増加させることによってのみ、イングランドは人口増加が食糧供給を上回る「マルサスの［予防的］制限」を回避することができたのである［Chambers and Mingay（1）］。

期間II　一六五〇〜一七五〇年

一九六〇年代に発表された一連の論文で、A・H・ジョンとE・L・ジョーンズはそれぞれ独自に、耕作革新の形をとった急速な技術変化は、一六五〇年以降百年間に起こったと論じた［Jones（3）］。ジョーンズは注意深くその語を避けたが、後に続いた著者たちは、これらの革新を一つの「農業革命」同然であると説明した。その後の世紀とは対照的に、一六五〇年以降、人口増加は概して静的なままであったので、この期間の重要性は急速な「技術変容」にある。この技術変容は、エーカー当たり穀物産出の増加、および穀物輸出の増加が証明する総産出の増加をもたらした。産出が増加する過程は、チェンバースとミンゲイがいう一七五〇年以降の革命とほぼ同じである。すなわち、ターニップとクローバーによる土壌の肥沃度の上昇と、ターニップ、クローバーと結びついた輪作である。変化への刺激は、農業経営者の利潤を圧迫した、穀物価格低迷の傾向であったとみられている。このことは、彼らにより多くの家畜を飼育させ、またさらに重要なことには、飼料作物の革新を通じて収量を増加させることによって、生産の単価を引き下げさせた。地主は彼らの借地農を援助し、この期間中に改良を行なうよう奨励した。もし借地農が廃業して、その後任者をみつけられない場合には、地主は土地の状態を保つために自ら耕作することを余儀なくされたであろう。ジョーンズはまた、農業の地域的地勢における変化も論じている。というのも、これらの新しい方法は、もっとも容易に軽土地帯――主としてイングランド南部のチョーク低地地帯――で採用されたからである。

期間III　一五六〇～一七六七年、大半が一六七三年以前

これらの明確な年代は、E・ケリッジによるものである。彼の『農業革命』は、「本書は、イングランドにおいて農業革命は一六～一七世紀に起こったのであり、一八～一九世紀に起こったのではないと主張する」と宣言している［Kerridge (4)］。ケリッジは、一七五〇年以降の農業変化の意義を退け、それ以前の時期の技術革新の重要性を強調することで、自らの主張を確立しようとした。彼は伝統的な一七五〇年以降の農業革命の重要な特徴を、三つの点で非難した。第一に、彼はそれらの特徴のうちいくつか――たとえば一八世紀の農業の機械化――は、まったく起こらなかったと主張した。第二に、彼は（議会エンクロージャー、休耕の置き換え、ノーフォーク式四種輪作、品種改良を含めて）いくつかの特徴を、「関係がないもの」とみなした。第三に、彼は飼料作物の導入、新作物輪作、農地排水などのいくつかの技術革新は、もっと早くに起こったと主張した。これらの何点か（たとえば、農業は一八世紀に機械化されたのではない）が認められる一方で、あまりに多くの特徴を「関係がないもの」とする彼の無頓着な棄却を受けいれる歴史家は少ない。

　このように論破した後、ケリッジは彼の著作の章題をなす七つの基準をもとにして、この時期における農業革命についての主張を構築した。すなわち、変換耕作、沼沢地排水、肥料、冠水牧草地に冠水させ肥沃にすること、新作物、新方式、新しい家畜である。とくに変換耕作に重点がおかれている（これはまた、穀草式農法、牧草地農法とも呼ばれる）。この変換耕作では、恒久的な牧草地と恒久的な耕地の区分が崩れ、牧草地が農地内で順次輪作されるため生産性が上昇する。いま一度、基準が技術的ではあるが、ケリッジは彼の農業革命の主張を、国内農業生産が一五五〇年から一七五〇年のあいだのイングランドの人口倍増にうまく対処したという事実を指摘することで証明した。

新研究

　過去二〇年ほどのあいだに発表されたほとんどの農業史研究は、何らかの点でこれら三つの「農業革命」論争に貢献している。しかし、大多数の研究者たちは、論争に直接関わることを避けてきた。全体として、この研究の結論ははっきりしない。すなわち、いかなる単独の期間も、革命のレッテルにもっとも適しているようにはみえないのである。個々の貢献を詳細に論じるスペースはないが、いくつか例をあげることはできるであろう。

　ケリッジが、一五四〇年から一六七三年の期間についての彼の主張を誇張していることは、一般的に合意されている。より詳細には、一七世紀の中頃以前にイングランド中部で穀草式農法が普及した一方で、そのとき以降に、恒久的牧草地への逆行があったことが明らかにされている。このことは、ケリッジの農業革命の一部が、永続的な現象ではなかったであろうことを示唆している。また、人口増加が一六五〇年頃終わったことも明らかにされており［Wrigley (6)］、このことは食糧産出が人口増大に追いつかないという意味で、マルサスの「予防的制限《プリベンティヴ・チェック》」に相当すると示唆されている。

『イングランドとウェールズの農業史』第五巻における次の時期（一六四〇〜一七五〇年）についてのもっとも新しい見解は以下のようなものである。すなわち、穀物価格の低迷は革新《イノベーション》と事業を促進させたが、農業革命の形をとったこれらの創意の十分な結果は、一七五〇年以降まで得られなかったというものである。この期間にもっとも重要な変化をみたとの見解は、歴史人口学の最近の研究によって支持されている。この研究は、一五四〇年代以降、人口増加率と食糧価格の上昇率のあいだには、明白な関係があることを明らかにしている。すなわち、人口が増加すれば食糧価格は上がり、人口が減少すれば食糧価格は下がる。ところが、次の一七八一年以降の二五年間に、この決定的な関係が変化した。すなわち、人口増加率がかつてなく高いままであった一方で、食糧価格の上昇率は減少したのである。この変化は、この時期の農業生産に何らかの著しい増加があったことを示している。ターナー博士は、いかにして土地生産性の上昇が、一七五〇年以降に行なわれた議会エンクロージャーの結果でありえたかを証明するかぎりでは、次の章で確証的な証拠を提出している。他方、クラフツによる最新の研究（以下をみよ）がこれを否定し、農業産出の増加は一八世紀の前半において、これ以降よりも急速であったと示していることを考えると、このことは依然として論議の的である。

農業変化の測定

これらの相反する結論が現れたのは、一つには問題となっている現象を測定することが困難なためである。先に略述した三つの農業革命をめぐる議論はいずれも、革新や収量あるいは産出量の包括的な統計に裏づけられたものではない。そうした推計は、「上から《トップダウン》」と「下から《ボトムアップ》」という二通りの方法でなされるであろう。

前者は、何らかの基礎的な経済学的仮定を適用して、農業産出の増加率を全国レベルで計算することを必要とする。農産物価格は、農業生産物の需要と供給の相互作用により決定されると仮定されている。したがって、未知の供給（あるいは産出）は、需要（人口増加で表される）と価格に関する利用可能な情報から推計されうる。このような方法を用いてクラフツは、一八世紀の後半よりも一七〇〇年から一七六〇年において進歩が急速であったことを発見した。彼は、農業産出は、一七〇〇年から一七六〇年までは一〇年につき六・二%で成長したが、一七六〇年から一八〇〇年までは一〇年につき四・五%にすぎなかったと算出した [Crafts (2)]。

「下から」という方法は、地方レベルないし地域レベルでの在来の歴史史料（遺言状の財産目録など）の系統だった分析を必要とする。この研究方法の代表例には、一五八〇年から一七四〇年の期間のノーフォーク、サフォーク二州についてのエーカー当たり作物収量の推計、ならびに穀物面積と穀物産出の推計が含まれる［Overton (5)］。

表1‐1は、これらの収量の推計および一九世紀の全国推計を示している。もっとも信頼できる推計は一八〇一年とそれ以降のものであり、あいにく一七五〇年の数字は推測の域を出ていない。それにもかかわらず、これらの推計は少なからず関心を呼ぶものである。というのも、三つの農業革命はすべて、収量変化がもたらした産出増加をあのように非常に強調しているからである。表は、収量の増加が一八〇一年までは、めざましいというよりは着実なものであったことを示している。またもっともきわ立った特徴は、一七五〇年から一八三〇年のエーカー当たり産出の増加率の明白な減速である。これは、総産出が増加しなかったということではない。それとは逆に、総産出は耕地面積の増加につれて、おそらく増加していた。しかし、よりいっそうの物理的限界地が耕作に向けられていたため、平均収量が上がらなかった。

表1‐1　1520～1851年の小麦生産推定値
(1エーカー当たりのブッシェルの10年間平均値)

ノーフォークおよびサフォーク		イングランド	
1520年	9～11 ブッシェル	1750年	15～20 ブッシェル
1600	11～13	1801	20
1630	12～14	1831	23
1670	14～16	1851	32
1700	14～17		

再度、二州のみ関連するものであるが、革新についての諸統計もまた作成された。一六六〇年以降百年間にターニップとクローバーは非常に急速にノーフォークとサフォークの農業経営者へ普及した。一七二〇年までには、二州の農業経営者の半数が根菜作物を栽培していたのである。そしてこのことは、この期間における農業革命についての主張に少なからぬ支持を与

えている。それにもかかわらず、表面的数字はあてにならない。ターニップは広範に栽培されたとはいえ、穀物産出に大きく影響するような方法で栽培されていたのではなかった。一七二〇年代には、二州の作付面積のわずか九％ほどにターニップが、また三・五％にクローバーが植えられているにすぎなかった。ところが、一八五〇年代までには、両作物のパーセンテージは二〇まで上がる[Overton (5)]。したがって、穀物収量の増加を通して費用《コスト》を削減する意図で、両作物が導入されたというジョーンズの主張は考えられそうもない。このような点で飼料作物が重要性を帯びてくるのは、一七五〇年以降のことである。

農業変化の過程

ノーフォークとサフォークのこの事実は、新たな飼料作物の存在が、それ自体では重要な技術変化の証拠として十分ではないことを強調している。いかにして、またどれほどの量でそれらが栽培されたかに依存しているのである。事実、飼料作物をともなう新たな輪作は、産出を増加させうるメカニズムの一つであるにすぎない。それゆえ、食糧供給を増加させうる四つの方法を区別することが重要である。

（一）耕作地は拡張されえたがゆえに、より多くの穀物が栽培された。これは必ずしも何らかの技術変化をともなうものではないが、結局は土地の供給が尽きるため、短期的解決でしかありえない。産出が増加するとはいえ、エーカー当たり収量は増加するとはかぎらず、劣等地が耕作に向けられるならば、それが低下することすらありうる。
(二) 農業投入量（種子、肥料、労働など）は増加されえたがゆえに、現行の生産方式が集約化された。これはいかなる技術革新もともなう必要はないが、収量の増加をもたらすであろう。しかしながら、長期的には収穫逓減により、投入の増加はそれに比例するより少ない産出の増加に終わることになるであろう。
(三) 地域的、地方的な特化を通して産出全体が増加しえた。すなわち、農業経営者はその農地に、自然環境にもっとも適した作物を栽培した。技術変化も耕地の増加も生じる必要がなくとも、食糧の全国的産出全体は増加しえた。
(四) すでに論じた類の技術革新は、エーカー当たり収量の増加による総産出の拘束のない増加へ扉を開くことができた。

これら四つのメカニズムすべてが、検討中の数世紀のあいだに、しばしば結合して作用していたことは明らかであろう。たとえば、穀物収量を増やすためのノーフォーク式四種輪作の導入が、耕作地の拡張なしに行なわれたとは考えられない。これは、三種輪作（小麦、大麦、飼料作物）から四種輪作（小麦、ターニップ、大麦、クローバー）への転換が、穀作面積を農作物地の三分の二から二分の一へ減少させたからであり、また穀作面積の減少をともなうならば、農業経営者が穀物産出を増やすために新輪作を導入したとは考えられないからである。

農業革命の概念

　検討中の三つの農業革命のすべてが、農業産出の増加に非常に力点をおいているし、またこれらのうち二つは人口増加との関係に力点をおいている。したがって、この「農業革命」という概念は、その増加を達成させたメカニズムを適切に考慮に入れる必要があることは明白である。というのも、あるメカニズムが他のメカニズムより「革命的」であると論じうるからである。たとえば長期的見解をとると、収量の連続的な上昇をもたらした技術変化（前記、方法（四））は、耕作地の拡張（方法（二））によりもたらされた産出量の増加よりも重要である。しかし、「農業革命」なる語が、ただ何らかの意味で重要とみなされている特別の期間内に起こった、一連の事件や過程を呼ぶことのみに用いられるとするならば、この概念が農業変化の他の様相に適用されてはいけない理由はない。これらの様相の二つについて、ここで簡単に言及しておこう。

　第一に、土地の生産性が多く議論されてきた一方で、労働生産性に対する注意は、明示的にはほとんど払われてこなかった。それにもかかわらず、一人当たり産出の増加は、一七五〇年以降の農業革命が産業革命に寄与した手段の一つであることから、労働生産性は重要である。農業労働者一人当たりの産出が増加するならば、人口のより大きな部分が農業部門によって養われ、またそれゆえに経済の非農業部門で働くことができる。労働生産性に関する直接の数値は利用できないが、何らかの間接的な推計の作成は可能である。その推計は、農業の一人当たり産出が、一七五〇年以前の百年間に三分の二以上増加したであろうこと、およびそれに続く百年間において、その速度がさ

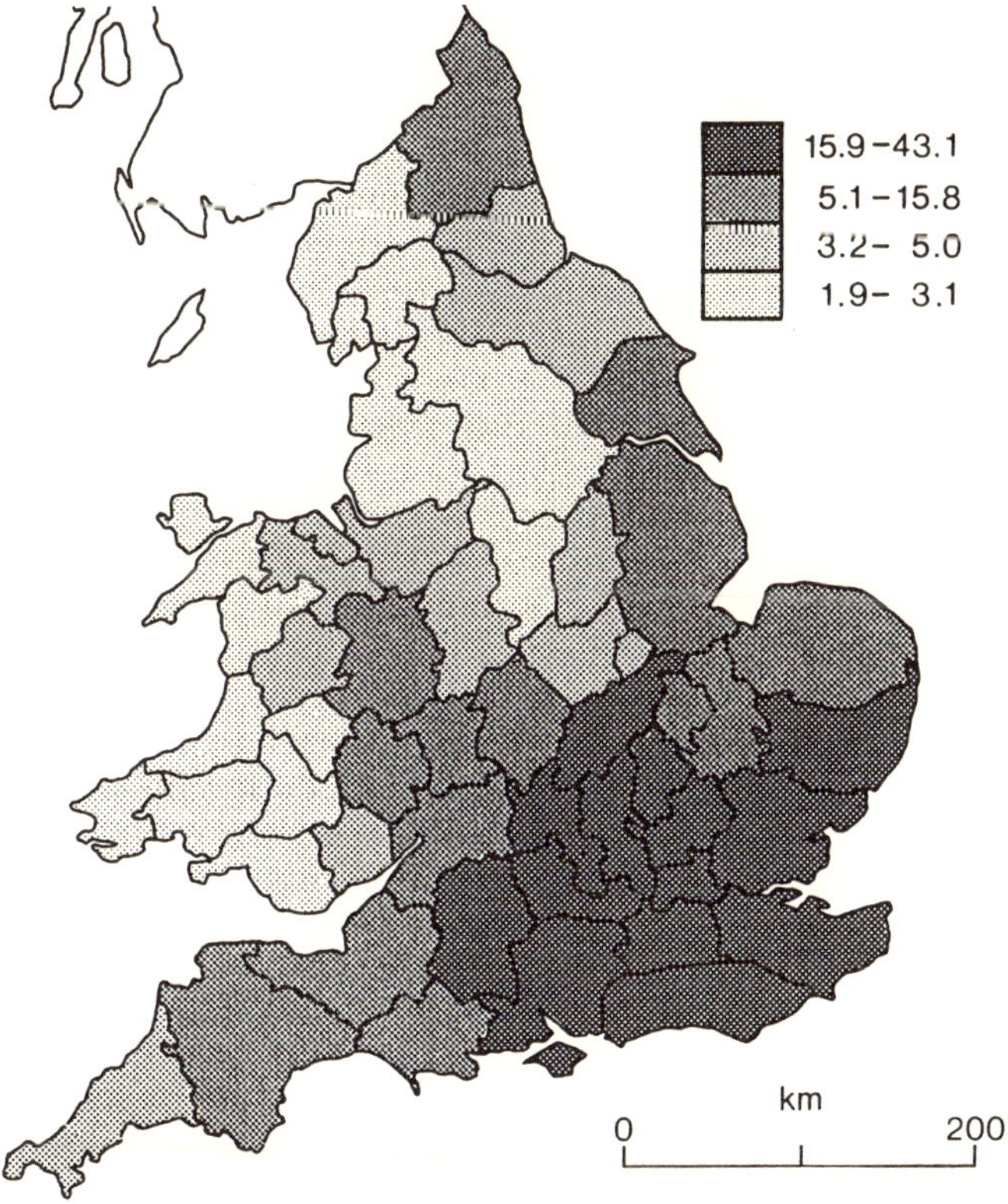

図１‐１　1831年における労働者を雇用しない農業経営者《ファーマー》に対する農業労働者の比率

らに加速したであろうことを示している。

第二のテーマは、農業の制度的構造における変化である。このことが検討される場合はいつでも、議会エンクロージャーが媒介となる傾向があるが、ある意味でこれは人を混乱させることである。土地は議会の決議がなくとも囲い込まれえたし、それのみならず、多くの重要な過程は十分、議会エンクロージャーとは独立のものでありえたであろう。このことはたとえば、農場規模の拡大や土地所有の集中、自営農の借地農との交替、農業使用人の減少、そして標準的な雇用慣行としての日雇いの確立といったものに適用されるであろう。

一八三〇年代までに、イングランド南部の多くでは、地主、借地農、農業労働者のあいだの三層の関係体系が確立された。図1－1は、労働者を雇用しない農業経営者《ファーマー》（すなわち家族農業者）に対する農業労働者の比率を示している。したがってそれは、農業労働力が、多くの地域で自身のためよりむしろ誰か他人のために土地で働くという意味でプロレタリアート化している、その範囲がかなり広がっていることを示している。あたかも、一九世紀のノーフォークでの農業に関する論述家が述べたように、「親方と労働者のあいだには、一方の手に仕事、そして他方の手に現金以外に何もない」。この変化は革命的とみなされるかもしれない。それは文献では論議されてきたにもかかわらず、一六世紀に関するR・H・トーニーの著作と、一八～一九世紀における議会エンクロージャーの社会的結果にまつわる論争の文脈を除いては、あまり重要視されてこなかった。

革命的時期？

これらの新たな研究結果が、検討中の三つの時期の農業発展に関する考察の基礎を形成しうるものである。

一六五〇年以前に、耕作地と穀物収量がともに増加したと考えられる。しかし、一六三〇年代、四〇年代までは、労働者一人当たりの産出の著しい増加はなかった。生産性の上昇は、穀草式農法の普及によるものかもしれないが、人口圧のもとでの労働投入の増加によるものかもしれない。

一六五〇年以降百年間に、新作物が広範囲に現れたが、しかしおそらく、エーカー当たり収量に大きな影響を与えるには十分ではない量であった。産出の増加は、おそらく大規模な技術変化以上に、拡大した地域的地方的特化によるものであろう。

一七五〇年以降、土地が初期の議会エンクロージャーによって放牧地へ転換されるにつれて、革新はその速度を落とし、また産出の増加率は下落したようにみえる。一九世紀になって以降は、より多くのエンクロージャーが耕作農業を目的としたが、ターナー博士が指摘するように、より限界的な土地が耕作に向けられたため収量は増加しなかったであろう。他方、おそらく手道具の技術変化（大鎌）と農業労働者の雇用方法の変化のため、農業労働者一人当たり産出は急速に伸びていった。

一八三〇年以降、「集約農業《ハイ・ファーミング》」として知られる一九世紀中頃の時期へのかなり急速な推移とともに、エーカー当たり産出は劇的に増加した。革新は依然として急速なままであり、それゆえに、資料のあるイングランドの一八州について、根菜作物を栽培する耕地の割合は、一八〇一年から一八五〇年頃までに一一％から二〇％弱へとほぼ倍増した。

いったいどれが真に革命的な時期であったのか。その解答は、農業革命の概念をいかに定義するかに依存している。エーカー当たりの産出に関しては、もっとも急速な高まりは一八三一年以降に訪れたと考えられる。労働生産性は一八〇一年以降に決定的な上昇をみせる。一八三一年までには、イングランド農業は構造において資本主義的であった。もっとも、あの特定の転換を詳細に描くのに十分な資料が利用できるわけではないが。「農業革命」の研究は、それが歴史資料の探求であると同時に、農業変化の代替概念の探求でもある。

文　献

(1) J. D. Chambers and G. E. Mingay, *The Agricultural Revolution, 1750-1880* (London, 1966).
(2) N. F. R. Crafts, *British Economic Growth during the Industrial Revolution* (Oxford, 1985).
(3) E. L. Jones, *Agriculture and the Industrial Revolution* (Oxford, 1974).
(4) E. Kerridge, *The Agricultural Revolution* (London, 1967).
(5) M. Overton, *Agricultural Revolution in England: the Transformation of the Rural Economy, 1500-1830* (Cambridge, 1996).
(6) E. A. Wrigley, 'Population Growth: England, 1680-1820', *ReFRESH* **1** (1985). 本書第8章所収。

第2章　議会エンクロージャー——利益と費用

M・E・ターナー

最近、歴史家たちは、一八世紀と一九世紀のイングランドにおける土地エンクロージャーと経済的社会的変化の関係をめぐる長年にわたる議論を再開した。以前に比べてより広範囲に及ぶ当時の記録を用い、また、より厳密な経済学的統計学的モデルを用いることによって、すでに認められていた開放耕地農業の後進性とエンクロージャーによる生産性上昇が再検討されてきた。エンクロージャーの社会的諸結果もまた新たな調査のもとにあり、二〇世紀の最初の一〇年間に論議を呼んだが続いて反論されたエンクロージャーの悪影響については再検討され、多くの点で正しかったことが明らかにされた。

エンクロージャーは、共同的に管理された土地所有における、すなわち、通常、物理的な領地境界のない広大な耕地における、協業制度のもとで行なわれていた農業慣行を変化させた。それらの代わりにエンクロージャーは、農業所有がある者の土地と隣人の土地とを人為的な境界で分けるといった非共同的な個人を基礎とした制度を創出した。開放耕地農業と土地所有構造は、そのため、個人の企業心と個人土地所有にとって代わられた。すなわち、明確な土地所有権が登記され、共有所有権が（財産の共有権を認定することにより）分割され、そして、共同体的拘束、特権、権利はいかなるときも無効であると宣言された。ほぼ同様のことが、共有地と荒蕪地のエンクロージャーについてもいえる［Turner (4), (5)］。

エンクロージャーの広がり

われわれがここで問題にするのは、議会エンクロージャーである。議会エンクロージャーは、一七五〇～一八三〇年の期間に支配的であったが、二〇世紀にまでその名残りをとどめた。これは、議会の法律により承認されたが、その誘因となったのは、村や教区、町区、小村の全体あるいは一部のエンクロージャーを求める個人および地方の請願や法案であった。最初のエンクロージャー法は一六〇四年、ドーセットのラディポールでのものだったが、エンクロージャー法がひんぱんに制定され統計に現れるのは一八世紀半ば以降である（図2‐1を見よ）。私的エンクロージャー――それは一八世紀半ば以前の数世紀には、しばしば地方やロンドンの裁判所によって認

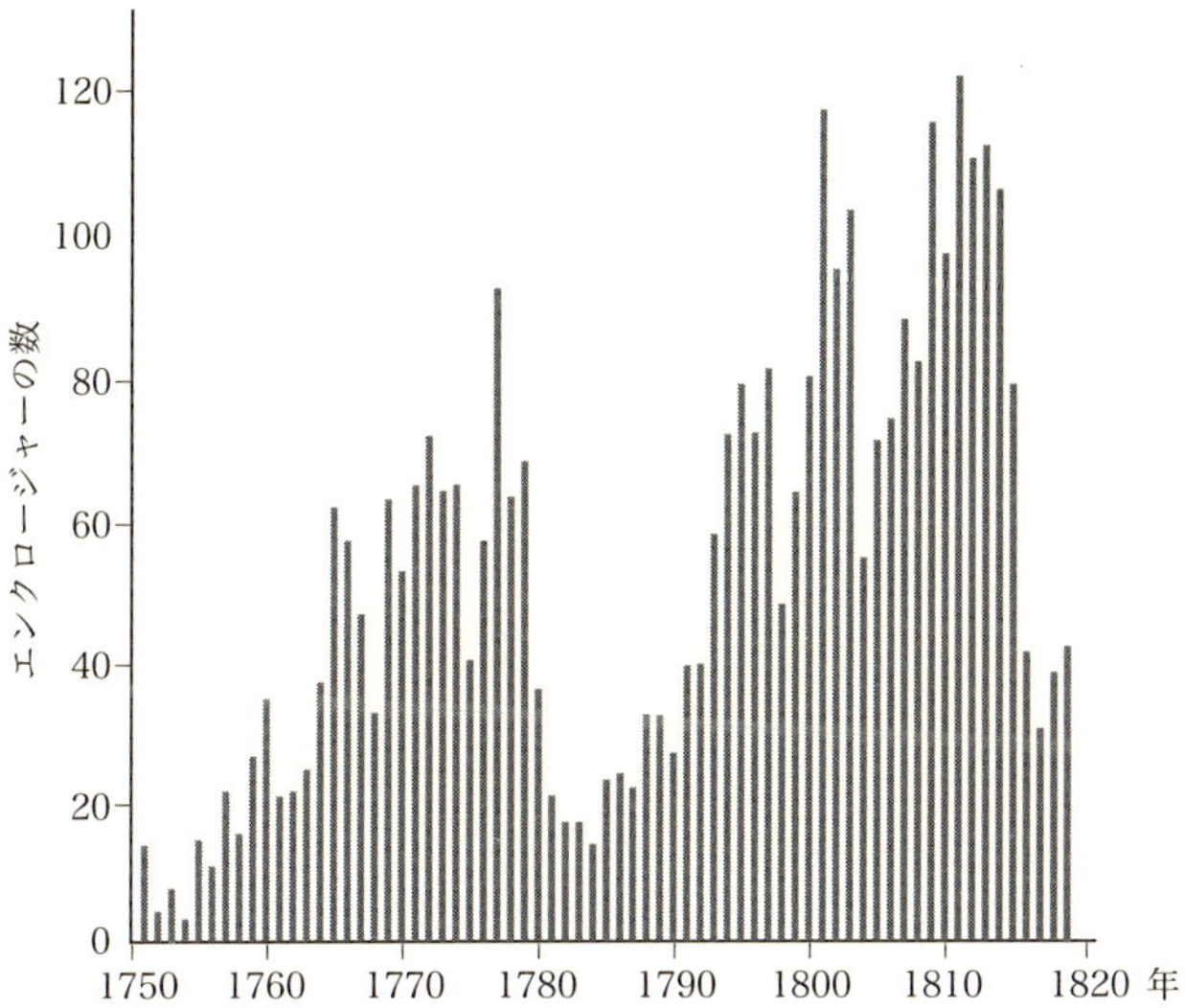

図2-1　イングランドにおける議会エンクロージャーの年表（1750～1819年）

表2-1　イングランドにおける議会エンクロージャーの面積

	面積［百万エーカー］	イングランド全体に占める割合［%］
1793年以前	2.6	7.9
1793～1815年	2.9	8.9
1816～1829年	0.4	1.2
1830年以前の合計	5.9	18.0
1830年以降	0.9	2.9
合計	6.8	20.9

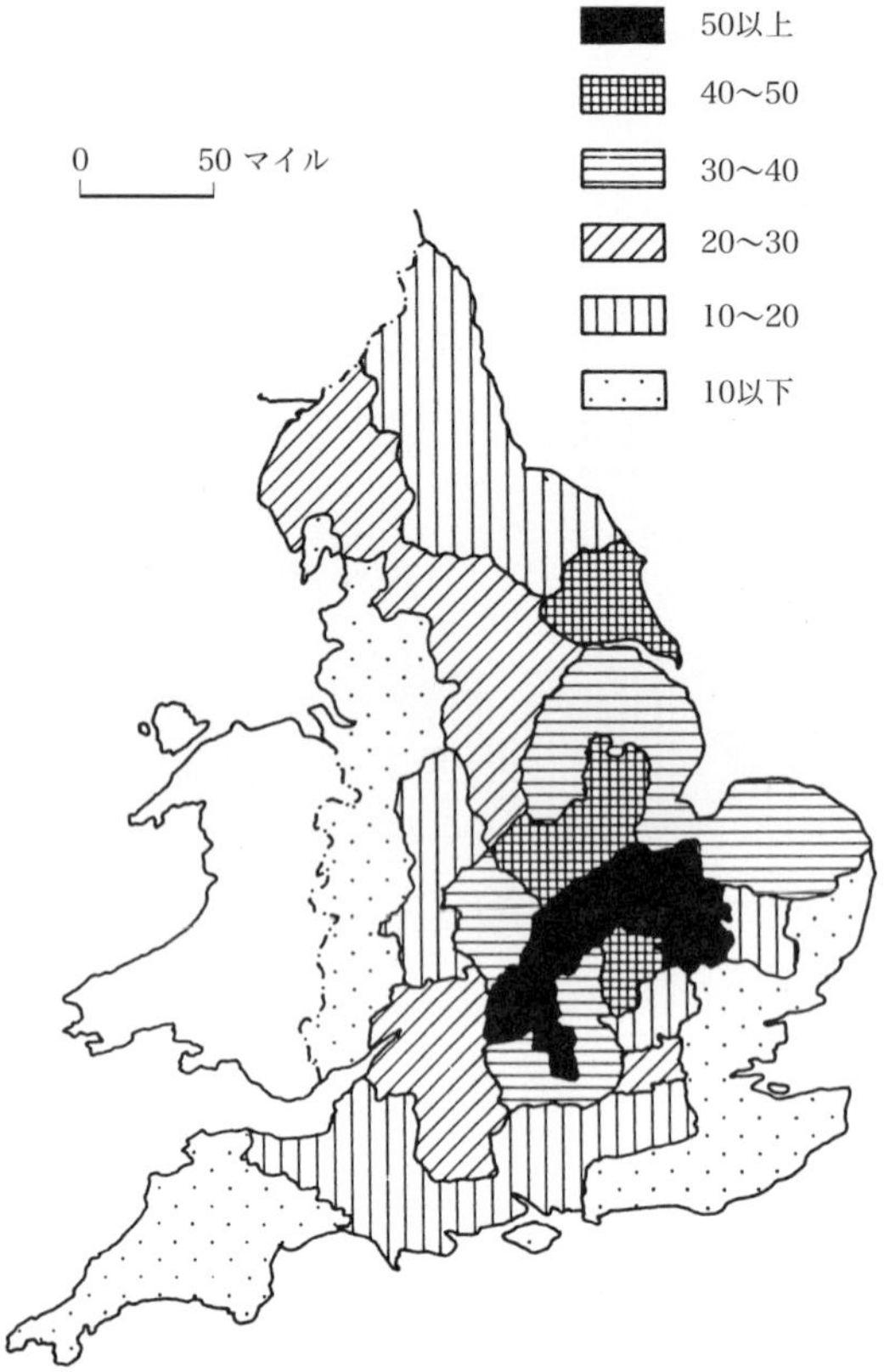

図2-2　イングランドにおける議会エンクロージャーの密度［%］

可された地方的協定であった――もまた行なわれた。しかし一七五〇年以降は、私的エンクロージャーは法制的手段によって縮小された。なぜ議会エンクロージャーが支配的になったのかは、依然として明らかではない。おそらく、利害関係者数の増加とともに、権利の再分割があまりに複雑化したため、所有権の主張を識別する判定制度が必要とされたのであろう。あるいはおそらく、土地改革への反対とか利権の再分配をめぐる争いがあり、法制的手段を必要かつ不可避なものとしたのであろう。

議会への依存は、所有の諸規則に従ってなされる階級的略奪であるといわれてきた。それは公平ではあるけれども、財産所有者と法律家よりなる議会によってなされたというのである。議会への請願という事実だけをもって抵抗の証拠であるとされてきた。これらは強力な主張であり、これからも常に議論されるであろう。確かなことは、議会エンクロージャーが物理的な影響力をもったということである（表２‐１、図２‐１、２を見よ）。これほど劇的ではなかったが、ウェールズとスコットランドにも同様の土地改革があった［Turner (5)］。

時間的空間的諸類型

最近に至るまで、議会エンクロージャーは、他のいかなる形のエンクロージャーのなかでも唯一、最大の影響力をもっていたとされていた［Wordie (6)］。議会的手続きにより囲い込まれた面積があまり議論にならない一方で、他のエンクロージャーの期間の影響は部分的にしかわかっていない。議会エンクロージャー自体の証拠、および一五〇〇年以降の時期における私的断片的エンクロージャーの推計に基づき、以前の開放耕地の分散について部分像を描きあげることは可能である。一五〇〇年以前のエンクロージャー面積の概数を推計し、これを一五〇〇年以降の推計に加えることで面積の総数が計算できる。ところが、この計算がなされてみると、それはイングランドの土地面積の七五%にしかならなかった。残りの消えた二五%は、どうしたのだろうか。この計算の作成者［Wordie (6)］は、この残りの部分をもっぱら、そのほとんどが文書記録に書かれていない一七世紀によるとしている。これは次のような年表を生みだした。

一五〇〇年にはすでに囲い込まれていた	約四五・〇%
一五〇〇～一五九九年に囲い込まれた	約二・〇%
一六〇〇～一六九九年に囲い込まれた	約二四・〇%
一七〇〇～一七九九年に囲い込まれた	約一三・〇%
一八〇〇～一九一四年に囲い込まれた	約一一・四%
一九一四年に残されていた共有地	約四・六%

これらの数字は読者を惑わすということ、また、この年表は議会エンクロージャーの強い影響を想起させるのに有効であること、この二点を示すのは当を得ている。第一に、もし一七世紀にそれ

ほど多くのエンクロージャーがあったならば、それは他のエンクロージャー運動とは違って、同時代の記録が驚くほどに少ないまま進行したことになる。よりありそうなことは、過去五百年間を通して、われわれがたしかに測定できるよりも多くの、議会によるものではないエンクロージャーがあったということである。加えて、エンクロージャーを人生経験の区切りに関連しないほど長期の期間に位置づけることは、その経済的社会的背景への議会エンクロージャーの影響を誤解し、過小評価することになる。イングランドの土地面積の二四％が一七世紀に囲い込まれたかもしれない。しかし、一八％はおのおの約二〇年間続いた二つの短期の爆発的活動期に議会によって囲い込まれた。すなわち一七六〇年代から七〇年代、および、フランス革命からナポレオン戦争の時期である（図２－１を見よ）。

第二に、いくつかの州（ウェールズとの境界、および、イングランドの南東部と南西部）において、議会エンクロージャーは無視しうるほどであった。しかし、他の州では議会エンクロージャーはきわめて重要であった（オックスフォードシャー、ノーザンプトンシャー、ケンブリッジシャーの五〇％以上が百年に満たないうちに囲い込まれた）。エンクロージャー活動は、とくにミッドランドの南部と東部で活発であり、外側へ広がるにつれしだいに重要ではなくなっていった（図２－２を見よ）。このことは、一七五〇年頃まで開放耕地農業の旧制度が存続していたことを反映している［地域的差異については、Turner (4) を見よ］。

この空間的類型は年代記的類型と結びつけられうる。ミッドランドの粘着性耕地土壌は、一七六〇年代と七〇年代に最初に囲い込まれる運命にあった。この耕地の多くが牧草地農業へと転換された。非粘着性土壌は依然として開放耕地であったが、カンバーランドのような州における共有地は、主としてナポレオン戦争のあいだに、今度は耕地を限界地まで広げる目的で、あるいは既存の耕地を改良する目的で囲い込まれた。

なぜ囲い込みなのか

エンクロージャーの背後にあるいくつかの動機は、これらの空間的時間的類型のなかに現れている。一八世紀の第2四半期は、物価鎮静の時期であった。一定のもしくは緩慢に増加していた人口に対して、安価で大量の食糧があった。しかし、市場の安価な食糧は、農業経営者にとっては産出単位当たりの一定の収入あるいは減少する収入を意味した。結果的に、耕作農業から得られるほぼ固定的な収入から、拡大しつつある牧畜農業部門への移動がみられた。肉と乳製品の需要が増加し、このことが農業経営者に穀物を牧草に代えることで自身の収入を増加させる機会を与えた。粘着性土壌の区域がまず反応を示し、そこでは放牧地への転換のためのエンクロージャーが比較的多く行なわれた。開放耕地においてさえ、牧草地面積を増やそうとする動きがあった。一七五〇年以降、物価と農家収入は回復していたにもかかわらず、粘着性土壌の地域では牧草地農業へと移動し続けるという類型はすでに整えられていた。それゆえにミッドランドの南部と東部において、この時期に議会エンクロージャーが顕著だったのである。

一七九〇年代までに、小麦価格の上昇がもたらした急速な物価騰貴へと状況は劇的に変化した。エンクロージャーはいまやこの状況を利用するために行なわれた。目的は非粘着性土壌の地域にある既存の耕地を改良することと、耕地を限界的な（経済的に、また地理的に限界的な）地域へと拡張することであった。このことが耕作の限界を山地にまで高く押し上げ、荒蕪地にまで押し広げた。近代の経済学者たちは、物価変動とエンクロージャーの発生とのあいだの統計的に検証可能な関係を確認している。

同様に、エンクロージャーと借金の難易度とのあいだには強い関係がある。借入費用が高い戦時は別として、一八世紀の利子率は低い水準にあり、また、利子率がかつてないほど高かった英仏戦争のあいだでさえ、全般的なインフレ率が利子率の増加率を上回っていたため、借金の「実質」費用は低かった。

エンクロージャー活動と市場の拡大（人口変化）との関係は、いくぶんか「鶏と卵」の謎である。先に人口増加があって農業の再編成を刺激したのか、それとも、再編成と産出拡大が人口変化の前兆であったのか。最低限、われわれは、農業の生産性変化とエンクロージャーに帰因する特殊な生産性変化とについて、より明確な像を必要としている。『経済史評論』の最近号の諸論文はそうした問題を探究しているが、いまだ決定的な解答を出していない［*Eco. Hist. Rev.*, 1982 (no. 4), 1983 (no. 2), 1984 (no. 2), 1985 (no. 3) を見よ］。

エンクロージャーと生産性

エンクロージャーへの投資に導いたと考えられる経済的状況は、以上のようなものである。それにもかかわらず、エンクロージャーは個人あるいは集団の活動である。彼らの動機は何であったのだろうか。ある定着している見解によれば、エンクロージャーは土地所有と借地をより大規模な所有と農場単位に再編成することにより、規模の経済（すなわち、より広い農場からの収穫）の導入を可能ならしめたという。このことは、（この古い系統の議論がほとんどいつでも資本主義的で強欲であると描いてきた）地主に地代引き上げの再交渉を許し、また、余剰を稼ぎだしたのは彼らの虐げられた借地人の労働であるにもかかわらず、規模の経済による余剰のより多くを地主自らが蓄積することを許した。それゆえ、このような単純な形で土地耕作者（実際の農民）から土地所有者（通常、偶然の相続による所有者）への所得の再分配がなされた。最近、経験的測定と経済学的分析に基づいて、さほど論争的ではないが一つの代替説が出された。その説によれば、農業共同体は開放耕地を投げ捨てたとされる。それは開放耕地が、（あまりにひんぱんな休耕を許すため）土地の浪費になり、また、あまりに少ない作物と、あまりに狭い作物の選択、そして様式化された輪作のため、その運営が拘束的かつ保守的になったことにより足かせになったからである。新たに解放された地方は、多くの収穫を生みだし、誰にも利益をもたらした。これらの見解のどちらもが疑問視されてきている。平均的な農場規模が一八世紀のあいだに顕著な程度にまで拡大したことを示す証拠はないのである。もっともこのことは、規模の経済と効率増進がエンクロージャーから展開しえなかったことを意味するのではない。地主は彼らの借地人が効率的でありうる程度までにしか強欲になれなかった。地主も借地人もともにエンクロージャーから得るべきものが多かった。アーサー・ヤングがエンクロージャー以降に地代と産出量――地主と農業経営者の所得――がともに均衡して増加したと述べたが、彼はおそらく正しかっただろう。

しかしながら、開放耕地と囲い込み農業との相対的効率をめぐる論争は、解決されていない。変化する経済環境に対処するため開放耕地が適応したという証拠もあれば、衰退したという証拠もある。オックスフォードシャーに関しては、M・ハヴィンドン［Jones (2) に転載］が、前者の見解を立証し、開放耕地を古典的に擁護した。ここでは、開放耕地の適応があまりに完成していたため、エンクロージャーは一九世紀に入ってかなりたつまで中断されたままだった。しかし、どこでもそうであったわけではなかった。隣接するバッキンガムシャーでは、変わることのない作物と輪作様式が存続し、農業経営者の牧草地耕作拡張の試みは、断固たる開放耕地規制により挫かれた。バッキンガムシャー北部には、オックスフォードシャーより数十年早くエンクロージャーが到来した。当時の証拠は、開放耕地農業が生産性への制約であったことを示している。開放耕地では、不法侵入や不経済な休耕の行使、そして、散在する保有地をもつという非能率によって、損失がもたらされた。散在は「まずい耕作の悪」であったし、共有地農業は「ターニップ栽培も、また、いかなる地の最新かつ有益な農業改良も認めなかった」［Turner (4)］。表２-２は、この点で典型的な州であるノーザンプトンシャーにおいて開放教区と囲い込み教区について、個々の耕作の概要とエーカー当

表2-2　1801年頃のノーザンプトンシャーにおける農産物の種目別割合、生産性、および産出量

		開放耕地の45教区	102の囲い込み教区
(A) 農産物の配分（教区当たりエーカー）	小麦	190.3	141.7
	大麦	164.8	134.5
	オート麦	48.9	105.3
	穀物合計	404.0	381.5
	豆類	178.3	60.4
	根菜類	24.8	56.2
	農産物合計	615.4	509.8
(B) 生産性（エーカー当たりブッシェル）	小麦	17.9	19.5
	大麦	24.0	27.6
	オート麦	22.7	27.0
(C) 産出量（教区当たりブッシェル）	小麦	3406.4	2763.2
	大麦	3955.2	3712.2
	オート麦	1110.0	2843.1
	穀物合計	8471.6	9318.5

出典）Adapted from the 1801 crop returns in the Public Record Office (HO/67) and a harvest enquiry of 1795 in the Public Record Office (HO/42/36 and 37, 5th and 27th November 1795).

たり生産性の推計（一八〇一年頃）とを比較している。

この表のA欄から、囲い込み農場のほうがより均等な穀作物の配分をしていたことがわかる。また、開放耕地に比べて豆類（エンドウ豆やインゲン豆）の作付面積は著しく小さく、根菜作物の面積はより大きい。B欄は、囲い込み農場から、より多くのエーカー当たり穀物産出が得られたことを示している。最後にC欄は、囲い込み農場の生産性の増加分が、より小さい穀物面積を補ってなお余りあるものであったため、開放耕地よりも多くの穀物が生産されたことを示している。このことが、とっておいた土地を牧草のような他の用途に振り向けるのを可能にしたのである。

しかし、農業は農業経営者による経営で

あり、ある同時代人がわれわれに想起させるところでは、農業経営者はエンクロージャーが除去しようとしたまさに同じ開放耕地農業の共同体的束縛によって、彼ら自身の悪い実践傾向に陥ることなく守られていたのである。エンクロージャーはたしかに、よい農業経営者をよりよくすることができたが、また悪いものをより悪くすることもできたのである。

社会的諸結果

ハモンド夫妻は、エンクロージャーの有害な社会的諸結果を明らかにした。というのも、エンクロージャーは村の生活の社会的組織を破壊し、結果として小農、小屋住み農、無断借地人といった三つの階級には致命的なものとなったからである［Hammonds (1)］。反対に、エンクロージャーは垣と水路の新設やその後の維持によって、より多くの――より少なくではなく――雇用機会を生みだしたと主張されてきた。さらに、推計でエーカー当たり二～三ポンドというエンクロージャーの費用は、改良された土地の価値との関連では小さいとされてきた。所有者が必要なさいには抵当便宜に頼ることができたためである。かくして、小農、あるいはとくに独立自営農民は、激しい打撃をこうむることはなかったのである。この反ハモンド派の創始者、J・D・チェンバース［Jones (2) に転載］は、実際には小規模自作農の数はエンクロージャー以降増加したのであり、減少したのではないと主張した。それゆえ、農業村落プロレタリアートを工業都市プロレタリアートへと転換したメカニズムは、エンクロージャーではなく、増大する人口であった。人口革命は、資源が比較的固定されている地方において、雇用機会よりも多くの人的資源を生みだした。それゆえ、都市への移住は、増加した人口が押しだされ、都市の仕事にひきつけられて起こったのであり、エンクロージャーによって押しだされたからではない。この見解は事実上正統派の説となった。しかし、その見解は最近の調査分析の方法により、ハモンド夫妻の見解へと揺り戻されており、夫妻のもっていた政治的論争的偏見も除かれている。

エンクロージャーには、いくつかの明らかに有害な影響力があった。共同利用可能な土地を囲い込み、それらを村の一般的利用――収穫後、耕地の刈り株畑で動物を放牧したり、休耕地で動物を放牧したりする地方的権利も含めて――からはずすことにより、常に数の上で大多数を占める土地無しは、燃料を集めたり、動物をつなぎ留めて草を食べさせたり、気晴らしをしたりするために開放地を一般的に利用するという機会を奪われた。エンクロージャーの後では、そうした場所はまったく存在しないか、あるいはその規模や数が大幅に減少した。首尾よく要求し、共有権の代わりに土地を与えられた者たちでさえ、彼らの受け取った土地が広い（ときには狭い！）庭にすぎないこと、しかもその庭はエンクロージャーの一部であり、囲いをする費用がかかることに気づいた。実際、エンクロージャーの費用は、囲いのための強制的費用を含めると、エーカー当たり一二ポンドにまで上がりえた。多くの共有権の要求者が、エンクロージャーのときかその直後に、新たに得た土地を売り払い、あらゆる独立の様相を失って、完全な賃金依存者となった。このことが村落内で階級意識を高め、社会的分化を促進した［Snell（3）］。

チェンバースが主張したように、エンクロージャーのさい、小規模な自営農の数は増加したが、いまではこのことは、実際の出来事を歪曲したものとして知られている。エンクロージャー以前、共有権は非物的財産の形で与えられていた。ところがエンクロージャーのさいにそれらが物的財産（土地）へと転換され、それゆえに初めに「土地」所有者の数が増大したのである。彼らの多くは、次に、新たに獲得したものの極度に狭いこれらの小区画を売却した。より多くの土地所有者たちもまた、彼らの先祖代々の土地がその規模において大きく減少したことを知った。（とくに一度限りの土地の支払いをもって十分の一税を履行、あるいはそれに代えたため）十分の一税から脱皮することは歓迎されたが、しばしば彼らの土地は完全な独立には小さすぎるものとなり、また、彼らはエンクロージャーと囲いをする費用に苦しめられた。エンクロージャーの負担と密接に結びついた財産の再編成が起こった。土地税台帳《ランドタックス》（これは所有と占有の記録である）は、たとえばバッキンガムシャーでは土地市場の通常の活動が一〇年間ごとに二〇％以下の回転率を示すのに対し、エンクロージャーの二、三年以内に、エンクロージャー以前の土地所有者の三〇～五〇％がその土地を売却したことを明らかにしている。ノーザンプトンシャーでは、この回転はもっとも小規模な土地所有者のあいだで著しかった。「頭数」は、共有権であったものをエンクロージャーのあいだに認定することによってのみ増加した。この点の識別にチェンバースがまったく失敗したことで、彼や他の人々のエンクロージャーの評価が歪められることとなった。

また、エンクロージャーに反対する記録が増加していたことへの理解も高まりつつある。「選挙権とは数えられるものではなく、測られるものである」というハモンド夫妻の有名な言明は——これは議会に影響を与えたのが総数ではなく、財産で測った土地所有の力であったことを意味しているが——議会エンクロージャーとは身分の低い者たちの権利をさえも認定した過程であった、と主張する者たちへの理にかなった回答になってきた。最後に、エンクロージャーが囲いや水路をつくる当座の事業以外に長期的雇用を増加させたということはありそうもない。一七八〇年に至るまで、より労働集約的な制度から労働節約的制度への変化をともないつつ、耕地の放牧地への転換の動きがあった。それゆえ、一七八〇年以前のエンクロージャーの多くは、おそらく労働力を排出するものであっただろう。

経済的利益とそれに反する社会的費用

エンクロージャーは、たしかに地方を目覚めさせた。しかし依然として、とくに一七八〇年以降の人口変化は、都市へと遍歴した農村プロレタリアートが出現したもっとも確からしい原因である。エンクロージャーはその過程を円滑にしたが、しかしその唯一の原因ではなく、また必ずしも主要な原因でもなかった。これら二つを結びつけるのに見過ごされているのは、人口変化の過程において農業が果たした役割である。一七世紀末と一八世紀に農業はより効率的になったが、エンクロージャーはその改良の一因であった。しかし、この効率性は生活水準の向上を促進したのだろうか、それとも、農業はすでに進んでいたこうした諸変化に応えたのだろうか。このことはたしかに、次に提起されるべき重要な問題であり、土地管理に生じた諸変化を地方レベルで研究することによって解答が与えられるであろう。このようにして将来の研究は、人口増加の時期に開放耕地制の存続で挫かれたさらなる改良への潜在的可能性のなかから、現実に起こった生産性の変化を解き明かすであろう。

文　献

(1) J. L. and B. Hammond, *The Village Labourer* (London, 1911 and reprinted 1980).

(2) E. L. Jones, *Agriculture and Economic Growth in England 1650-1815* (London, 1967), Essays by J. D. Chambers and M. Havinden.

(3) K. D. M. Snell, *Annals of the Labouring Poor: Social Change and Agrarian England 1660-1900* (Cambridge, 1985), chapter 4.

(4) M. E. Turner, *English Parliamentary Enclosure: Its Historical Geography and Economic History* (Folkestone, 1980).

(5) M. E. Turner, *Enclosures in Britain 1750-1830* (London, 1984).

(6) J. R. Wordie,'The Chronology of English Enclosure, 1500-1914', *Economic History Review*, 2nd series, vol. XXXVI, no. 4 (1983).

(7) J. M. Neeson,'The Opponents of Enclosure in Eighteenth-Century Northamptonshire', *Past and Present*, **105** (1984).

(8) M. E. Turner,'English Open Fields and Enclosure: Retardation or Productivity Improvements', *Journal of Economic*

History, XLVI (1986).

(9) J. Chapman,'The Extent and Nature of Parliamentary Enclosure', *Agricultural History Review*, **35** (1987).

第3章　ハイランド・クリアランス

T・M・ディヴァイン

ハイランド・クリアランスとは、一七六〇年頃から一八六〇年頃のあいだにスコットランドのハイランドおよびアイランド全域の居住者が、その土地から追放され立ち退かされた過程のことである。これはスコットランド史における古典的テーマの一つであるが、さらによりいっそう全般的な歴史記述上の重要性をも備えている。この主題は、農業近代化の社会的帰結を検討するのにまたとない機会を提供する。クリアランスは、小農伝統主義と農業合理主義のあいだの大きな対立をとくに鋭い焦点にする。地主階級の権力、経済的圧力と人口圧力の束縛、追放、小農の抵抗、文化的疎外、移住《マイグレーション》と移民《エミグレーション》といったあらゆる重要なテーマがそこにある。

クリアランス以前

クリアランスの社会的影響のいかなる評価も、追い立てが始まる以前のハイランドの状況をめぐる何らかの判断に決定的に依存する。一九世紀の批評家たちは、大多数の人々が後に追放によって取り返しがつかないほどの損害を受けるまでは、安全で比較的快適な生活を送っていた、と主張した。現代の研究は、まったく異なる像を描いている。一七五〇年以前についての証拠は、次のようなことを示している。すなわち、北部地域は、スコットランドの他の地域の基準をもってしてもたいへん貧しかったこと、この地域の経済はわずかな充足と断続的な欠乏とのあいだで不安定に均衡していたこと、困窮は広範囲に及び、人々は気候が変わりやすく耕作資源が限られており、また天然資源の乏しい土地との不断の闘いに耐えていたことである。クリアランスそれ自体は、ハイランドの貧困の原因ではなかった。その貧困は一八世紀後期のずっと以前から避けられない生活の現実だったのである [Richards (1), Gray (2)]。

クリアランスの多様性

大規模な追い立ては通常、とりわけはっきりした単純な見地から考察されている。クリアランスとは、広大な羊牧場をつくるために土地を拓く目的で、著しく粗暴な手段を用いて共同体全体を大規模に排除する過程を指すというのが、なお広くいきわたった考えである。そのような記述は、特定の時期の多くの追い立てに当てはめてみるとたしかに妥当性をもつが、本質的にそれは、はるかに複雑な社会発展を過度に簡略化している。安易な一般化は不可能である。なぜならば、おのおのの「クリアランス」は、地主の態度や人口圧力と経済圧力がもつさまざまな影響によって決定される独自の特性をもつからである。

いくらかの移動は、前の各章で議論された農業改良の時代のイギリスにおける他の多くの地域を連想させるような、小借地人層の慎重かつ漸進的な減少によって起こった。追放の規模や速度や形態には、著しい差異があった。追い立ては、行使された一連の制裁のうちの一つであるにすぎなかった。他にも、地代滞納者の家畜の没収、土地再分割の統制、飢饉救済の拒否があった。なかには追放された人々の便宜を図るのにどんな苦労も惜しまない所有者もいた。他の所有者は、良心の呵責も、彼らの行動のもつ社会的費用への懸念も抱かずに追い立てた。一八世紀後期には、人口の再分配が計画されるのが普通であった。一八二〇年頃からは、その戦略によって追放のあからさまな決定がよりひんぱんになされるようになった。これら異なるアプローチは、一七六〇年から一八六〇年の期間のさまざまな経済的社会的刺激や圧力に対する反応であった。そこから「ハイランド・クリアランス」という言葉は「ハイランドの地主によるあらゆる種類の追放を含む総括的な用語」であり、「そこには小規模な追い立てと大規模なもの、自発的な移動と強制されたもの、あるいは徹底的な借地人の排除と再入植とのあいだの識別はない」[Richards (1)] ということが確実であるとされた。

変化の過程

クリアランスがけっしてその起源においても影響においても均質ではなかったという事実によって、意義ある分析をすることがきわめて困難になっている。しかしながら、特定の追い立ての時期や型を明確にしていくために、より首尾一貫した方法でクリアランスの大まかな分類を試みることはできる。その結果として、大まかにいって五種類のクリアランスが識別されるであろう。

（一）ハイランドの南部と東部

ほぼ一七八〇年から一八三〇年のあいだに、インヴァネス東部、アーガイルシャー南部、イースター・ロス、そして一部のサザーランドにおけるハイランドの耕地の周辺に沿って、既存の構造が解体され、賃金労働者を雇った一人の人物が所有するようなかなり大規模な農場の形態にとって代わられた。新たな秩序にともない、「クロフト」、すなわち小土地保有の制度が現れた。この制度は大規模農場への季節労働の供給源となり、また限界地を常に耕作していくための効率的な手段となった。小借地人や転借人の追い立てはその過程の中心であったが、新農業が混合農法と牧畜特化との組み合わせに基礎をおいて始められたことから、これらの「クリアランス」の結果は他の場所ほど有害ではなかった。したがって追放された者たちは、耕地耕作の労働集約的な体制、あるいは発達しつつあったクロフト構造にしばしば吸収された［Gray (2)］。

（二）牧牛業

南部市場へ売りに出す黒牛の飼育は、その大部分がハイランドの伝統的な経済・社会構造に適応していた。これは、ほとんど最初からローランドや境界諸州出身の資本主義的農業経営者の統制下にあった商業的牧羊業とは対照をなすものであった。それにもかかわらず、いくつかの地域では、外部市場の圧力に応えて広大な牛の放牧場がつくられた結果、多くの小借地人が保有地から追い出された。この傾向は、一七五〇年代という早い時期からダンバートンシャー、アーガイル、パースにあるかなりの数の教区で示されていた［Richards (1)］。

（三）クロフト制度の創造

アードナマーチャン半島の北にある本土西部、およびヘブリディーズ諸島の内外を通して、共同借地や共同農業という既存の制度は、一七六〇年頃から一八四〇年頃のあいだに終焉を迎えていた。この地域では、耕作あるいは混合農法への可能性はきわめて限られており、したがって、ハイランドの南部と東部、およびスコットランドのローランドに特有な適度の土地併合や中規模農場の形成への可能性を欠いていた。ここでは地主の戦略は、個々の小土地保有、すなわち「クロフト」の形成にあてられ、クロフトは「町区《タウンシップ》」、つまりクロフト居住地に配置された［Hunter (3)］。地位、保有の規模、および人口の地域的配分に劇的な影響を及ぼしたとはいえ、この変化が小農階級を破壊しなかったことを強調しておくのは重要である。本質的にそれは土地との結合を永続させたし、またクロフト機構のなかでは、親族間での農地の再分割が普通になった。しかしながら、新たな構造の形成は、いっそう悪評の高い牧羊業のための追い立てを連想させる劇的な効果をもたらさなかったとはいえ、人口のかなりの分裂、追放、そして再配置という結果をもたらした。それは二

図3-1　スコットランド——本文中の地名を示している

世代にわたらないあいだに、ハイランド西部およびアイランドの社会地図と居住形態のすべてを変容させた。その変容過程が生みだした社会的憤慨の一つの表現が、大西洋を越えての移民の大波であった。これは、大規模な牧羊場の到来に数十年先行して、一七六〇年頃よりその過程によって引き起こされたものである［Bumstead (4)］。

（四）牧羊業

商業的牧羊業は、一八世紀の第4四半期に、この地域の南部および東部の諸州に広まった。一八〇〇年以降、開発の速度は著しく速まった。インヴァネスにはその当時五万頭の羊がいたが、一八八〇年までには七万頭に達した。サザーランドにおける増加の速度は、なおいっそう速かった。一八一一年にそこには羊がおよそ一万五千頭しかいなかったが、九年後には一三万頭になったのである。このように大規模に営まれた牧畜農業は、ほとんど必然的に広範に及ぶ人口追放に帰着したであろう。商業的牧畜業は、大規模な単位においてもっとも効率的に運営された。慣習的な知恵によれば、もっとも経済的な割合は、羊飼い一人に対して羊六〇〇頭であった。事業を統制していた大農業経営者は、小農の共同体が集中していた低地の耕地を再び必要とした。北部山岳地帯の厳しい気候では、越冬に適した土地がどうしても必要であることが、彼らの運営のまさに核心にあった。彼らが飼育できる家畜の数と質とはこのことにかかっていた。その結果は、クリアランスの急増であった。「追放された家族が以前は数十の単位で数えられていたが、いまやそれが数百にものぼっている。キンタイル、グレンク、グレンデサリー、そしてロッホ・アルカイク……苦

い記憶の地名は、牧羊業の最前線の動静を記している」[Gray (2)]

　これらの追放は、しばしば移民をもたらしたとはいえ、少なくとも一九世紀の一〇年代までは必ずしも大量の人口減少を引き起こしはしなかった。内陸の峡谷が羊のために放棄される一方で、追放された者たちはしばしば沿岸地域あるいは限界地域へ再配置された。この傾向のもっともよく知られている例としては、サザーランドの大クリアランスがあげられる。そこでは、一八一〇年頃より一八二五年頃のあいだに、推計で八千から九千人の人々が沿岸の周辺地に移動させられ、漁業あるいは準工業の共同体に定住した。おそらくこれは、一九世紀のイギリスでかつて企てられたもっとも注目に値する社会工学的計画であっただろう。少なくとも短期的には、それは外部への移住を制限したが、長期的には、その土地の人口水準は急速に下落し始めた。

（五）移民とクリアランス

　一八四〇年頃から一八六〇年頃のあいだに、ハイランド西部とアイランドで一連の新たな追い立てが始まった。それらは人口減少の達成を意図していたことから、以前のほとんどのクリアランスとは異なっていた。再定住の試みは放棄され、追放された者たちはますます移民するよう奨励された。当時の言い回しで「強制移民《コンパルソリー・エミグレーション》」と呼ばれるものが、広範囲に及ぶようになった。地主は小借地人に対して、北アメリカあるいはオーストラリアへの援助つきの渡航を勧め、さもなくば立ち退きか追放かという冷たい選択を提示した。一八四五年から一八五六年のジャガイモ飢饉のあいだに推計で一万六千人が、所有者もしくは慈善団体からこのような形の移民に対する援助を受けた。

クリアランスへの前提諸条件

おそらく、ここで有効なアプローチとなるのは、広範な人口排除を可能ならしめた一般的な決め手となる諸要因を、まず考察することであろう。これに続いて、本章ですでに概要を述べたクリアランスの特殊な諸類型を誘発した影響に関して分析することが可能である。

一七四六年のジャコバイト〔ジェイムス二世支持者〕の敗北と、国家による効果的な規制の押しつけとが、ハイランドの古い氏族《クラン》を基礎とする好戦的な社会に公式に終止符を打った。いまや土地はより容易に、軍事力の基礎というよりもむしろ資産の単位とみなすことができた。このことが伝統的農業の合理化にとって、きわめて重要な前提条件を生みだした。地主は以前にもまして、自分たちの土地を主として経済的資産として評価するようになった。しかし、四五年の反乱の結果のもつ意味を過大視しないことが重要である。最近の研究によれば、それは重要な転換点というよりはむしろ、ハイランドにおけるたえまない国家権力の浸食の最終局面であるというように、より合理的に理解できる。すなわち、少なくとも一七世紀初期のジェイムス四世と一世の治世にまで遡及できる過程の最終局面としてである。いまでは、南部の文明と経済圧力が一七四五年のはるか以前からすでに、ハイランドの所有者の心性《マンタリテ》や家畜、魚、材木といったハイランドの産物の市場に、またいくつかの地域では土地保有構造にさえも影響を与えていたことも明らかになっている〔Hunter (3)〕。最後に、反乱の鎮圧とクリアランスとのあいだには、何ら自動的な関連はない。ハイランドでは、主要な構造変化はクロドン〔でのジャコバイトの反乱〕から二〇年あるいはそれより後まで始まらなかった。このことは、一八世紀の第４四半期に起こった北部商品の市場の大幅な拡大が、政治的変化よりも革新を起こすのに決定的であったという事実を示している。

地主の権威は、クリアランスに不可欠の前提条件であった。しばしば力説されているように、スコットランドの地主がヨーロッパでもっとも強力なものの一つであるならば、ハイランドのエリートはなかでももっとも専制的なものであった。彼らは住民を追放し、徹底的に定住構造を変える、計り知れない能力を備えていた。小農は土地を占有していたが、所有してはいなかった。したがって、多くのヨーロッパ社会で領主の権力を制約していた障害物は、ほとんど存在しなかったのである。小借地人の圧倒的多数は、定期借地権をもっておらず、土地を一年単位で保有していた。この地代支払い集団の下に、直接土地所有者に地代を支払わない、半ば土地なしの転借人からなる下層階級があった。これは一九世紀のある推計によれば、人口の三分の一から半数ほどを占めていた。したがって、典型的なハイランドの所有地に住む大多数の住人は、地主の思いのままの立ち退きに服さねばならなかった。イングランドにおけるエンクロージャーを連想させる複雑な法的手続きは、何ひとつなかった。土地所有者はただ、地方の執行官裁判所から移動の召喚状か執行令状を手に入れさえすればよかった。

こうした保有権の脆弱さは、小借地人の側の交渉力の欠如を反映するものだった。資本集約的な商業的牧畜農業の拡大とともに、彼らは急速に大きな経済的価値をもたなくなった。勢力の均衡

図３-２　スカイ島の粗末な住居（1853 年）

出典）*Illustrated London News*, 15 Jan. 1853.

は、一八一六〜一七年と一八三七〜三八年の生存危機のときに、またもっとも重大なことには一八四六〜五六年のジャガイモ飢饉のときに、なおいっそうはっきりと土地所有者のほうへ傾いた。多くの者が当時、生活そのものを地主の気前のいい施しに頼るようになった。社会的エリートの専制が、法的にも土地保有の面でも経済的にもほとんど束縛されないことから、土地所有者と小借地人との関係は容易に搾取的なものとなりえた。アイルランドの小農流のたゆまぬ不屈の抵抗のみが、地主の戦略の完全な遂行を阻止しえたのであろうが、近年の研究が明らかにしているように、クリアランスが平和的であることからほど遠かったにもかかわらず、一八六〇年以前には効果的かつ永続的な抗議は比較的稀であった [Richards (1)]。しかし、深刻な困窮のときですら、小作人《クロフター》と小屋住み農《コターズ》はしぶしぶ土地を放棄したにすぎなかったことが問題である。同時代の観察者はまた、ハイランドにおけるもっとも貧しい階級がもっとも移動性が低かったと指摘している。偉大なフランス人の歴史家、ピエール・グーベールが述べたように、「たとえその土地があぜ溝の半分であっても、喜んで土地をあきらめる小農はいない」のである。地主の全能と、これらの従順でない小農の価値とのあいだの避けることのできない対立から、クリアランスの苦痛が生じたのである。

クリアランスの諸原因

この全般的な状況のなかで、一七六〇年から一八六〇年のあいだのさまざまな時期に、直接に人口追放の一因となった三つの明確な影響力を識別することができる。

（一）地主の役割

地主階級に対して、所有地をより効率的に利用するようにとの圧力が一八世紀後期に高まった。これは「改良」の思想の影響や共同体的な慣習と構造への敵意の増大、個人主義の新たな信仰、そして進むインフレーションと見栄の競争の時代に社会的地位を維持するのにかかる費用《コスト》の増加が原因であった。ハイランドの貴族階級は、イギリスの他の場所の貴族に比べて選択の余地と代替物が少なかった。これは北部の資源基盤の乏しさや、実質上の石炭備蓄の欠如、都市部門の弱さ、そしてこの地域のもつ大規模な商業的牧畜農業への大いなる適性によるものである。

（二）市場の拡大

地主が所得の増加をますます必要としたことは、あらゆるハイランドの生産物への需要が、イギリスの都市や工業化しつつある地域で急速に拡大したことと軌を一にしていた。牛、羊、ウィスキー、魚、木材、スレート、ケルプ灰の各市場は、すべて活況を呈していた。これらの産物のうちいくつかの生産増加は、とくに牛については、しばしば既存の社会構造および定住構造のなかで調整することができた。しかし、羊とケルプ灰については、吸引はそれほど容易でなかった。ケルプ灰産業は、石鹸やガラス産業で使用されるアルカリを海草から抽出するきわめて労働集約的な生産であった。その産業は一八一五年までにハイランド西部とアイランドで、二万五千人から三万人を雇用していたと計算されている。地主は、ケルプ灰労働者と漁師の双方の生活手段となる場所を設けるために、既存の共同借地を解体した[Hunter (3)]。大規模な牧羊業は、いっそう大がかりな追放の原因となった。地元住民はほとんど排除された。新しい品種は、南部からきたチェビオット種とリントン種であり、羊の飼育は伝統社会にまったく欠如していた資本を大量に吸引しながら、急速にきわめて効率的な事業となった。牧羊業の最前線が拡大するにつれて共同体は追い立てられ、さほど好ましくない地域に再定着した。

（三）経済的人口的重圧

一八二〇年代から、深刻な景気後退が一八一五年以前の時期の小農の副業の多くを徐々に侵食していった。漁業は不振となり、牛の価格は下落し、何よりも近代化学工業の勃興と塩税の撤廃によりケルプ灰産業がつぶれた。同時に、ハイランド西部とアイランドの人口は、一八〇一～一〇年の年率〇・七二％から一八一一～二〇年の一・四六％まで増加し続けたが、一八二一～三〇年には〇・五一％に落ちた。しだいに拡大する人口重圧の徴候は、一八一六～一七年、一八三七～三八年、および一八四六～五六年の生存危機で明白に示された。これは地主が「余分の」人口を立ち退かせようと努めた新たなクリアランスの高まりの背景となった。というのは、地主は住民の面倒をみる救貧費用の重い負担を恐れ、また大規模な牧羊業に対する実行可能な経済的代替をしだいに見いだせなくなったからである。この認識は、ある意味では、イギリス経済内で地域特化を発展させる責務と、多くの地域が比較優位の利用に向けて移行する傾向とを単に反映したものであった。

社会的反応

ハイランド・クリアランスが生じ、後世に権利の喪失と不当な追放という民間伝承を残したとき、クリアランスは抵抗や精神的衝撃や苦難と結びついた。最近の多くの研究は、ハイランドの農業再編成がイギリスの他のどこよりも深い疎外感をもたらした、その理由に焦点を当ててきた。

一つの可能な説明は、ハイランドにおける多くの追い立てが、他の地域での土地合併に比べてより深刻な社会的損失をともなったというものである。商業的牧畜農業を拡大する推進力は、資本集約的でかつ土地集約的であるが、多くの人手を必要としないような、著しく大規模な農場を生みだした。新たな農業部門は、乏しい耕地の多くを独占し、昔ながらの小農家畜経済の放牧地を吸収すると同時に、他方で地元住民を締め出した。ハイランドの南部と東部、およびスコットランドのローランドにおける混合農法が、雇用機会を解消したので、とくに牧羊業では、ほぼ例外なく小農の資力と所得の縮小をもたらした。

　追放された人々の吸引という問題は、地域内に農業に代わる永続的なものが何ら現れないという事実によって、さらにより深刻なものとなった。数人の所有者や南部の実業家、そして政府までもが尽力したにもかかわらず、一八世紀後期の誕生したばかりの工業の成長は、ローランドの工業中心地からの激しい競争の影響を受けて、ナポレオン戦争以後景気後退のなかで衰退した。スコットランド中央部のような、追放された者を吸引するような力強い都市あるいは工業部門は発達しなかったのである。彼らの苦難は、追い立てが急速に生存危機の年に集中するようになったという現実から、なおいっそう衝撃的になった。この時期、スコットランド西部およびアイランドの至るところで飢え、疾病、そして土地喪失が重なって、厳しい社会的困窮を引き起こした［Hunter (3)］。

　ハイランドにおける多くのクリアランスの性質には、さらに特有なことがある。クリアランスは、一八四〇年代まであるいはそれ以降でも、土地が衣食住、燃料、飲料の主要な源であるような小農社会が圧倒的ななかで起こった。「土地権《ライト・トゥ・ランド》」は、広く信じられている通念であった。それは法的な根拠をもつ主張ではなかったが、功労の見返りとして土地を分け与えるという、古くからの氏族《クラン》の伝統に基づくものであったと考えられる。皮肉にも、古い軍隊の精神は、クロドンでのジャコバイトの反乱のずっと後でも、新たな形をとって生き延びていた。というのも、功労の見返りとして土地を分け与えることを約束するという単純な手段で、己の私有地の男子からイギリスの軍隊のために連隊を編成するという地主の慣習のためである。驚くべきことではないが、一八〇〇年以降に、安定的な土地保有権は、遠い過去ではなくごく最近の功労の見返りとして獲得されるという前提が、いくつかの所有地については存続していた。このことが一因となって、イギリスのどこよりもゲール人領で、土地問題が深く激しい怒りをかきたてた。

しかしながら、追い立てが莫大な規模で非常に急速に起こったのは、まさにこの社会においてであった。これは、新たな羊や牛の牧場が広大な面積の土地を必要としたことが一因であり、また追い立てが最小限の法的騒動で比較的容易に達成されえたこともその一因であった。しかし、それはまた、とくに西海岸沿いおよびアイランドにおける農業の段階的変化とも関連するものである。二つの密接に結びついた段階を識別することができる。第一の段階は、およそ一七六〇年頃より一八二〇年までの期間にわたって、海岸沿いに以前より広範な人口集中をもたらした。第二の段階は一八二〇年代頃から一八五〇年代頃までの期間で、正反対の極端な方向へ、すなわち、土地統合と多数の共同体離散の方向へと進んだ。この段階では、小土地保有者の密集した共同体を駆逐するために、過酷な方法が広く用いられた。クリアランスと結びついた反感の多くは、この時期、これらの地域に由来している。これらの追い立てはまた、一八五〇年代になっても依然として行なわれ、周知のことであったので、ハイランド以外のところでも怒りの感情をかきたてていた。こうしてこのことは、より敏感な社会的良心への同時代の共感、地主の権限逸脱への敵意の増大、そしてハイランド社会への「ロマンチックな」関心の高まりを呼び起こした。一八八六年にグラッドストーン内閣が小作人保有法を承認できたのも、ある程度はこの社会的共感の高まりがあったためである。

小作人保有法は、地主制度の権力をかなり抑制し、小作人に長いあいだ切望してきた安定的な土地保有を与えるものであった。

結　論

　このテーマは、依然として歴史研究の比較的未成熟な段階にある。詳細な経験的研究と分析方法論上の概念の発展が、ともにきわめて必要とされている。フランスでよく行なわれているような、一連の専門的な地方研究がもっとも有効であろう。牧羊業の経済史は一つも存在していない。個々の土地財産や、追放過程の重要な諸局面についての詳細な研究は、たいへん歓迎されるであろう。追い立てと移住と移民のあいだの関連を体系的に評価することが、きわめて必要とされている。しかし、クリアランスは時と場所によって著しく異なっていたこと、複雑な起源をもつこと、そして尊大な地主権限の従属的な農民への押しつけの単なる結果ではないことは、すでに正当に明らかになっている。また、ハイランドにおける人口追放は、主としてその地域の貧困と社会的困窮の原因というよりは結果であったことも、確実に立証されている。いくら悪くても、クリアランスは、それが起きる以前から存在した困窮状態を、より深刻化したのである。限られた天然資源や地域特化、人口増大、そしてあまり多様化していない経済、といった複合的な影響によって悪化したのである。

文 献

(1) E. Richards, *A History of the Highland Clearances: Agrarian Transformation and the Evictions, 1746-1886* (London, 1982).

(2) M. Gray, *The Highland Economy, 1750-1850* (Edinburgh, 1957).

(3) J. Hunter, *The Making of the Crofting Community* (Edinburgh, 1976).

(4) J. M. Bumstead, *The Peoples Clearance: Highland Emigration to British North America 1770-1815* (Edinburgh, 1981).

(5) E. Richards, *The Leviathan of Wealth* (London, 1973).

(6) P. Gaskell, *Morvern Transformed* (Cambridge, 1968).

(7) A. J. Youngson, *After the Forty Five* (Edinburgh, 1973).

(8) T. M. Devine, *The Great Highland Famine: Hunger, Emigration and the Scottish Highlands in the Nineteenth Century* (Edinburgh, 1988).

(9) A. I. Macinnes,'Scottish Gaeldom: the First Phase of Clearance', in T. M. Devine and R. Michison (eds), *People and Society in Scotland, 1760-1830* (Edinburgh, 1988).

第II部

経済

第4章　九百年後のドゥームズデイ・ブック

S・ハーヴェイ

ドゥームズデイ・ブックは、その編纂から九百年目を迎えて注目の的となった。ドゥームズデイ・ブックが歴史的情報の類い稀なる豊かな源泉であることについては、常に意見の一致をみてきた。しかし、それが編纂された目的、それが明らかにしているアングロサクソンとノルマンのイングランドのあいだの連続性あるいは変化の程度、そして富と納税能力に関するその詳細な評価の精度をめぐっては、長年にわたって論争が続けられてきた。本章では、近年の研究がこれらの問題とそれに関連する問題に対して出した解答について評価を与えよう。

ドゥームズデイ・ブックは西欧において他に類をみないものであり、それ以降、もっとも包括的な調査のみがドゥームズデイ・ブックと呼ばれるという一つの基準を設けることになった。ドゥームズデイ・ブックとして知られているものは、実際には二巻からなる複合的な調査である。大《グレート》ドゥームズデイ、あるいは財務府《エクスチェッカー》ドゥームズデイとして知られている第一巻は、三二の州からの報告書の縮約版である。他方、第二巻すなわち小《リトル》ドゥームズデイは、エセックス、ノーフォーク、サフォークの各州を扱い、原本の調査結果の全項目を載せている。調査にはまた、多くの地方的な詳細版や抄録がある。データの多くは数字によるものであり、また全体が極度に略記された速記のラテン語で記されている。こうしてそれは初期ノルマンのイングランド、およびノルマン人によって接収された後期アングロサクソンのイングランドに関するわれわれの情報にとって、重要であるように思われる。社会経済史家にとっては、そこには耕地開発や土地保有による年間収入に関する価値あるデータがあり、また、そこから後の時期のイングランドの人口傾向を測定できるさまざまな階層の地方人口の一覧表がある。行政史家にとっては、ドゥームズデイ・ブックはその構成そのものが、行政手続きの多くの証拠を表している。

いかにして、そして、なぜ——初期の見解

歴史家たちは長年にわたって、なぜ、いかにして、ドゥームズデイ・ブックが書かれるようになったのかについて論じてきた。それには、表題の頁も著者名も、編集者名も、序文もない。そして、おそらくドゥームズデイ・ブックという名称を得たのは、数十年経た後のことであった。この多大な行政上の努力の背後にある正確な目的をめぐる謎は、その方法とともに研究されてきた。なぜそれが作成されたのかに関する論議は、いかにしてそれが作成されたのかという議論をもとにしている。このことは、これら二つが潜在的に異なった問題であるため、混乱をまねきかねない。きわめて重要なこととして、われわれはドゥームズデイ・ブックの内容の利用を可能にする以前に、その起源と偏りを知る必要がある。一般的にはノルマンのイングランドの統治をおおう疑問符が、特殊的にはドゥームズデイ・ブックをおおっている。残存するアングロサクソンの制度は、その作成にいかなる役割を果たしたのか。新たな権力と新たな統治者の所産は何であろうか。

議論は二つの関連する論点に集中してきた。すなわち、ドゥームズデイ・ブック用の情報収集に関わった諸制度――サクソンのものであれ、ノルマンのものであれ――の本質、そして、その目的である。果たしてそれは、地理的区画である「ハンドレッド」を基礎として集められたデータによって、租税台帳としてつくられたのか、あるいは封建的位階の頂点にある一群の土地保有者「直接受封者《テナント・イン・チーフ》」を基礎として集められたデータによって、封建的義務を課すためにつくられたのか(これらの用語と、引用符のついた他の用語との簡単な説明については、囲み記事を見よ)。

世紀の転換期の頃、ドゥームズデイ・ブックに関して多くの綿密な研究がなされた。ヴィクトリア期の学者たち――J・H・ラウンドとF・M・メイトランド――はともに、ドゥームズデイは租税すなわち「ゲルト」の台帳以外の何ものでもないと結論づけた。彼らがそのように述べたのは、主として「随伴文書《サテイライト・ソース》」の一つ、ハンドレッドごとに構成された「ケンブリッジの州陪審」から得た

直営地《デミーン》：借地人に貸し出されない土地
ゲルト：語の意味としては「貨幣」であるが、あらゆる種類の税に対して用いられた。「ザ・ゲルト」は全国的租税制度を意味する
ハンドレッド：イングランド南部と西部における、州内の行政単位
随伴文書《サティライト・ソース》：ドゥームズデイ調査に関連する文書。しかし、それらの厳密な関連については明確ではない
直接受封者《テナント・イン・チーフ》：国王から土地を与えられた主要な諸侯《バロンズ》
セイン：アングロサクソンのジェントリー
町区《ヴィル》：近隣の土地を有する多くの家屋や建物からなる封建的な町区
ワプンテイク：デーンロウ地方におけるハンドレッドに相当する地方行政単位

証拠によっていた。情報は、ハンドレッド（アングロサクソンの制度）からの陪審員――宣誓による代表者たち――により、おそらく州裁判所（同様にアングロサクソンの制度）において、租税の再査定のための情報を得るためにもたらされた。この全国的規模のアングロサクソンの税制は、西ヨーロッパにおいて他に類をみないものであり、またおそらくイングランドが国王を志す者たちの侵略にとって非常に魅力的であったおもな理由であった。情報の収集は、国王助言者の集団、すなわち聖職者と平信徒の双方の、委託された指導的ノルマン人によって監督された。したがって、この見解によれば、調査は長いあいだ確立されていた租税制度を再活性化させるために、新しいノルマン人の支配集団によって接収されたアングロ

サクソンの制度の所産であった。

一九四〇年にV・H・ガルブレイスが提示したドゥームズデイの性質は、まったく異なったものであった。彼は、それはゲルトの徴収が目的ではなく、封建的な目的のために行なわれた封建的「直接受封者」の調査であった、と主張した。彼の主要な史料は、別の「随伴文書」であるエクセター・ドゥームズデイであり、その原本の家畜の項目は直接受封者ごとに構成されており、ハンドレッドの境界のみならず州の境界さえも越えていた。ガルブレイスは、ドゥームズデイ・ブックが、イングランドで起こった財産保有の革命を表現したものであると主張した。なぜなら、そのほとんどが新たに現れたノルマン人である「直接受封者」からの報告によって構成されているからである。彼の見解によれば、その目的は、それをもとに封建的義務が課される彼らの土地の価値評価を得ることにあった。それらの義務には、未成年者や女子相続人の土地を、未成年期あるいは結婚までのあいだ、後見人として自らの手中に収める領主の権利も含まれていた。このことは実際には、地主が土地から得る収入の大部分を自分の手中に収めてしまうことを意味していた。この見解によれば、ドゥームズデイ・ブックの着想は、そのように新しいものであり、ノルマンのものであり、封建的なものであった。

これらの理論の双方にとって不都合な点は、それらがドゥームズデイ・ブックの書式自体とは容易に合致しえないことである。ドゥームズデイ・ブックは実際、二通りのアプローチのサンドイッチのようなものである。それはまず州によって構成され、次に州のなかでは直接受封者によって、そして、直接受封者の土地のなかではハンドレッドによって構成されている。二つの単位は自己完結したものではない。すなわち、多くの直接受封者はいくつかの州に土地を保有しており、そして一つの州のなかでも異なったハンドレッドに土地を保有していた。いくつかの「町区《ヴィル》」は、数人の保有者のあいだで分割されていた。この情報はいかにして集められたのであろうか。先に略述したどちらの理論でも、ドゥームズデイ・ブックの書式をつくりだすには、資料の大幅な再整理と完全な書き直しが必要となろう。しかし、時間は少ししかなかった。現代の歴史家たちの到達した合意では、ドゥームズデイの両巻はウィリアム治世下で作成されたものであって、それ以降のものではない。調査は一〇八六年に完了し、八月に最後にイングランドを去る前に国王は報告をみているのである。大ドゥームズデイの改良版は、続く一二カ月のうちに作成され、一〇八七年九月にウィリアムが没したとき、その作業はロンドンとウィンチェスターの両都市を写し終わらぬままに中断された。このことは、いかにして解決されうるのだろうか。

解決、そして再度の解決

私は調査の出発点が、租税目的ですでに存在していた州のリストであったと主張したい。これらはドゥームズデイの骨格をなす枠組みとなった。というのも、そのようなリストは、すでに土地保有者の順でもハンドレッドの順でも、あるときは土地保有者を第一に、またあるときはハンドレッドを第一にであるが、整理されていたからである。ほとんどは土地保有者の文書のなかに写しの形で残存しており、その時代はドゥームズデイ・ブック以前と定めることができる。すなわち、それらはより早い時期の査定値を収めているか、あるいはより早い時期の土地保有状況を示しているのである。ドゥームズデイ自体のなかでは、以前にはドゥームズデイの要約とみなされていたヨークシャーのリストが残存している。王領を扱ったある節では、（一〇六五年に没したトスティグ伯を含む）一〇六〇年代の土地保有者順に整理されており、また別の節では、土地保有者の注釈つきで「ワプンテイク」順に整理されている。このような財務リストは、ドゥームズデイ・ブックのアングロサクソン的基盤の強さを強調している。それらはまた、「ノルマンによる」征服《コンクェスト》以降と同様にそれ以前でも、大土地保有者がその財務上の責任を自覚していたことを示している。土地保有者の大きな貢献を無視しようというのではない。詳細な情報の多くは、おそらく大規模な土地保有者によって直接的に提供されただろう。しかし、与えられた州のリストに従ってもたらされたのである。おそらく、国の東部ではハンドレッドが第一であり、西部では土地保有者が第一であっただろう。いずれの方法でも、情報は迅速にもう一方の書式に書き改められた。

では、ドゥームズデイ・ブックの機能という第二の問題に移ろう。この点については、それは封建的価値評価であったというガルブレイスの見解が合意を得ている。領地の年価値は疑いもなく、助言者たちの強い関心をひいた。価値は二つの時点についてまったく矛盾なく示された唯一の項目であったし、一八の州ではしばしば、第三の中間の時点も示されていた。封建的価値評価はドゥームズデイ・ブックの一つのまったく斬新な目的であり、完全に計画的であり、完全に実施された。

ウィリアム二世の治世の全体の性格は（および、ヘンリー一世の即位宣言の多くは）、ドゥームズデイのこの使用に対する論評ともいうべきものである。ウィリアム二世は、彼以前になされた彼の直接受封者の価値に関する知識をもって、無情に要求することができた。というのも、彼は的確でありえたからである。事実、聖職者の土地の価値を知りながら、それらが自らの手中にないことに、ウィリアム二世はどうにも耐えられなかった。彼はその収入を手中に収めることができるように、少なくとも八つの司教職と一三の修道院を故意に空席のままにしたのである。

膨大なドゥームズデイ・ブックのデータはまた、第二の機能を示している。土地保有のほぼ完全な転換が、それに先立つ二〇年のあいだに激しく起こった。軍人が、一つの安定的な要素である教会の土地へと移動さえしたのである。疑いもなく調査の第二の重要な機能は、これらの土地保有の変化の根拠を検査することであった。紛争は必ずしも解決されなかったが、後の決着のために紛争が記録されている。いくつかの州では、紛争の長いリストがドゥームズデイ・ブックに記録されている。紛争となっている土地を扱う特別の審問は、ウィリアム治世下ですでに開かれていた。それは、州とハンドレッドの代表の立ち会った国王助言者の定期会議で構成されていた。土地保有を検査することは、それなくしては価値評価あるいは財務再査定が無益なものとなってしまうような、調査の中心的機能であった。

第三に、ドゥームズデイ・ブックはゲルト台帳を意図したものであった。しかし、ゲルトの徴収のためのものではない。それはドゥームズデイ調査のはるか以前から徴収されていた。そしてまた、任意の一回限りの再査定のためのものでもない。そうではなく、あらゆる種類の資産と支払い能力に密接に基づいたものであった。なぜそのような広く基礎をおいた再査定が必要とされたのだろうか。ウィリアムの焦土政策は、〔土地保有の〕恣意的削減を避けがたいものとした。しかしそのとき以来、回復はなされていたのである。ドゥームズデイ・ブックは、まったく新しい土地の再査定が南東の諸州で始まっていたことを示している。しかし、その結果はより高い査定ではなく、より低いものとなった。一〇八四年には六シリング（三〇ペンス）の高率のゲルトがすでに課せられていたが、徴収は不完全であった。このことから、ウィリアムに同行し強力な有力者となった者たちは、彼らの成功した接収が危うくなっていることを知った。

一〇八四年にデーン人の王が集めた二百隻の艦隊に直面して、ウィリアムは「いまだかつてこの国へきたことがないほど大規模な兵士と騎乗兵の戦力を」この国に呼び寄せた。いまやウィリアムはそれらの兵士に有力者を「おのおの有力者の土地に比例して」あてがわねばならなかった。だが、もっとも豊かな土地は利用されず免税されたままであった。私は、いまだ確立した定義がみつかっていないドゥームズデイ・ブックの中心的項目——プラウランドとティームランド〔と呼ばれる犁が年間に耕作できる面積約一二〇エーカー〕——は、新たな財務再検討の努力を表すものであると主張したい。それはさまざまな地域で多様な資産に基礎をおくものであったが、本質的には耕地と犁組《プラウティーム》のための牧草地のような補助資産とに基礎をおいていた。いく人かの年代記作成者は、犁組をドゥームズデイ調査が求めた項目リストの最初にもってきている。また、いく人かは調査を課税と結びつ

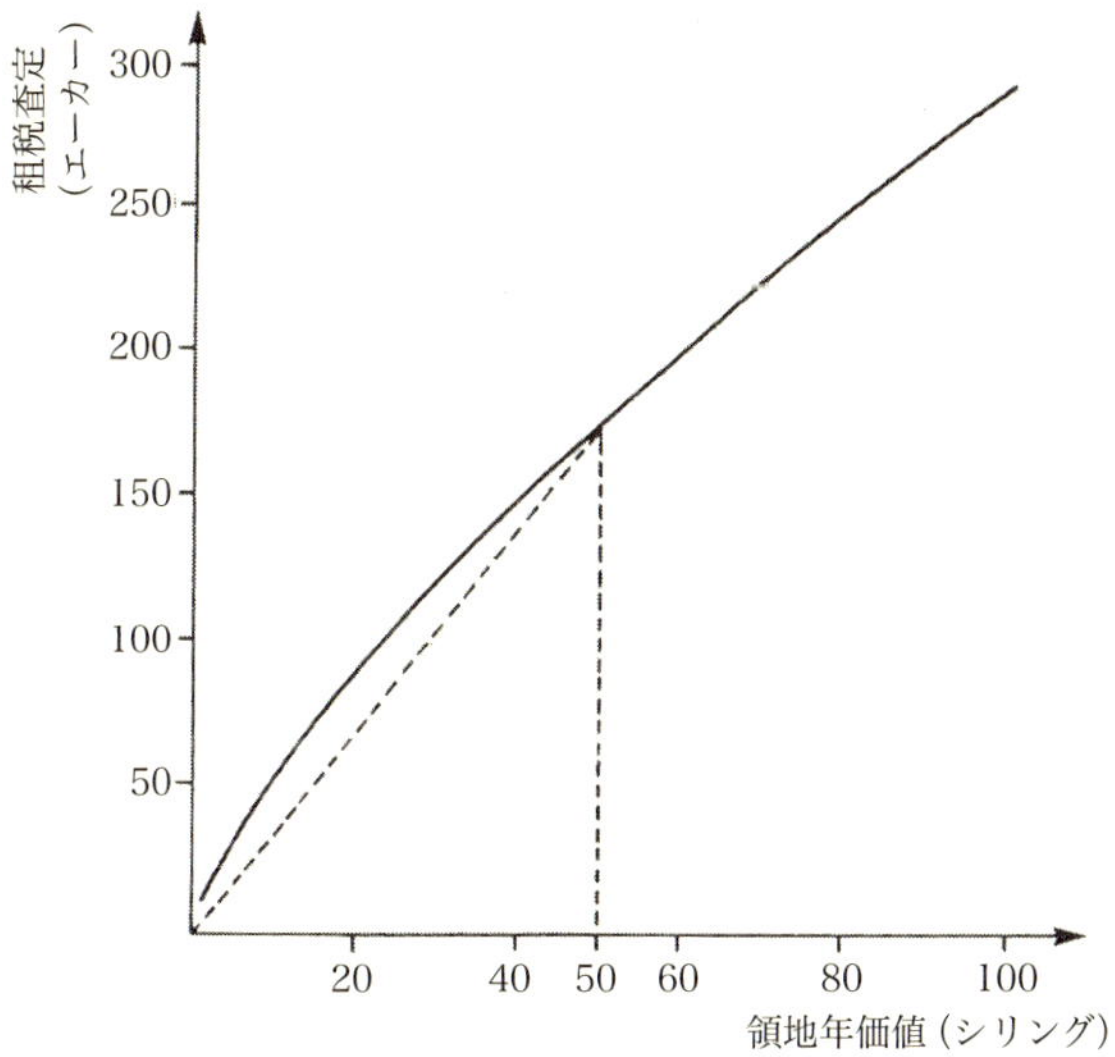

図4-1　1086年のエセックス俗領地における租税査定と領地年価値との関係
出典）J. Mcdonald and G. D. Snooks, 'How Artificial were the Tax Assessments of Domesday England? The Case of Essex', *Ec. Hist. Rev.*（1985）.

けている。実際、マクドナルドとスヌークスによる最近の統計学的研究では、現存するエセックスの査定は、もっとも小規模な保有地に相対的により重い税負担を課したことが立証されている（図4-1を見よ）。税収を増加させるのであれば、それは負担を正確に資産と結びつけることによってのみ達成されえたであろう。

　要約すると、ドゥームズデイ調査の目的は三つあった。それは土地保有を検査し、封建的援助金の徴収のために土地を評価し、そして、基本的な財務上の再査定のために資産を記録したのである。すなわち、一二世紀の財務府が抱く関心の全領域であった。これらの目的は明確であり、いかなる大調査ももつ限界内ではあるが、ほぼ完全に実行された。ドゥームズデイ・ブックを構成することは、アングロサクソンの慣習とノルマンの封建的利害の大いなる結合を強いた。そしてその結合に、財務府の発展がしっかりと根ざしていたのである。また、直接的な成果もあった。すべての有力な土地保有者は、一〇八六年に「誰の家臣であれ関係なく」ウィリアムに忠誠の誓いをたてるため、ソールズベリーに召集された。そのことは、ドゥームズデイ・ブックに収録されている封建的義務と財務上の支払いのための完全なデータを基礎にして、大有力者と有力な陪臣の双方を国王に結びつけたのである。

連続性と変化

最近、征服以前の土地保有の復元が、アングロサクソンのイングランドからの慣習の連続性に光を当てた。これら征服以前の土地保有者の分析を基礎にして、ソーヤーは征服のときの「土地保有革命《テニュリアル・レボリューション》」の存在に疑問を投げかけている。彼は大規模な人の変化は認めながらも、征服後の領主権の構造がしばしば征服以前の前例にならっていたと主張する。ノルマン人の領主が、いくつかの州ではとくにアングロサクソンの土地をしばしば割り当てられたことは、長いあいだ認められてきた。しかしソーヤーは、アングロサクソン人の領主に委託された人々が保有する土地もまた、その領主のノルマン人の後継者のものとなり、次にその陪臣に与えられたことを強調した。したがって、土地保有の変化は必ずしも、有力な新参者の小集団が多くの征服以前の小規模な「セイン」の土地も接収するといった問題ではなかったのである。土地と勢力の大規模な蓄積は、サクソンのイングランドでもまた、よくあることだったのである。ギルバート・ドゥ・ゲントはウルフ・フェニスクの後を、ジオフリー・ドゥ・マンデヴィルはアスガー・ザ・ストラーの後を、アラン・オブ・ブリタニー伯はエジフ・ザ・フェアーの後をそれぞれ継いだのである。だが、土地保有の構造の連続性と非連続性の比率を、われわれがもっているデータで正確に測れるかどうかは疑わしい。ドゥームズデイ・ブックは普通、征服以前の所有者を記録しておらず、たとえ記録している場合でも、セカンドネームか称号が与えられないかぎり、必ずしもその者を確信をもって識別できるとは限らないのである。また、二つのタイプの領主の特質は異なったままであった。しかしながら、伯爵に加えて、アングロサクソンのイングランドにおいて、ノルマンのイングランドとまさに同様に、非常に有力な土地所有者の小集団があったことは指摘するに値する。

　二つの権力構造のあいだの関連と、アングロサクソンとノルマンの州長官《シェリフ》の地位の密接な類似点もまた、いまや強調されている。金細工人や森林監督官、猟犬係といった国王の熟練役人階層での連続性は、常にドゥームズデイ・ブックではっきりとしていた。連続性の他の脈絡が近年強調されている。エリナー・シールは、新たな土地保有者とアングロサクソン人の土地保有者の娘あるいは寡婦との結婚が、いかに順調な移行、正当性、そして、これは議論のあるところだが、新体制への敬意をもたらすのに役立ったかを示した。このことは、新たな領主が歓迎され安定的であり続けようとするならば、重要である。それは、法制原理の変化と、その見事な利用を体現している。アングロサクソンの時代には、女性はとにかく自らの権利として土地を保有し譲渡することができた。

ノルマンの法のもとではそれができなかった。しかし彼女らは、それでもなお女子相続人や寡婦としてその譲渡の媒介でありえた。それゆえに女子相続人の結婚には国王の――そして彼の諸侯《バロン》の――承諾が必要だったのである。承諾が拒否された一〇七五年のイースト・アングリアのラルフの娘とヘリフォード伯の結婚に引き続いて起こった反乱と反動において、このことは重要な要素であった。ドゥームズデイでは、わずか二人の有力なイングランド人のみがその土地を保有し続けたにすぎなかった。一人はノルマン人へ嫁いだ一人娘を残したリンカーンのコルズウィンである。またもう一人、ウォーリックのターチルの土地は、彼の娘に彼女の結婚にともなって伝えられたであろう。最後に、アングロサクソンの聖職者土地保有の領域は命拾いをしていた。ブレアーは、ノルマン時代の初期には、教区付きの聖職者がベネディクト派の修道院によって排除されることはなかったことを示した。それどころか、彼らは強い影響力をもち続けたのである。

富と税

ドゥームズデイ・ブックの驚くべき範囲と詳細な記述から、刊行の二百年後についてでさえ、依然としてそのデータの利用によりさらに情報を得ることができる。

ダービーにより着実な進歩がとげられた。ダービーは、ドゥームズデイのデータを地図の形にし、地域別五巻からなるドゥームズデイ地誌とし、また同様にドゥームズデイの紛争決着を地図に表した地名辞典一巻を著した。このシリーズは一九七七年のドゥームズデイ・イングランド全体に関する最終巻で完結した。その地図はいまや、ドゥームズデイの基本的項目、すなわちもっとも経済の根本に関わる人口分布について理解可能にした。地方の成人男性人口は記録されているけれども、ダービーが地図に表したドゥームズデイの数値は最小限のものである。諸侯や荘園領主の世帯は、記録されなかった。また、すべての都市が含まれていたのではなく、それが含まれていた場合でも、人口の諸階層はしばしば不完全であった。人口分布はまた、経済の重心の多くがどこにあるかを明らかにする。もっとも集中していたのはイースト・アングリア、エセックスの両州、そしてケントとサセックスの沿岸地帯であった。イングランドの中央部と南部、すなわちハンバー川とセヴァン川の河口を結ぶ線の南側では、人口がよく分布している。この線の北側では多くの地域で人口は希薄であった。

ダービーの地図上の荒地（かつては耕作されていたが、調査が行なわれたときは、ほとんどあるいはまったく価値がなかった土地）に、懺悔王［エドワード］の治世の末期に存在した荒廃と征服王［ウィリアム一世］の北部および西部の鎮圧に帰因する荒廃とをともに認識することは、いまでは容易である。このことは、征服王の治世の期間を通して、またその時代を越えて、たしかに経済の均衡に影響を与えた。これら二時点でのヨーク市の荒廃は、その後背地の荒廃とあいまって、ロンドン、ドーヴァー、ウィンチェスター、ワイト島からノルマンディー、フランドルへの交通量の増加に対して著しい対照をなしている。このことは、イングランド東部および南部沿岸の一部において、高水準にある人口とすでに広範囲にわたっていた農業開発とをいっそう推し進めた。ノルマン人の到来を一度きりの征服としてではなく、イギリス諸島の北方と西方への植民地化の波としてとらえたル・パトゥレルによる描写は、この経済像と一致している。ウィリアムによる北部でのあらゆる軍事力の行使にもかかわらず、ドゥームズデイはランカシャーの南部（マーシー川とリブル川のあいだ）とヨークシャーのみを調査し、それ以遠は調査しなかったのである。

いかにして富が生みだされたのかという点に関しては、一般的にはドゥームズデイの情報が、特殊的には年価値がなおわれわれに多くを語っている。ガルブレイスは、土地の年価値を調査の中心においたけれども、彼自身、それらをしばしば「明白にインチキな《マニフェストリー・ボーガス》」ものとして退けた。またダービーも、彼の立派な地誌の結論が出される近くまで、それらを地図に表さなかった。それらが当然受けるべき注目を集めたのは、つい最近のことである。ハーヴェイは、その価値が同時代人によって取引のなかで用いられていたことを示した。また、その妥当性は、マクドナルドとスヌークスによるエセックス――もっとも詳細な情報をもつ州である――に関するコンピューターを利用した最近の統計学的研究で裏づけられている。彼らは価値が資産や人的資源と密接に関係しており、それゆえに現実的なものであることを立証した。

価値――国王や土地保有者にとっての土地からの純所得――は、地方で生みだされた生存の糧を越える余剰を表しており、また、イングランドが富んだ国家であったことを示している。農業を基礎とした相当な余剰は、いかにしてイングランドが多額の徴税をくり返しなしえたのか――その多くが、ノルマンの征服の以前も以後も、この国に残された――を容易に説明する。

いかにしてこの余剰は獲得されたのであろうか。ソーヤーは、税として徴収された大量の銀貨にあてられた銀は、フランドルの織物産業への羊毛や羊皮の輸出を通して得られたことを示した。すなわち、エクセター・ドゥームズデイおよび小ドゥームズデイは、イングランドの南西部と東部に

ドゥームズデイ調査で問われた質問事項

荘園の名は何であるか。

国王エドワードの時代に誰がそれを保有していたのか。

現在は誰がそれを保有しているのか。

何ハイドあるのか。

いくつの借地人のチームがあるのか、直営地《デミーン》のチームがあるのか。

農奴、小屋住み農、奴隷は、何人いるのか。

自由人《フリーマン》、準自由人《ソークマン》は、何人いるのか。

どれだけの森林、採草地、放牧地があるのか。

いくつの工場、漁場があるのか。

どれだけが付け加えられたか、あるいは取り除かれたのか。

どれほど全体の価値があったのか。現在はどれほどであるのか。

自由人はおのおの、どれだけ準自由人をもっていたのか、あるいはもっているのか。

これらの項目すべてが、三度問われなければならない。国王エドワードの時代、国王ウィリアムの初期、そして現在である。

また、現在もっている以上にもつことができるのか否か。

［イリーの調査より］

関してだが、多数の羊が「直営地《デミーン》」で飼育されていたことを示している。記録されなかった自由土地保有者、農奴、小土地保有農の一団を含めた総数は、おそらくかなりのものとなるであろう。しかしながら、エセックスにおける価値に関するマクドナルドとスヌークスの統計的分析は、著しい利益を生みだすという家畜の役割に疑問を投げかけている。彼らは、使用されている犂と価値とのあいだで高い相関関係がみられることから、土地からの所得は広く耕地に基づいていたと主張した。しかし、エセックスの平信徒の土地保有者の事例は、地理的にあまりに少なく、また、領主の選択と構造の範囲の一部を占めるにすぎない。解釈のこの重要な相違を解決するには、他の諸州の同様な研究が必要とされる。

異なる土地保有者のさまざまな経済的選好や構造に関する他の興味深い諸問題が、いま問われている。エセックスの詳細なコンピューター分析により、平信徒の領地では、農業方式にはほとんど違いがないことが結論づけられた。このことは、ハーヴェイによる直営地の犂隊と農奴や土地保有農の犂隊に基づいた領地構造の全国規模の単純な分析の結果と比較することができる。大規模な直営地はほとんど修道院の建物に属しており、平信徒の大領主はほんのひと握りが直営地農業に関心をもったにすぎなかった。直営地農業は、大規模な労働力と監督官《リーヴ》や騎馬取締官《ライディングマン》といった多数の監督官を必要とした。また、直営地農業と奴隷制とのあいだには密接な結びつきがあった（イングランド東部の大部分における奴隷制の欠如と、ノルマン王制下での奴隷制の急速な減少は、ドゥームズデイ・イングランドの注目すべき特徴である）。それとは対照的に、広い荘園をもつ主要な平信徒の領主は、地代を上げたり、以前の少額の使用料を完全な地代に転態することから得られるより安易な利益の追求に向かった。つまり、征服の政治的状況が促進した方策である。これらの研究から、領主の選択と構造は実際、相当の範囲にわたっていたことがわかる。

これら土地保有からの利益は、どの程度まで財務上の課税によってうまく抜きとられたのか、また、査定はどの程度新しいものであったのかということは、調査のまた別の重要な領域である。すでにみたように、エセックスに関する研究（図4－1を見よ）は、税が逆進的であったこと、すなわち、保有地の評価価値が上昇するにつれ税率が下がったことを示している。このように、経済的証拠も財務的証拠もともに、イングランドの利用可能な富のますます多くの部分を小生産者が供給したことを示している。

それゆえ、ドゥームズデイ・ブックに関する最近の研究が、歴史解釈におけるいくらかの重要な変更をもたらしたことは明白である。以下のようなことが明らかになった。まず、ドゥームズデイ・ブックは多様な目的を果たしたこと、アングロサクソンとノルマンのイングランドとのあいだには相当な連続性があったこと、ドゥームズデイ・イングランドは莫大な富をもっていたこと、そして租税制度は、とくに小生産者に関してだが、その富を搾取する効果的な手段であったことである。

文　献

(1) R. Welldon Finn, *An Introduction to Domesday Book* (London, 1986).

(2) V. H. Galbraith, *Domesday Book: Its Place in Administrative History* (Oxford, 1974).

(3) H. C. Darby, *Domesday England* (Cambridge, 1986).

(4) P. Sawyer (ed.), *Domesday Book: A Reassessment* (London, 1985).

(5) S. Harvey, 'Domesday England', *The Agrarian History of England and Wales*, II (Cambridge, 1987).

(6) S. Harvey, *Domesday Book and its Purpose* (London, 1987).

(7) J. Mcdonald and G. D. Snooks, 'How Artificial were the Tax Assessments of Domesday England? The Case of Essex', *Economic History Review*, 2nd series, xxxviii (1985).

第5章　産業革命——イギリスの経済成長、一七〇〇〜一八六〇年

N・F・R・クラフツ

ディーンとコールの『イギリスの経済成長』［Deane and Cole (2)］が一九六二年に出版されたことは、第一次産業革命に関する経済史にとってきわめて意義のあることだった。それは全体的な経済成長率と経済活動の構造変化について新しい推計値を提供した。そして今度はこれらの推計値が、個々の産業の成長、国際貿易、人口変化、収穫高、生活水準などの一連の重要課題に関する斬新な研究の背景となった。

新しいアプローチ

彼らの研究によって研究者たちは経済における構造変化を計量できるようになったのであるが、そのことはその〔産業革命〕概念そのものの重大な側面にも影響を与えた。一九六〇年代までにこの概念は通常、経済の部門構造の全体的変化と定義されるようになった。たとえば、このアプローチはデイヴィッド・ランデスの古典的な研究〔Landes (4)〕に採用されたが、そこではイギリスの産業革命を「農業的手工業的経済から工業と機械製造業が支配的な経済へと躍進する最初の歴史的事例」と定義した。

ディーンとコールの研究を早い時期に引用し議論したものの多くは、一九六〇年にロストウ〔Rostow (5)〕が発展させたかの有名な経済成長の「諸段階」理論に関連していた。ロストウは、イギリス経済が一七八三年から一八〇二年のあいだに「自律的な成長への離陸《テイク・オフ》」を経験した、という命題を提示していた。彼は離陸を、その国の資産のなかで投資に振り向けられる比率の急激な上昇と、成長全体に対して強力な影響力を行使する主導部門《リーディング・セクター》（綿と鉄）の出現とをともなう「決定的な転換《ディサイシブ・トランジション》」であるとみなした。ロストウはまた、このイギリスの経験が他のすべての工業国の原型《プロトタイプ》であるとも主張した。

ディーンとコールの推計は、ロストウの仮説を十分に支持するものではなかった。彼らの推計は、綿と鉄の生産における劇的ではあるが支配的ではない発展の背景として、全体的な成長をはるかに漸進的に解釈することを示唆していた。そして、投資の増加は、生産全体の増加と比較するときわめて穏やかだったことを示していた。ディーンとコールの研究のこの部分は、すぐに最良の入門書で採用された。たとえば、フリン〔Flinn（3）〕は次のように要約している。「統計から学ぶべき教訓は、着実に成長する経済のうえに、極端にダイナミックな諸部門の小グループが重ね合わされているということにあるようだ。その小グループは、統計的には一九世紀末でさえも国民生産のきわめてわずかな部分を表すだけだったが、その成長は従来の経済の全体的な成長率を二倍にするのに十分だった」。

それに続く研究は、ディーンとコールの先駆的な研究の進んだ諸側面を洗練し拡張した。さらに詳細な諸研究は、独自のデータベースを改良した。そして、他のヨーロッパ諸国についての推計値によって、イギリスの経験が国際的な視角で研究できるようになった。労働者一人当たりの生産量の増加と工業化過程に対する農業の貢献度の増加が意味するところは、計量的な見地から議論されてきた。最近、クラフツ〔Crafts（1）〕はさまざまな文献の見解をまとめて、産業革命期のイギリスの経済成長を測定し記述し説明する新しい総合的学説を提供しようとした。この新しい研究の結果として、ロストウ派の劇的な離陸という図式は決定的に否定され、現在の証拠はより漸進的な産業革命解釈を裏づけている。

最近の研究の諸結果

経済成長に関するクラフツの新しい推計値は、それ以前にディーンとコールによって推定された

表5‐1　1700～1860年の実質生産高の成長率（%）

	工業生産		経済全体（GDP）	
	クラフツ	ディーンとコール	クラフツ	ディーンとコール
	（1）	（2）	（3）	（4）
1700～1760年	0.7	1.0	0.7	0.7
1760～1780	1.5	0.5	0.7	0.6
1780～1801	2.1	3.4	1.3	2.1
1801～1831	3.0	4.4	2.0	3.1
1831～1860	3.3	3.0	2.5	2.2

出典）（1）列および（3）列：Crafts（1）, pp. 32, 45, 81, 84。（2）列および（4）列：Deane and Cole（2）, pp. 88, 78, 166, 170。

注）1700～1801年はイングランドおよびウェールズ、それ以後はグレート・ブリテンの数字。

値とともに表5‐1に示されている。この時期の基本的なデータでは、正確で決定的な主張はできないことに注意しなければならない。なしうる最大のことは、利用可能な情報源と一般的な経済・統計理論の双方から、注意深く「当て推量する《ゲスティメイト》」ことだけである。

　このようにクラフツの推計値は、ディーンとコールの研究と過去一〇年間にこの領域で研究した他の多くの研究者の研究に基づいている。かなりの部分、その推計値は、納税申告書、関税、物品税記録のような同じ原資料に依拠している。学問の最近の進歩は、おもに新しい情報源からではなく、データ分析のより洗練された方法の適用からなされた。人口統計学の局面におけるこうした例は、第八章に示されている。

　一七八〇年から一八三〇年にかけての工業生産の成長に関する新しい［クラフツの］推計値は、ほとんどの時期においてだいたいはより小さい増加率を示している（表5‐1の第一列と第二列を比較せよ）。その差異は、産業革命の「古典的《クラシック》」時代、すなわち一七八〇年と一八三〇年のあいだにとくに大きい。一七八〇年から一八〇一年については、古い〔ディーンとコールの〕推計値の年率三・四％はわずか年率二・一％に減少し、一八〇一年から一八三一年にかけては、その率は年率四・四％から三・〇％に激減している。同じことは、農業やサービス業を含めた経済全体の成長についてもいえる（表５－１の第三、第四列を見よ）。このように、ここで現れた像は、「離陸」やめざましい加速というよりは、着実な成長という像である。

きわめて活動的な産業で、成長がきわめて速く、工業生産全体の拡大をはるかに追い越しているものが少数あることは事実である。こうして、一七八〇年から一八〇一年までは綿業の生産は年率九・七％で、一八〇一年から一八三一年までは年率五・六％で成長した。鉄生産は、同じ時期にそれぞれ五・一％、四・六％の年率で成長した。しかしながら、一八三一年ですら綿業は工業生産全体の五分の一強を占めるだけで、鉄は一〇分の一以下だった。「工業《インダストリー》」の多くは、依然として伝統的な手工業的な活動によって構成されていた。一八三一年になっても、全労働者の一〇人に一人ほどだけが、経済のなかでも近代的な「製造業《マニュファクチュアリング》」部門に雇用され、それに対してその約三倍が他の工業形態で働いていた。

投資と生産性

われわれはまた、この生産量を生産するために使われる生産要素に関しても、新しい情報をもっている。労働力の増加や、資本投資の（つまり機械、工場、鉱山、倉庫、運河、船のような耐久生産財の建造や購入に支出する）水準、そして時間の経過にともない形成されるこのような固定資本の蓄積全体について、新しい系列がある。これらの系列は、この生産量の拡大がいかにして達成されたかを分析するために、修正された生産量推計値と組み合わせることができる。とくに、われわれはどの程度増加した生産量が労働や資本をただ単により多く使うことにより実現したのか、そしてどの程度これらの資源をより効率的に使うことにより実現したのかを問うことができる。たとえば、後者の結果は、労働と資本の投下水準を変えずに生産量を増加させることによって実現されるかもしれない。生産量と、結合された全投入使用量とのあいだの関係に関する、この尺度に与えられた名称が総要素生産性である（囲み記事を見よ）。

これらの質問に答えるための第一歩は、表5-2に示されている。これは時間の経過にともなう投資率の動向を表している。投資率とは、その国の国民所得のうち耐久資本財の取得に割り当てた比率のことであり、耐久資本財は、経常消費や（おもに戦争のための）政府支出や純輸出よりはむしろ、将来の財やサービスを生産するために使われる。表から次のことがわかる。投資に向けられる比率は時間の経過にともない増加し、一八世紀後半に約七%であったのが、一八三一年から一八六〇年の期間には一一%以上になった。そしてその期間までにイギリス経済は、それ以前のどの期間の水準よりもきわめて高い率で、資本財の蓄積を増やしていった。しか

表5-2　1700～1860年の国民所得に占める投資の比率

1700～1760年	5.0%
1760～1800	7.0
1801～1831	10.0
1831～1860	11.3

出典）Crafts (1), p. 81.

生産性とは、生産量と一つ以上の生産要素（土地、労働、資本）との関係に使用される用語である。時間にともなう変化は、生産要素が財とサービスの生産に使用されるさいの効率性の変化について示す。その用語のもっとも通常の使用は労働生産性においてであるが、労働生産性は労働者一人当たりの生産量の変化を測るものである。もう一つのよく知られた尺度は、たとえば１エーカー当たりの農産物生産量のような土地生産性である。これらは双方とも、単一の生産要素との関連における効率性を測るものである。労働生産性の場合にこのことが意味するのは、増加のどれほどが、たとえば労働力の側のよりきつい労働の結果であるのか、またどれほどが資本設備の増加の結果であるのかについて、われわれには判断する方法がない、ということである。この問題をうまく解決するために、土地、労働、資本を結合した投入の増加を測る方法をみつけることが必要である。これがなされたとき、われわれはすべてを総合した投入の効率性の変化を測ることができる。これを総要素生産性と呼ぶ。

し、離陸といえるような、投資率が突然加速した期間はなかった。

経済成長の要因に関する疑問に答えるためのより直接的な第二歩は、表５－３に示されている。これは資本と労働の成長率を第一列と第二列で示し、両者を結合した総要素投入量の増加の尺度を第三列に示している。生産量の増加率は第四列で示され、生産量と投入量の差は総要素生産性の増加を表している。前述したように成長推計値を下方修正した結果、総要素生産性の増加率（第五列）は従来の著述家たちが信じていたよりも著しく低くなったようである。ここで再度、めざましい「離陸」という考えは、いま利用可能な証拠に

表5-3　1700～1860年の生産要素別経済成長

（年成長率［%］）

	資本ストック (1)	労働力 (2)	総要素投入量 (3)	生産量(GDP) (4)	総要素生産性 (5)
1700～1760年	0.7	0.3	0.4	0.7	0.3
1760～1800	1.0	0.8	0.8	1.0	0.2
1801～1831	1.5	1.4	1.3	2.0	0.7
1831～1860	2.0	1.4	1.5	2.5	1.0

出典）Crafts (1), p. 81.
注）土地は個別に示してはいないが、第(3)列に含まれている。

よって否定されているのである。それにもかかわらず、一九世紀の第2四半期までに、経済が以前には考えられなかったような総要素生産性の増加率を達成したことは評価されるべきである。表5-3の第五列が示すように、その成長率は年率〇・三%から年率一・〇%に加速したのである。

これらは、増加する人口が生活水準に与えるかの有名な「マルサスの」脅威を克服することをついに可能にした重要な発展であった。しかしながら、およそ一八三〇年以前には総実質生産量の増加は人口成長をそれほど超過せず、実質賃金は年率〇・五%強しか増加していなかった。

産業革命という観念を考えてみるとき、経済のさまざまな部門における労働者一人当たりの生産量（労働生産性）の増加をもう少し調べるのも興味深い。試論的な分類では、次のことが示唆されている。第一に、農業における生産性の増加は工業のそれよりもいくらか早かった。第二に、工業においては、生産性の増加が非常に早い部門がいくつかあることがわかった。とくに顕著なのは繊維産業であり、技術の根本的な変化をともなった。しかし、これらのよく知られた産業と並んで、

表５-４　1700～1840年におけるイギリスとヨーロッパの経済構造変化の比較

	1700年	1760年	1840年
男性労働力			
工業			
(1) イギリス	18.5%	23.8%	47.3%
(2) ヨーロッパの水準	12.6	16.9	25.3
農業			
(3) イギリス	61.2	52.8	28.6
(4) ヨーロッパの水準	72.0	66.2	54.9
生産量			
工業			
(5) イギリス	20.0	20.0	31.5
(6) ヨーロッパの水準	19.3	21.3	25.2
第一次産業			
(7) イギリス	37.4	37.5	24.9
(8) ヨーロッパの水準	51.4	46.6	37.2
都市化（人口比）			
(9) イギリス			48.4
(10) ヨーロッパの水準			31.4

出典）Crafts (1), pp. 62-63.
注）(1)～(4) 行の労働力の推定値は正規雇用。
　　(7)～(8) 行の第一次産業には農業だけでなく採取産業（鉱業）も含まれる。

建設業、食品業、醸造業、皮革工業など一群の伝統的産業があり、そこでは事実上生産性の向上はなかった。

構造的変化

生産量と雇用の構造の変化は表５-４の焦点であり、これは、たとえばランデス〔Landes (4)〕によって定義された、前述の産業革命の概念に直接関係する。この表は、イギリスに関する最近の研究成果を示すのみならず、西ヨーロッパ諸国の経験との比較を可能にする。表５-４で記された「ヨーロッパの水準」とは、ある年にイギリスが達成した一人当たりの所得水準に西ヨーロッパ諸国がようやく到達した時点における西ヨーロッパ諸国の平均的な経験の尺度と考えることができる。たとえば、一八四〇年の第一行と第二行の数値を見てみよう。第一行は、一八四〇年のイギリスの男性労働力の四七・三％が工業にあることを示している。第二行は、西ヨーロッパ諸国におけるこれに対応する比率が二五・三％にすぎなかったことを示しており、これは、一八四〇年にイギリスがすでに享受した一人当たりの所得水準に、西ヨーロッパ各国が後に到達した時点で計算したものである。

表5-4は、イギリスにおける一七六〇年と一八四〇年のあいだの経済構造の大規模な変化——工業に当てられた労働力と生産量の比率の増加（第一行と第五行）と農業の比率の低下（第三行と第七行）——を反映している。それはまた、この転換がいかに他の西ヨーロッパ諸国の経験と異なっているかを鮮やかに示している。一八四〇年のイギリス経済では、同様な発展段階での西ヨーロッパ諸国よりも農業における労働力の比率がはるかに低い（五四・九％に対し二八・六％）が、工業化（第一行と第二行、または第五行と第六行を比較せよ）と都市化（第九行と第一〇行）の程度ははるかに高い。イギリスは他の国々の原型ではなかった。他の国々はその経済発展において、イギリスほど工業化されていない異なった道をたどったのである。

鍵になる含意

「産業革命」という用語はもちろん隠喩であり、古くから認められていたようにある意味では誤解をまねく用語である。その概念は、これまで要約してきた最近の研究を鑑みて、いまはより完全に明らかにすることができる。

(一) 雇用構造に革命的な変化があった。一八世紀後期と一九世紀初期に工業に雇用される労働力の比率が増加し、農業に雇用される比率が激減した。
(二) 工業における雇用の多くは、依然として地方的市場のために生産する小規模で手工業的な活動だった。これらの伝統的産業はあまり技術的進歩の影響を受けず、労働者一人当たりの生産量はほとんど、あるいはまったく、増加しなかった。
(三) 経済成長の全体的な速度の加速は認められたが、かなり穏やかなものだった。綿繊維生産のめざましい成長にもかかわらず、経済全体についても、工業全体についてさえも、大きな飛躍はなかった。
(四) 固定資本により多くが投資されるにつれて、経済成長率は上昇し、生産性の増加が加速した。当然クロンプトンのミュール紡績機やワットの蒸気エンジンなど有名な技術的進歩があった。これらの発展がイギリスの工業製品の輸出を促進した。しかしながら、経済の大部分においては、生産性増加は一九世紀前半にはひどく緩慢なままだった。
(五) 一九世紀中頃のイギリスは、しばしば「世界の工場」と呼ばれ、いくつかの産業における生産性の向上は、イギリスが世界貿易で工業製品のほぼ半分を販売することを実際に可能にした。しかしながらこのことで、表５‐３と表５‐４の鍵となる含意を見逃してはならない。イギリスの工業化の主要な特徴は、多くの労働者を工業部門に獲得したが、彼らがひとたびそこに従事すると、労働者一人当たりの生産量の水準はあまり高くなかった、という点にある。綿業や他の有名な輸出産業部門と共存していたのは、生産性も賃金も低い非輸出産業であった。

農業の役割

一九世紀初期にはすでにイギリスで、(ヨーロッパと比較して) 農業に雇用される比率が異常に低かったため、いかにしてこのようなことが生じたのか、という疑問が生じる。ある水準では、それはまったく容易に説明できる。国際的な水準からみれば、イギリスの農業の労働生産性はきわめて高く(たとえば一八四〇年のフランスの農業における労働者一人当たりの生産量は、イギリスの水準の約六〇％にすぎなかった)、それは一六世紀以降著しく向上してきたものだった。一七五〇年から一八五〇年までのあいだに、一人当たりの農業労働者の生産によって食糧を得ることができた非農業労働者数は、二・五倍以上に増加したのに対して、農業における雇用数はきわめて緩慢にしか上昇しなかった。生産性の向上は、マメ科植物と飼料作物を含む輪作による高い収穫高や、農場規模の拡大や、家畜、排水設備、道具への投資によって達成された(農業におけるこれらの変化や、関連する変化をめぐる詳細な議論については、第1章と第2章を読まれたい)。産業革命期におけるこれらの農業技術の進歩の結果、経済全体の総要素生産性の向上は、工場生産だけを取りだせばそれには及ばぬものの、工業部門における総要素生産性の向上を上回るものだった。一七五〇年以降のこれらの重要な農業上の改善は、「産業革命」という言葉が誤解をまねかないように常に想起されるべきである。

同時に、農業の大成功の反面で農業の相対的な重要性が低下したことは、多少当惑させることである。もしイギリスの農業がそれほど順調だったならば、なぜこれほどまで（一八四〇年までに消費量の五分の一以上を）輸入食糧に依存するようになったのだろうか。この問題は最近になって初めて大きな注目を集めるようになったが、その解答はまだ十分にはなされていない。一つの理由は、イギリスが輸出のための繊維生産のほうをはるかに優先したことにあるように思われる（この現象は農民たちにとっては悪いニュースである。それは、一九八〇年代の北海石油の輸出が、国内工業を犠牲にする工業製品の輸入の採算をとっていたことと同じである）。もう一つの考えうる理由は、所得増加が都市と農村におけるサービスと手工業の需要に対して強い影響力を及ぼしたことである。

生活水準

労働者の生活水準に与える初期工業化の影響力は、もちろん長いあいだ議論されてきた。前述した経済成長の見解は、この論争に対していくつか有効な展望を与えてくれる。ディーンとコールの数値からも読みとることは可能だったと思われるが、経済全体の成長に関する新たなより低い推計値によって、実質賃金の緩慢な上昇は、賃金を犠牲にした利潤の大幅な増大がもたらしたものというよりは、むしろ緩慢な生産性の増加と労働者一人当たりの資本設備量のきわめてゆるやかな増加がもたらしたことがわかる。一七八〇年から一八五〇年の期間を通して、実質賃金と一人当たりの実質国民所得は、おそらく同じ率で成長した［Crafts (1), p. 103］。

急速な生産性の増加を経験した部門において、最初は相対的に雇用が少なかったという発見は、経済成長による利得の分配にとって重要な意味をもっている。近代化された部門はイングランド北部に集中しており、そこでは賃金率は南部よりもはるかに高くなった。この差異は、国内の移住《マイグレーション》によっても解消しなかった。一八三〇年代以前には労働者の大部分の実質収入は増加しなかったというのはありうることだが［Crafts (1), pp. 105-106］、これを証明するには、物価と賃金の地域的な詳細について、はるかに多くの研究が必要である。

しかしながら、いまや経済成長は従来考えられていたよりも緩慢であると理解されているため、生活の質における諸変化の影響は、生活水準の変動に関する問題においてとりわけ重要な部分をになっている。そして新しい推計値は、これらの発展についてはいかなる光をも照らすことはない。たとえば平均余命全体が延びたように、このような変化のすべてが悪化であるわけではないが、多くの有害な要素も作用し始めた。これらのなかには、余暇時間の減少や環境の悪化、そして議論の余地はあるが階級関係の新形態が含まれる。

その後の経済行動

いままで述べたような産業革命期の経済成長の像は、さらにくわしく検討することによって、一九世紀のそれ以降におけるイギリスの相対的衰退をよりよく理解することができる。たしかに一八五〇年のイギリスは、世界でもっとも高い所得水準をもち、おそらく全世界の工業生産の三分の一を占めていたことは事実である。しかしながら、その時点までのイギリスの発展には、印象が薄くその後の急速な成長を約束するものではない側面があった。

●イギリスの輸出品は繊維によって占められており、すでに工業化された国々よりもむしろ低所得国に対して急速に売られるようになった。

●生産性の向上は、経済全体を通してみればめざましいものではなかった。同様に重要なことであるが、それは研究や開発投資にも教育投資にも基づいておらず、したがって一八八〇年以降に生産性向上がなされることはありそうになかった [Crafts (1), ch. 8]。

●一八六〇年以前の経済発展は、きわめて高水準な国内投資にも近代的な財政制度にも基づいたものではなかった。その結果、資本市場は投資可能な資金の効率的な運用を保証するためには不適当だった。

●最後に、一九世紀中頃までにイギリスでは、早期の工業化開始と多額な富により、必然的に海外投資の大きな流れが増大することになった。それは一八六〇年代末には国民所得の約五％に達した。おそらくこの海外投資による利潤が、対外支出の均衡に影響することによって、国内工業に対する次に続く投資を抑制したかもしれない [Crafts (1), p. 163]。

一九世紀の後期におけるイギリスの諸問題の原因のうちのいくつかが、それ以前の時期の発展パターンに遡及されるのかを追うことは有益であるが、これは最初の産業革命の重要性を傷つけるものではない。たとえ、それがかなりゆるやかな速度で進行し、真に革命的な諸変化は長いあいだ経済全体のうちの限られた部分に限定されていたといまは考えられているとしても、社会が物的な財を自身で供給する点においてイギリスが注目すべき転換をもたらしたのは依然として事実である。これは常にもっとも偉大な歴史的重要性をもつ出来事としてみなされるだろう。

文　献

(1) N. F. R. Crafts, *British Economic Growth during the Industrial Revolution* (Oxford, 1985).
(2) P. M. Deane and W. A. Cole, *British Economic Growth, 1688-1959* (Cambridge, 1962).
(3) M. F. Flinn, *Origins of the Industrial Revolution* (London, 1966).
(4) D・S・ランデス（石坂昭雄・富岡庄一訳）『西ヨーロッパ工業史――産業革命とその後――一七五〇～一九六八』みすず書房、一九八〇年。D. S. Landes, *The Unbound Prometheus* (Cambridge, 1969).
(5) W・W・ロストウ（木村健康他訳）『経済成長の諸段階――一つの非共産主義宣言』ダイヤモンド社、一九七四年。W. W. Rostow, *The Stages of Economic Growth* (Cambridge, 1960).

第6章　イギリス帝国主義——再検討と修正

A・G・ホプキンス

「帝国は、どうなっているのか」という一九三六年のジョージ五世の最期の言葉は、イギリス史上三世紀にわたり誇示された君主や政府にとっての最大の関心事を反映していた。今日でさえ、帝国は生き続けているという感覚がある。そのような感覚の存在は、コモンウェルスの帝国的遺産——英語の使用から、植民地の故障しがちな電話通信に至るまで——のなかで感じられる。一九八八年には、一六八八年と同様に安全の要求と富の追求が、引き続きイギリスをより広い世界へと引きだし、政策立案者は数世代にわたりそうであったように、自分たちが「北海のとるに足らない島」を統括しているのではないことを正当化するのになお懸命である。

帝国の重要性は、ずっと以前からその研究を専門分野の地位にまで高めてきた。この学問上の階級章は、広範で奥深い学識の歴史研究を促進してきた。帝国建設の原因、帝国支配の方法、「帝国の経験」の結果は、書誌編纂家さえ驚嘆させるほどの浩瀚な文献を生みだしてきたテーマである [Cain (2), Louis (8), Owen and Sutcliffe (10), Davis and Huttenback (5), Hopkins (7)]。この驚異的な学問上の進歩はまた、専門外の者に対し障壁を築いており、彼らが論争の用語や輪郭についてあやふやであるのも無理からぬところである。実際、専門化することによって、帝国主義や帝国の研究が、慣例的にはイギリス経済史と社会史の「主流」を形成するとみなされるものからおおむね切り離されてきたことが確かになった。本章の目的は、帝国も本国も切り離しては理解できないこと、そして、両者を統合すれば、国内と国外の現代イギリス史の理解にとって中心的なテーマについてのわれわれの認識が変わる、ということを示唆する点にある。

かつて帝国史研究には、現代の学問研究が導入した複雑性に欠ける時期があった。帝国はその各構成部分の立憲上の地位によって定義されたが、それは世界地図に赤く塗られていたところである（図6‐1）。その歴史は、テューダー期であれヴィクトリア期であれ、その時代の冒険的で進歩的な精神を象徴する白人の英雄によってつくられた政治物語という形式をとった。この視点は、帝国促進の唱道者にとりわけ適していた。しかしそれは、一九世紀末になるとホブソンのような異を唱える自由主義者や、一群の急進的あるいはマルクス主義的著述家たちから強力な攻撃を受けるに至り、帝国主義の原因や諸結果に関する彼らの敵対的な説明は、植民地獲得競合と第一次世界大戦

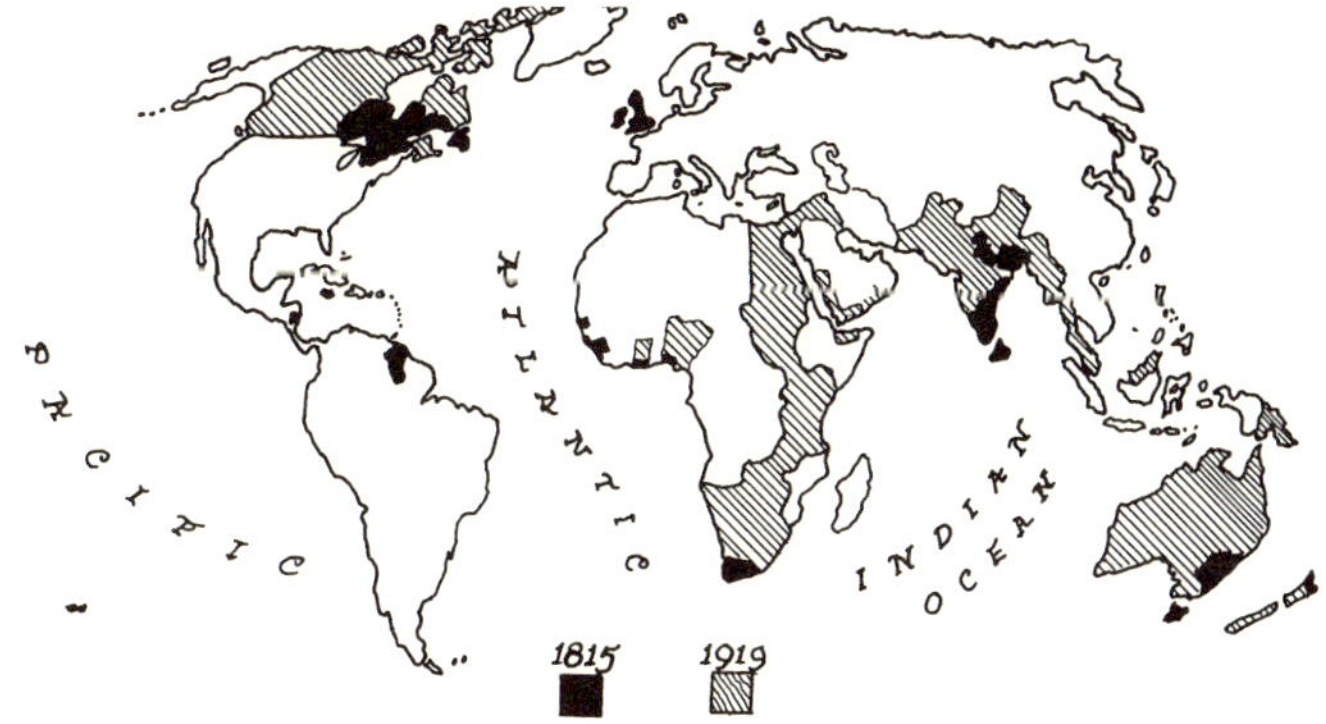

図６-１　イギリス帝国の拡大

かつての研究のほとんどで、イギリス帝国の拡大は、地図によって描写された。地図の投影法は、イギリスの領地がもっとも大きく見えるように注意深く選ばれており、インペリアル・レッドで着色したりしてこの効果を強めていた。

の勃発とのあいだの関係に関するレーニンの分析がなされるに及んで、その頂点に達した［Brewer（1）、Owen and Sutcliffe（10）］。これらの論評者が発展させた代替的解釈は、慣例的に経済的帝国主義論といわれるが、最近の研究は、そこには異なった目標をめざしたいくつかの理論があったことを明らかにしている。しかしながら、指導的批評家たちが帝国建設に関する分析の基礎を、彼らがいうところの先進工業社会の中心的法則ないし諸傾向においた点は、依然として事実である。それゆえ彼らはそれぞれに、「金融資本主義」の発展、カルテルや独占体の興隆、そして産業資本家の政治的影響力を強調し、帝国主義をこうした新しい国内の諸力の対外的発現であるとみなしたのである。

マルクス主義的主張は、新たな一連の複雑さを導入することになる自由主義的反応を引き起こした［Cain（2）］。経済的帝国主義論の欠陥が明らかにされ、正統なアプローチを再び主張する試みがなされた。それはより学問的に、しかも党派的色彩をより少なく提示することによってであった。さまざまな非経済的要因を探究し、個性や同時発生性や偶然性の役割を強調する、多元的な説明に強調点がおかれた。ある研究者たちは、国際的外交や列強間の勢力均衡の重要性を強調した。また、帝国主義の背後にある、イデオロギー的民族的な衝動を探究する者もいた。さらには、都市化、賃金雇用、民主主義と関連させて、ナショナリズムの役割や「社会帝国主義」の諸形態を検討する者もいた。

　この反革命は、一九五〇年代・六〇年代のギャラハーとロビンソンの研究で頂点に達した［Louis (8), Robinson and Gallagher (9)］。ギャラハーとロビンソンは、帝国に関する正統的研究にとって桎梏だった伝統的な政治的枠組みから逃れ、しかも、一九世紀末期が産業資本主義の発展段階から生じる「新帝国主義《ニュー・インペリアリズム》」という形態で特徴づけられるとする見解も、回避することができた。代わりに彼らは、イギリス帝国主義の根底にある連続性に注意を向けた。産業革命は、一九世紀初期の時点から、順調な海外拡張のための諸条件を創出していた。イギリスはもちろん拡張する強国だった。しかしイギリスは、この時期の大半を商業的文化的外交的影響の行使により、非公式に拡張しえたのに対し、一九世紀の第4四半期には、新領土、主としてアフリカは、公式の帝国に組みこまれた。根底にある目的、すなわちイギリスの覇権には変わりはなかった。変わったのは動機ではなく手段だった。これは、産業資本主義が新たな局面に入ったからではなく、イギリスが、他の競争相手国（主としてフランスとドイツ）に悩まされ、遠方の周辺領域における一連の危機に苦しめられたために起こったのである。最後の仕上げの部分であるロビンソンの「離心的《エキセントリック》」帝国主義論は、説明をロンドンからさらに遠ざけ、植民地化された協力者は自ら従属したものとみなした［Owen and Sutcliffe (10)］。帝国の概念を再定義することにより、ギャラハーとロビンソンは、マルクス主義者の一九世紀帝国主義理解が時代遅れなばかりかある著述家の眼には冗長にもみえるほどの、首尾一貫した啓発的な説明を提示することができた。

奇妙なことには、マルクス主義史家はこの挑戦への対応に手間どった。彼らは原則的にブルジョア的研究に懐疑的であり（そのような感情は、自由主義的研究者のあいだでもまったく同様であったが）、産業資本主義の進展と帝国への衝動に関する紋切り型の一般化に固執していた。現在利用できる詳細な研究に基づいてアフリカ分割についての徹底的なマルクス主義的研究というものが、なお書かれなければならない。しかしながら、ギャラハー‐ロビンソンのテーゼは、一九六〇年代と七〇年代に非マルクス主義陣営から重要な論評と批判を喚起した。ある研究者は、イギリスが一九世紀中期に非公式「帝国」を確立したとする主張に疑問を投げかけた。アフリカ分割についての彼らの解釈における、重大な弱点を明らかにする者もいた［Louis (8), Hopkins (6)］。第三世界の歴史への新たな感性を反映するような事例研究が蓄積され、その課題は顕著な遠心的傾向を示し始めた。

この問題を理解しようとする歴史家たちは、いまや困難な選択に直面している。伝統的なマルクス主義型の帝国主義論は、包括的である点で関心をそそるが、しかし、概念上および経験主義上の諸困難に陥っている。非マルクス主義的解釈は、最近の研究成果を反映しているようであるが、しかし細部にとらわれて断片的になる傾向にある。「真実は、両極端のあいだのどこかにある」と結論づけることは、ほぼ妥当といえるだろうが、しかしその結論づけは、なぜそうあるべきなのかとか、どこに均衡点があるのかとかについて言明することを回避しているし、そのためわれわれを、バークがいうところの「いい逃れという最後の防衛手段で死ぬと決心した」人々が占める場所に追いこんでしまう。

本章の残りでは、このジレンマから脱出する方法が素描される［Cain and Hopkins (3, 4)］。内容は必然的に簡潔なものとなろうが、しかし条件つきでない叙述は、読者に長年に及ぶ難問に対し最終的解答が提示されている徴候であるととらえられてはならない。むしろその目的は、研究の方向を切り拓くことにあり、その方向とは長く続く重要な論争に対して、建設的で地味な関心をひく貢献がなされることを意図したものである。

その出発点は、マルクス主義者、非マルクス主義者の著述に同様に受けいれられている、一九世紀のイギリス帝国主義は本質的に産業革命の所産である、という中心的仮定を疑うことにある。最近の研究は、この時期のイギリス経済史・社会史を形成する代替的方法を示唆している。もちろん、工業化はもっとも重要だったが、しかしいまや、工業化はかつて考えられたより長期にわたる分断化された過程だったことが明らかである。さらに、工業の勃興は、経済発展のより広い型の文脈のなかにおかれる必要がある。すなわち、一七世紀末にロンドンで始まり、一九世紀の工業化の古典的局面で拡張し、二〇世紀にはイングランド南東部で成長し続けたが、そのとき工業大国としてのイギリスの地位は相対的低下期に入ったという文脈である。この近代化の型は、イングランド銀行の創設、国債の確立、株式取引所や主要保険会社の興隆、そして、イギリスに国際貿易での競争力を与える一助となった一連の交易上の革新に表現される、金融ならびに商業的サービスの革命によって創出された。

これらは、まさしく資本主義的と呼べる進歩的で利潤追求的な活動であった。しかし、それらの資本主義的性質は特殊なものであり、機械よりもむしろ経営者や資金に関連し、ミッドランド地方や「イングランド」北部における製造業界との直接的接触からはほど遠いものであった。それは、今日でもなお容易に認識されうるような経済秩序への道を指し示すものであったが、しかしそれらは、既存の社会的ヒエラルキーと共存しうることも明らかにし、したがって、変革が安定と結合されることを可能にしたものであった。シティーや南東部のサービス部門の主要な代表者たちは、ただ大きな財をなしたのではなく、その財を社会的に許容されうる方法で得た。つまり彼らは、資本家であるとともにジェントルマンだったのである。この例外的に有利な経済的・文化的特質の融合はまた、政治的特権を与えた。産業界で彼らに相当する人々とは異なり、シティーの銀行家や商人は、彼らの地理的位置と社会的つながりを、首都における貴重な政治的関係づくりに使うことができ、そしてそのような関係を育成するのに必要な余暇をもっていた。

ジェントルマン的資本主義という概念は、過去についての紋切り型の解釈を押しつけることなしに、議論を方向づけるよう意図されている。ジェントルマン的資本家は、新しい陰謀論の構成物としてみられるべきではない。それは、彼らが権力構造に近く（彼らはまだその一部となっていない）、彼らの見解が公然と表明されたからである。経済と社会と政治活動のあいだの連関を認識することは、決定論を回避する。つまり、ジェントルマン的資本主義秩序の進展における特殊な局面を確定することは、過度な一般性に逆らうことなのである。

大まかな二つの局面（それぞれはそれ自身の波動をもっているが）が識別されうる。一六八八年から一八五〇年までの期間は、確立された地主層と新興の「資本家《マネードマン》」の同盟に支配されたが、彼らは名誉革命を擁護し、保護制度《パトロネイジ》や国債から利益を受け、そして政治的安定を保証した。一八世紀が進むにつれ、この構造は国内でも海外でも、予算上や政治上の諸困難が増大するのを経験し、一八一五年以降は保護制度を縮小し、「グラッドストーン流財政」を導入し保護貿易主義を除去するといった諸改革が導入された。一九世紀中頃までに、「より細身の健康なイギリス」への移行が完結した。それ以降、すなわち第二の局面では、地主勢力の重要性は低下し、金融およびサービスの利害が、再編成されたジェントルマン的連合における支配的要素となった。彼らは民主主義政治という危険な世界に慎重に適応したのである。

イギリス帝国主義は、国内においてジェントルマン的秩序を表現し強化した一つの世界システムを形成する試みである、ととらえることができる。一八世紀には、この目標は征服と保護貿易主義の結合によって達成された。一九世紀には、独断的に自由貿易という武器に結びつけられ、その武器は確立された帝国の内外で、金融と商業的サービスと製造業にとってのもうけ口を創出するために使われた。一八五〇年以降の世界貿易通貨としての英貨《スターリング》の普及とイギリスの海外投資の急成長は、この傾向の重要な現れだった。国際収支がますます海外投資とそれに関連した貿易外所得からの収益に依存したことは、そのもっとも顕著な結果の一つであった。工業需要は重要だった。しかし南部の金融・サービス部門が、イギリスの海外での存在に、より支配的な影響力のあるものだった。

　この解釈は一九世紀をみることによって例証されるが、この時期はイギリス帝国主義の諸原因についてのもっとも激しい論争を惹起してきた。帝国の、より古い確立した地域での「責任ある統治《リスポンシブル・ガバメント》」への移行は、保護貿易主義や中央からの指示をもはや好まない状況において、イギリスの利害を永続させるためにもくろまれた。ディズレーリが一八六三年に述べたように、「植民地は、独立しているのだから、植民地となることを止めることはない」のだった。しかし、強調される必要があるのは、イギリスの自治領での継続する影響力が、工業製品の輸出よりも資本の輸出にますます依存するようになってきたことである。カナダ（アメリカの影響にもかかわらず）とオーストラリアは依然として借款の必要によりロンドンに結びつけられており、必要な場合には、予算とサービスの対外債務を均衡化するために、イギリスの工業製品に対する関税率を引き上げた。インドは、一九一四年以前の期間は完全にイギリスの支配下にあり続けたが、金融・サービスの利害に与えられた優先権のさらにいっそう端的な例を提示した。一八五八年の東インド会社規則の撤廃は、保護と勅許会社の世界から、ほとんどがイングランド南部の出身でインド文官の職員であった新しい実力者階級が住む世界への移行を象徴していた。彼らは、優れた統治と健全財政を同

図6-2　白象

現在の所有者［東アフリカ会社］いわく「これをご覧なさい、旦那様［政府］！この象［ウガンダ］は有望に見える動物です。でも私には飼いきれません。もしあなたが買ってくれなければ、私は彼を手放さなければなりません」(*Punch*, Oct. 22, 1892)。

一視する人々だった。イギリスの輸出業者たちは、たしかにインドに自由貿易を課することにより大きな利益を得ていたが、しかし彼らの野望は、財政と金融の伝統的慣行の強制によって限定された。より長期的には、インドへの投資の増加は、ランカシャーの院外圧力団体の重要性の低落と並行して起こったが、この傾向は一九一七年の関税自主権のインドへの認可、および戦間期における亜大陸での輸出市場の喪失で頂点に達した。

　イギリスにおけるジェントルマン的利害の再編成は、一九世紀中期以降の帝国への領土追加にも反映した。アフリカにおける植民地獲得は、こ

図６-３　ソールズベリー卿がいかに操られているか：舞台裏での一瞥
トルコ債券に巨額を“落とした”特定の人々は、その損を取り戻すために政府を圧迫するべくネジを巻く（*Labour Leader,* March 6, 1897）。

これらの戯画は、帝国主義の基本的テーマの二つを描いている。図６-２では、「現在の所有者」（帝国イギリス東アフリカ会社）が政府に対し、所有者のアフリカ領土であるウガンダの帝国的支配を維持するための経済的負担を肩代わりするよう要請している。図６-３では、スクリーンの後ろの債券保有者がイギリス政府（首相、ソールズベリー卿に代表される）を操縦しており、こうして債券と株を買った人々の利害に立ってイギリス外交政策を決定しているようにみてとれる。

うした帝国拡張のなかでももっとも重要だったが、それはまた依然としてもっとも論争を呼ぶものでもある。ここに提示される解釈は、大陸の「争奪戦《スクランブル》」へのイギリスの参加が、以下の二本の軸に沿って検討されうることを示唆している。南北に走る一本は、エジプトと南アフリカにおいて膨張しかつ猛烈に防御された投資活動と一致する。熱帯アフリカを横断し、東西に広がるもう一本は、（東アフリカでの）投機的投資要素の出現と同様により古い製造業の利害を示している。この視角は、アフリカの争奪戦を全体として考察することを可能にする一方で、宗主国経済の発達における部門間差異の、「暗黒大陸」のさまざまな地域での発現の仕方を強調してもいる。

イギリスは、帝国の外で数多くの門戸を開放することも試みたが、一八三〇年代・四〇年代におけるパーマストンの精力的な努力にもかかわらず、一九世紀中期以前は、限られた成果しか上がらなかった。しかしながらそれ以降は、南アメリカの多くの地域で、とくにアルゼンチンとブラジルでかなりの成功をおさめたが、そこでは、イギリス資本および商業的サービスにとっての価値ある市場が開発され、それにともない製造業の輸出機会も増大した。これらの国家がイギリスからの資金流入に依存していた程度は、一八九〇年代の財政危機が証明したのだが、こうした危機のためにアルゼンチンとブラジルは、対外的な信用を回復するために、国内の政策調整をすることを余儀なくされた。この二つの共和国の支配的エリートたちは、イギリスの価値を称賛しイギリスの権力に敬意を払うがゆえに、「ゲームの規則」に従ったのである。第一次世界大戦直前のブエノスアイレスにおけるハロッズの支店設立は、まさにアルゼンチンのエリートがジェントルマン的趣向をいかに完全に受容してきたかを示した。

しかしながら他の場合には、意図したとおりの成果がともなったわけではなかった。旧トルコ帝国と中国に拠点が設けられたが、進展は限定されたものだった。トルコ人も満州人も、ハロッズで買物はしなかった。製造業者たちは、新しい顧客を求めたが、必要な規模で政府の後援の保証を得られなかった。代々の政府は、中東と極東におけるイギリスの地位を擁護しようと躍起となったが、市場の確保が不確実な投資をシティーに強要することはできなかった。これらの「困難な」地域におけるイギリス帝国主義の限界は、政府から独立し一連の魅力ある代替手段を有するという点で、シティーが特権的地位にあったことを示す尺度である。ロンドンは、選り好みすることができた。パリやベルリンは、断片を争奪しあわねばならなかった。

ヴィクトリア中期の平穏とヴィクトリア後期の騒然を対照する、より古い研究史は、明らかに誤解をまねく。イギリスは一九世紀にたしかに、膨張する帝国主義大国だった。しかしながら、イギリス帝国主義は、産業資本主義の「内的論理」の所産ではなかった。マルクスは産業ブルジョアジーの影響力を誇張し、マルクス主義者たちは「金融資本《ファイナンス・キャピタル》」の役割をその用語が通常意味するようにとらえて過大評価してきた。というのも、銀行と産業のあいだの関係は、一九一四年以前にはきわめて限定されていたからである。他方では、ギャラハーとロビンソンは、一九世紀のあいだの経済の構造的変化に不十分な重要性しか与えておらず、その結果として、イギリス帝国主義における連続性の程度を必要以上に強調している。イギリスの見えざる「帝国」は、一九世紀半ばには彼らが想定するよりもより限定されたものであり、一八七〇年代以降になって急成長したのだが、それはまさに彼らが帝国は衰退期にあったと主張する時期だった。しかも、彼らの周辺地域《ペリフェリー》の強調は本末転倒である。多くの遠隔地域において無数の危機があったが、それらはたいていは帝国主義の徴候であって、起因ではなかった。これらの諸困難は、一つの問題を提示する。しかしその解答は、イギリス以外の大国の策謀のなかや、帝国は「放心状態のうちに」獲得されたという、たしかに最後の手段としての主張のなかには見いだされはしない。

ここに提示された解釈は、このジレンマの解決が、近代イギリス経済史・社会史の輪郭を再評価し、とくに産業の外に存在しおおむね産業からは独立し続けた諸々の発展に、適切な重点を与える点にあることを示唆している。一九世紀における帝国主義者の衝動は、金融・サービス部門の発展——経済史家からも帝国主義の専門家からもまったく無視されてきたものだが——を分析の中心にすえることなしには理解されえない。そのためには、世界貿易の原動力としての英貨の成長の跡をたどり、また海外貿易から生まれた富が、イギリス政治制度の称賛を受けている連続性を支えるのに役立ったその方法を探究しなければならない。

さらなる研究の領域は、論争自体と同様に広汎にわたっている。イギリス史に関していえば、金融と製造業のあいだの関係の競争的および補完的諸特徴について、さらに考察する必要がある。周辺地域については、主要な関心は外的衝撃の役割を地域的危機の原因として再評価することにある。最後に、比較という方法に関してだが、ここで展開された議論が、ヨーロッパの他の帝国主義大国に適用されうるのかどうか、あるいは、最終的には議論の主要な機能がイギリス人の特異性をきわ立たせることになるのかどうか、検討する余地がある。

イギリスの帝国主義的野望は、広く普及した見解とは異なり、一九一四年で尽きたのではない。一九二〇年代には戦前の国際秩序の再現、一九三〇年代には英貨地域に基づくより管理しやすい制度の制定、そして第二次世界大戦後における帝国の連帯の強化といった精力的な試みがなされた。ジェントルマン的エリートたちは、殺到する植民地自治化の波を巧みにかわし、一九五〇年代と六〇年代のあいだのアメリカ（およびドル）の優越に順応することに成功さえした。しかし、ロンドンを世界の金融市場の中心にすえておくには、代償が支払われねばならなかった。ある見解は、代償は製造業によって負担されたとする。他の見解は、多国籍企業の参入により、確立された金融界制度の自律に突きつけられた脅威を指摘する。この小論でとられた視角からすると、近年の展開はより深遠な歴史的意義をもつかもしれない。一九八〇年代に課せられた新しい保守党政策は、自由主義的諸職業のジェントルマン的価値に対して不断の、一見成功したかにみえる攻撃を加えた。古い制度や世界的野望の多くは存続している。しかし、その顔ぶれは変わった。将来の歴史家は、一六八八年以来権力を保持したジェントルマン的エリートが、一九七九年にその終焉を迎えたと判断するかもしれないが、それはイギリスがもう一つの立憲的な革命を経験したときだった。すなわち、プチ・ブルジョワジーの革命である。

文　献

(1) アンソニー・ブリューワー（渋谷将・一井昭訳）『世界経済とマルクス経済学』中央大学出版部、一九九一年。A. Brewer, *Marxist Theories of Imperialism* (London, 1980).

(2) P. J. Cain, *Economic Foundations of British Oversea Expansion, 1815-1914* (London, 1980).

(3) P. J. Cain and A. G. Hopkins, 'Gentlemanly Capitalism and British Expansion Overseas, I, The Colonial System, 1688-1850', *Economic History Review*, 2nd series, XXXIX (1986)［参考　P・J・ケイン、A・G・ホプキンス（竹内幸雄・秋田茂訳）『ジェントルマン資本主義の帝国 I ――創生と膨張一六八八〜一九一四』名古屋大学出版会、一九九七年］.

(4) P. J. Cain and A. G. Hopkins, 'Gentlemanly Capitalism and British Expansion Overseas, II, New Imperialism, 1850-1945', *Economic History Review,* 2nd series, XL (1987)［参考　P・J・ケイン、A・G・ホプキンス（竹内幸雄・秋田茂訳）『ジェントルマン資本主義の帝国 II ――危機と解体一九一四〜一九九〇』名古屋大学出版会、一九九七年］.

(5) E. Davis and R. A. Huttenback, with the assistance of Susan Grey Davis, *Mammon and the Pursuit of Empire: The Political Economy of British Imperialism, 1860-1912* (Cambridge, 1987).

(6) A. G. Hopkins, 'The Victorians and Africa: A Reconsideration of the Occupation of Egypt, 1882', *Journal of African History*, **27** (1986).

(7) A. G. Hopkins, 'Accounting for the British Empire', *Journal of Imperial and Commonwealth History*, **16** (1988).

(8) W. R. Louis (ed.), *Imperialism: The Robinson and Gallagher Controversy* (New York, 1976).

(9) R. Robinson and J. Gallagher with A. Denny, *Africa and the Victorians* (London 2nd edn, 1981).

(10) R. Owen and B. Sutcliffe (eds), *Studies in the Theory of Imperialism* (London, 1972).

第7章　管理経済の盛衰

R・ミドルトン

「常識的結論は、次のようなことである。イギリスおよび他の西側諸国は、各国政府が完全雇用を付託され、それを保証する方法を知っていたがゆえに、戦後四分の一世紀にわたり完全雇用を実現した。そして、各国政府がそれを保証する方法を知っていたのは、ケインズが各国にその方法を示したからである」（マイケル・スチュアート）。しかし、一九七九年までには、「反ケインズ主義は、世界でもっとも急成長する研究である」といわれた。この劇的な変化はどのようにして生じたのか、また、イギリスにおける経済政策と経済実績へのケインズ革命の真の貢献とは何であったのか。

戦後かなりしばらくのあいだは、政府が経済の統制と完全雇用の保証の方法を知っているとす

需要管理　管理経済の中心的特徴は、政府が、需要の水準を変化させることにより、生産高と雇用の全経済的水準を左右することができるし、また、そうすべきであるとする信念だった。これは、自動車やテレビといった消費財に対する家計の需要かもしれないし、機械や他の資本財に対する企業の需要かもしれないし、あるいは学校建設、軍備などの政府自体の需要かもしれなかった。政府が民間部門の需要を左右するのに使うことのできた主要な手段は、課税の水準（財政政策）だった。それゆえ、税は景気後退のときには引き下げられた。需要を刺激することが望ましかったからである。また、好況時には税は引き上げられた。需要を規制することが必要であると考えられたからである。他の手段としては、利子率、銀行貸付の管理、そして割賦購入の規制があった。

赤字財政　これは、課税を通じて調達される歳入では賄いえないために、国債によって調達される政府支出を指す。ケインズ革命の重要な部分は、不況のときには需要を拡大して失業を減らすために、政府が赤字財政に訴えるべきだという提言であった。

る見解は、労働党政府と保守党政府の双方が共有していた。この目的遂行のために採用された諸政策は、「需要管理」として知られた（囲み記事を見よ）。しかし一九七〇年代までには、これらの政策は両党の指導者たちにより否認されていた。イギリスにおける管理経済の歴史についての近年の研究は、経済政策立案におけるケインズ革命の起源とその最終的な失墜について、新たな光を投げかけた。戦間期の諸政策と戦後の経済管理へのケインズの理論的貢献を再評価することは、一九七〇年代初期以降のイギリスの経済実績の悪化、および一九七九年以降の大幅な失業の増大により促進されてきた。ちょうど一九二〇年代と三〇年代の大量失業がケインズの考えに信任を与えたように、七〇年代と八〇年代の経済的困難が、ケインズの批判者への支持を強めたのである。

一九三九年以前の経済管理

最近までは、スチュアートたちが抱いたような見解から自然に出てくる推論は、ケインズ的な考え方がもっと早くに採用されてさえいれば、戦間期の失業問題は解決されていただろう、というものだった。この見解によれば、第二次世界大戦中にケインズの『一般理論』（一九三六年に出版された）の理論的知識が吸収消化されてはじめて、経済の適切な管理による永続的な完全雇用の達成に向けて前進が可能となった。この見解をとる人々はまた、ケインズ政策をより早い時期に受容するのに主として障害となったのは、敵対する理論が無思慮で因襲的な大蔵省にもちうる影響力であるとも信じた。これは、それ以前の時代の、いわゆる「古典派《クラシカル》」経済理論であった。この理論は、赤字財政《デフィシット・ファイナンス》（囲みを見よ）はそれに相応する量の民間支出を犠牲にしてはじめて可能である、とする厳しい前提をおいていた。その結果として、追加的雇用はまったく創出されないことになるだろう。

大蔵省の内部文書に示されたような戦間期における政府の態度が、近年、経済史家たちによって再検討されてきた［この研究の要約としては、Glynn and Booth（2）および Middleton（3）を見よ］。二つの主要な問題点が浮かびあがってきた。まず第一に、事実一九三九年までに需要管理政策のいくつかの側面の受容に向けてかなりの前進がみられたが、これはケインズや経済学者たちに負っていたよりも、再軍備と政治的諸力により多くを負っていたことが示された。

第二に、赤字財政に関する大蔵省の見解については、とくに詳細な検討がなされてきた。われわれはいまや、戦前の大蔵省がケインズの見解を拒絶した理由をよりよく理解している。前述したように、ケインズと戦後のケインズ支持者たちは、公的政策決定のさいの経済理論の役割にもっとも重点をおいた。対照的に、近年の著述家たちは、支配的だった政治上・行政上の制約を、ケインズ的解決の潜在的効力に対する限界として強調している。大蔵省は、ケインズが示唆したように完全雇用を単純に想定したわけではなかった。そのようなことをすれば、もちろん失業を理論的に説明したり失業について実際に何か行なうことは不可能になったであろう。むしろ大蔵省は、イギリス経済の開放性とか、増大する政府介入に対する金融市場の由々しい不信とかいうような要因を指摘した。イギリスの経済的境遇のこれらの特徴を所与のものとして、大蔵省は赤字財政が銀行家や実業家の信頼に与える逆効果をきわめて重視した。もしこの信頼が損なわれるならば、それは（a）政府が高利率でなければ借入することを困難にし、また（b）産業家が自己の資本設備に追加することを抑制することになるだろう。大蔵省は、これら二つの好ましくない結果が、当初の政府支出からのいかなる利得も相殺して余りあるかもしれない、と主張したのである。

ケインズ革命

雇用政策に関する一九四四年白書は，「高度で安定した雇用水準の維持」を政府に委ねたのだが，それは伝統的に，イギリスにおけるケインズ革命の諸原理の正式承認とみなされてきた。しかしながら，より近年の研究は，ケインズ的な考え方の公的受容の速度は，以前に考えられていたよりもはるかに遅かったことを明らかにしている。一九四四年白書の後でさえ，大蔵省はなお，長期的な赤字財政を支持することを嫌っていた。このことの理由は理論的なものではなく，政治的なものであった。つまり，ひとたび均衡予算という財政的規律が緩和されれば，支出の急増があるだろうとする懸念だった。仮に一部の支出が借入により調達されることが容認されるならば，住宅や教育や保健施設などへの支出増加を求めますます強くなる大衆の要求に対して，政府が抵抗する能力は著しく弱まるだろう，というのだった。大蔵省はまた，産業効率に関する戦前からの懸念を強調し続け，全般的な需要管理政策は特定の産業あるいは地域における構造的諸問題によって引き起こされる失業にとっては何ら救済にならない，と主張した。

トムリンソンは，ケインズ革命というものはなかったとさえ主張した［Tomlinson (5)］。この主張で彼が意味したのは，財政政策が雇用創出の必要性に従属したことはけっしてなく，単にインフレーションと国際収支を統制する手段として使用されたということである。この見解はほとんど支持されていないが，政策過程における経済理論の役割が誇張され，行政的政治的諸要因の役割が控えめに述べられてきたというトムリンソンのさらに限定された結論のほうは，より広範に受容されている。ケインズ的な考え方の応用に関するこの論争は、継続している。しかしながら、ケインズ革命の枢要な理論的メッセージ──資本主義経済は何らかの自動的市場メカニズムの力によって自己安定的であるわけではないというメッセージ──が、大戦中に確固として受容されたということは広く合意されている。このときには、経済が不況に陥り低水準の生産と高い失業率をともなったら、需要を刺激し経済が完全雇用に回帰することを促進するために、何らかの形態の政府介入が必要であることを否定する経済学者は、ほとんどいなかっただろう。

一九四五年以降の管理経済

戦後の経済管理とイギリスの経済実績についての評価は、政策立案者の四大目的との関連でなされねばならない。サッチャー主義の到来までは、その目的は、完全雇用、物価安定、国際収支の経常収支での黒字、そして経済成長であった。大戦以来、経済管理にとっての中心的問題は、これらの目的が併存できないことであった。当初は、もっとも困難な問題は、急速な経済成長への願望と貿易収支の黒字の必要性とを一致させることだった。後には、政策立案者が直面した主要な問題は、いかにして完全雇用を、それと同時に賃金や物価のより急速な上昇を促進することなしに達成するかであった。いくらかの前進はなされたが、成長は遅く貿易収支は悪いままである一方で、イギリスが高い失業率と急速なインフレーションの双方に苦悩していると非難されるような地点まで、状態はしだいに悪化していった。

この過程は、図7-1に見られる。上のグラフでは、実線は労働者中のパーセントで失業率を示し、破線は年々の物価の上昇率を示している。一九六〇年代末からの両方の線の上昇は、きわめて顕著である。下のグラフは、イギリスが、頻発する国際収支の赤字を回避できないことを示している（国際収支の黒字《プラス》あるいは赤字《マイナス》は、それを国内総生産（GDP）のパーセントで表すことにより、経済成長と関連させて尺度をとっている）。経済管理が不成功であったことを示すこれらの問題は、ますます深刻になる政治的経済的危機の根拠となった。一九七〇年代までにこの過程は頂点に達し、経済管理というケインズ政策の利点に関するかつての合意は、最終的に否認された。これがどのようにして生じたかをみるために、これらのジレンマのそれぞ

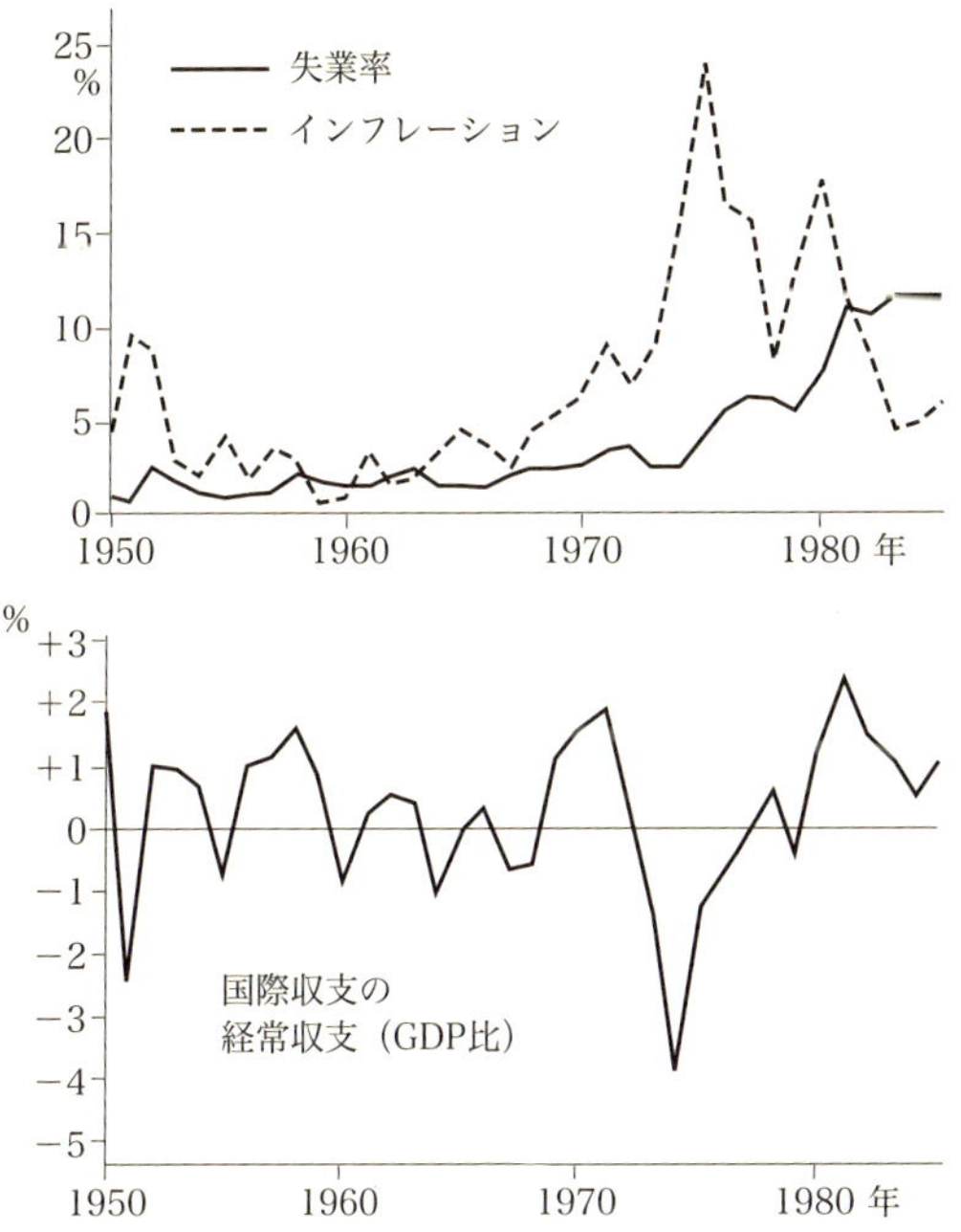

図7-1　1950～1985年におけるインフレーション、失業率、および国際収支

れを簡潔にみてみよう。

戦後しばらくは、イギリスの経済成長率はフランス、ドイツ、イタリア、日本のような国々が達成した成長率に比べて緩慢であり、より急速な拡大を求める国民一般の相当な圧力があった。経済管理にとっての問題は、成長が加速し失業率がきわめて低い水準まで下落するときはいつでも、国際収支が悪化してしまうことであった。これは、いくつかの理由で生じた。第一には、追加的工業用原料が必要になるのにともない、輸入が増加した。そして、製造業者は好況の国内市場で販売するという、より安易な選択を好むので、輸出は減少した。第二には、経済が最大能力に近づくにつれて、労働力と原料の不足が生じた。これは、より高い賃金と物価を促進し、代わりに輸出を抑制し輸入を助長した。その結果は、深刻な国際収支の危機であった。

政府はこれに対応せざるをえず、増税すること、政府支出を削減すること、そして全般的に経済成長を減速するために需要を減らすことによって対応した。これが、需要管理の「ストップ・アンド・ゴー」政策として知られるようになるものの「ストップ」の局面であった。ひとたび経済活動がかなり低い水準にまで低落し、国際収支が改善すれば、より急速な成長と、より低い失業を求める政治的圧力が再度感じられるようになるだろうし、また、経済管理という武器が、需要促進のために減税しながら、その過程を逆転するよう使われることになるだろう。つまり、「ゴー」の局面である。こうした循環は、一九五〇年代と六〇年代を通してくり返し起こったが、そのことは図7－1がきわめて明白に示している。

第二のジレンマは、徐々に現れ需要管理の支持者にとって深刻な問題を引き起こしたのだが、それは完全雇用と物価安定のあいだのトレードオフであった。当初は、経過はきわめて良好であった。終戦から一九六六年まで、失業労働者の割合が二・五％以上になったことは一度もなく、賃金と物価の上昇率はかなり満足のいくものだった（図7－1を見よ）。おそらく、政策立案者が望んでいたであろうより急速に物価が上昇する傾向があったが、しかしそれは、主要な問題とはみなされなかった。一九六〇年代半ばから、この状況は劇的に変わった。このことの厳密な理由については、なお論争されている。費用《コスト》の面で困難が始まったと考える人々は、組織化された労働者の側がより高い賃金を迫るために完全雇用を利用することが可能なことをますます強く認識した点を、とくに指摘することができる。この可能性は当初は大量失業の時代へ戻ることを恐れて抑制されていたが、戦間期の記憶が薄らぐにつれてこうした恐れは消失し、新たないっそう戦闘的な世代が労働力に参入した。一九六九年以後、労働費用《レイバー・コスト》に対するこの圧力は、ＯＰＥＣ石油カルテルの行動によって極端に強化された。

　論争の他方の側には、貨幣供給が物価の上昇を許すように増加されさえすれば、費用は物価に影響しうるだけであると考える人々がいる。この見解によれば、ヨーロッパでもアメリカでも、一九六〇年代半ばのインフレーション加速化の責任は、政府が貨幣供給の増加を統制するのに失敗したことにある。原因がなんであれ、その過程の結果はきわめて明白であり、一九七〇年代を通してイギリスは、ますます「スタグフレーション」という新たな弊害を直視せざるをえなかった。

それは低い成長率と高い失業率が急速なインフレーションと結合したものであり、この結合は従来知られていないものであった。

イギリスの戦後の経済実績

戦後イギリスの成長の記録を、その歴史的展望のなかで検討することは、重要なことである。戦後の記録は、それ以前の時期にイギリスが達成した水準からすると、良好であった。たとえば、年々生産された財とサービスの総量（実質ＧＤＰ）は、戦間期の一九二四〜三七年における平均年率二・二％や、第一次世界大戦前の時期、すなわち一八七三〜一九一三年におけるわずか一・八％と比較して、一九五一〜七三年には二・八％に増大している。しかしながら、歴史上の基準を超えるこうした改善は、イギリスの工業競争国に共通した経験であり、それらの国の戦後の成長率はイギリスより格段によかった。すなわち、一九五一〜七三年の時期に、ヨーロッパ経済共同体（ＥＥＣ）の最初の六加盟国の平均は年間五％以上であり、イギリスの成長率のほぼ二倍であった。それゆえ、われわれは自らの実績をいかに改善したのか、そして、なぜわれわれは他国ほどではなかったのか、この二点を理解する必要がある。

戦間期におけるイギリスの——自国の基準に照らせば——相対的な成功と経済管理の諸政策とのあいだの関係を問うことは、自然なことである。経済政策上のケインズ革命が、戦後の成長率の改善、とりわけ完全雇用の達成の原因だったのであろうか。マシューズは、西側経済の長期にわたる好況がつまずく以前に書かれた一九六八年の発展性のある論文［Feinstein（1）に再録］で、事実ケインズの貢献は間接的にすぎず、予算はこの期間を通して赤字ではなく黒字だったから、完全雇用は赤字財政の結果ではありえない、と主張した。マシューズはその代わり、完全雇用を戦後期の他の二大特徴から生じたものとした。第一は、工業、電力供給、運輸などにおける高水準の資本支出であった。これは、当時の急速な技術進歩によって創出された有利な投資機会を利用してなされた。これはまた、戦間期の長期化した不況および大戦中に創出された投資需要の滞積分を履行するためにもなされた。経済活動と雇用にとっての第二の刺激は、世界経済の好況であった。その好況は、すでに述べたEEC、日本、その他の諸国における急成長と、第二次世界大戦後に全般的に導入された自由貿易政策とに関連していた。このことは、戦間期の関税保護を受けた停滞する市場においてて可能だったよりも格段に急速に、イギリスの輸出が拡大することを可能にした。

マシューズの財政黒字の算定方法は批判されたけれども、彼の主張の本質は批判に耐えた。そのことは、一九五〇年代と六〇年代の一連のきわめて幸運な状況が結局、困難な状況において高水準の経済活動と完全雇用を達成する政府の能力を過大評価することに導いた、というトムリンソンの重要な所見［Tomlinson（5）］に十分な根拠を与えた。このケインズ政策の威力についての誤解が、今度はそれに続く需要管理に対する失望の一因となった。ケインズ政策に過度の期待がもたれたが、それはこうした期待に沿えなかったために、マネタリスト経済学と政治的態度の変化とが結合して提起した挑戦に直面すると、いっそう攻撃されやすくなったのである。

需要管理の危機

一九七九年に、戦後のケインズ革命を支持する合意は崩壊した。新たに選出されたサッチャー保守党政府は、それまでのすべての政府により支持されてきた（必ずしも達成されはしなかったのだが）マクロ経済的諸目標を公式に放棄した。新政府は、需要管理という手段による安定化が可能であること、あるいは望ましいことを明白に否定した。そして、その政府は、国家介入を最小限にとどめた自由市場秩序という、より古い伝統を信奉することを明言した。完全雇用を物価安定と調和させられなかったことが、ケインズ時代を傷つけたもっとも直接的な原因だったが、それは賃金の安定が、部分的には失業の可能性に常に依拠していたからであった。しばらくのあいだは、需要管理計画の維持にとってともかく必要なことは、その技術を洗練することであり、賃金上昇を規制するようなより効果的な所得政策を追加することであると考えられた。しかしながら、何らかのより根本的な調整が必要であることが、しだいに認識されるようになった。

反［ケインズ］革命の政治的成功に寄与した他の重要な理由は、以下のものを含んでいる。

*マネタリストの考えと関連する経済理論の新たな発展
*需要管理だけでなく課税の水準や公的所有の程度といった事柄もともなった、統治権力に対する政治的敵意の増大
*イギリスの相対的な経済上の地位の長期的な低落原因についての、政治的文化的要因を強調した新しい分析

＊国際的な経済環境の悪化、および、為替相場や貿易に関する重要な戦後協定のいくつかの瓦解

マネタリズム

マネタリズムとは何かから始めよう。政策目的にとって、この教義は二つの重要な要素をもっていた。貨幣数量説と自然失業率である。前者によれば、貨幣供給は金融当局の諸行為の結果として変化しうるだけである。そして、貨幣供給が変化するにつれて（他の関連した要因はおおむね一定であるとすると）、物価水準は比例して変化する。それゆえ、インフレーションの原因は、貨幣供給を増加させる政府の行為にある。

自然失業率仮説は、経済が一定の失業率（それは労働組合の交渉力といった制度的諸要因によって決定される）に回帰する傾向をもつとする。失業率をこの自然率から動かそうとするいかなる政策も、短期的には成功するかもしれないが、長期的には加速化するインフレーションという犠牲をともなってはじめて可能である。このことから帰結されるのは、マクロ経済政策は、完全雇用という目標を追求する代わりに、もっぱら一定の増加率で貨幣を供給することに限定されるべきであるということである。このことは、今度は、貨幣所得の増加を安定させることになるだろう。

このようにしてマネタリストたちは、需要管理が長期的に実質生産高（物価が上昇すると増加しうるその貨幣価値とは反対に）や雇用に影響を与えうるという可能性を棄却した。市場経済は自己安定的ではないとするケインズ的見解とはまったく対照的に、マネタリストたちは市場経済は自己安定的で

あるという議論を復活させた。彼らによれば、戦後の（ケインズ的）需要管理のすべてを無価値にしたのは、まさに経済のこの自己安定的特質であった。彼らは、このような政策は雇用を創出しないし、することもできず、ただインフレーションを起こすだけであると主張した。このようにして、需要管理は自由市場経済を著しく傷つけたが、市場経済にとっては物価安定が必須の基礎なのである。

サプライサイド政策

経済政策へのマネタリストのアプローチの第二の特徴は、「サプライサイド政策」として知られるようになったものを強調することであった。いま述べた理由で、マネタリストは需要管理政策のいかなる役割も否定した。しかしながら、個々の家計や企業や産業にサプライサイドから影響を与えることを目的としたミクロ経済政策によって、政府が経済実績を改善するために行動することは認めた。

ただちに注目を集めたこのアプローチの一面は、高額所得者の限界税率を低下させる政策であった。これは誘因を強め、経済発展への経営者的・企業家的貢献の拡大を惹起する目的でなされた。低所得者へのこれに対応する誘因は、賃金に関連した失業手当（とくに、所得比例給付）の減額によって達成されることになっていた。このサプライサイドが展望した他の政策領域は、競争を激化させて特定集団によって行使されていた独占力を縮小するさまざまな試みを含んでいた。これは、とくに労働組合に向けられた。労働組合の力を縮小することにより、より緩慢なインフレーションとイギリス産業の近代化のためのより有利な条件とを、ともに達成できると考えられた。

この見解は、傑出したアメリカ人研究者マンカー・オルソンの主要な研究によって支持された。彼は、緩慢な成長が「分配連合《ディストリビューティブ・コアリション》」に起因すると主張した。中世ギルド、労働組合、雇用者連合といった利益集団のことである。その成員の利益を獲得あるいは維持しようと努めることにより、これらの集団は、変化する諸条件に対応して、新技術を採用したり資源を再配置したりする社会の能力を鈍くした。そのような集団が妨げられずに機能することが許されるのが長ければ長いほど、その力はより大きく、したがって成長を妨げる能力もより大きかった。彼の主張は、異なった歴史上の時期や国からの広範な事例によって例証された。しかし、イギリスは革命や軍事的敗北の衝撃のない長期にわたる政治的社会的安定を享受したので、彼の分析はイギリスの事例にはとくに適合するものである。

結論

経済史家によるケインズ革命に関する近年の研究の貴重な成果は、われわれはいまや、マクロ経済政策の遂行のさいに政府が直面する政策上の制約条件について、いっそう明確に理解できるということである。経済史家が長期間を扱うという伝統的な前提も、「英国病《ブリティッシュ・ディジーズ》」の起源が明らかにケインズ以前にあり、当然ケインズの需要管理という遺産以前であるとするならば、有効に使用されうる。現在の課題は、イギリスの経済問題についていっそう広範でいっそう上質な分析をするために、経済史の情報と理解を用い、また他の諸領域の方法を用いて研究することである。

文　献

(1) C. H. Feinstein (ed.), *The Managed Economy: Essays in British Economic Policy and Performance since 1929* (Oxford, 1983).
(2) S. Glynn and A. Booth (eds), *The Road to Full Employment* (London, 1987).
(3) R. Middleton, *Towards the Managed Economy: Keynes, the Treasury, and the Fiscal Policy Debate of the 1930s* (London, 1985).
(4) M・オルソン（加藤寛監訳）『国家興亡論――「集団行為論」からみた盛衰の科学』ＰＨＰ研究所、一九九一年。M. Olson, *The Rise and Decline of Nations: Economic Growth, Stagflation and Social Rigidities* (New Haven, 1982).
(5) J. Tomlinson, *British Macroeconomic Policy since 1940* (London, 1985).
(6) A・ギャンブル（都築忠七・小笠原欣幸訳）『イギリス衰退一〇〇年史』みすず書房、一九八七年。A. Gamble, *Britain in Decline: Economic policy, political strategy and the British state* (London, 2nd edn, 1985).

第Ⅲ部

社会

第8章　人口成長──イングランド、一六八〇〜一八二〇年

E・A・リグリー

人口成長が「長期の」一八世紀（一六八〇〜一八二〇年）のあいだに急激に加速したということは意見の一致をみていたのだが、にもかかわらずこれまで長いあいだ、その加速の原因に関してはきわ立った見解の相違があった。見解の相違は、人口学的力学《デモグラフィック・メカニックス》とでも呼ばれるものにも（たとえば、出生率、死亡率の変化が果たす相対的役割）、また変化のより広い背景にも及んでいる。以下では、成長率の著しい急上昇に直接関係する人口学的力学をめぐる論争を、解決したかにみえる最近の研究成果について述べてみたい。経済的環境と出生、結婚、死亡のテンポとのあいだの相互作用といったより広範な問題もまた、新たな研究成果に鑑みて議論するに値するものである。そして、これらにつ

いては本章の最後で手短かに触れたい。

古い議論

もし人口が静止状態から急成長の状態へと推移するのならば、死亡率が相当下がらなければならないか、出生率が著しく上昇しなければならないか、あるいは、それほど極端ではないそれら二つの何らかの組み合わせがなくてはならないことは明白である。この二つの要因の相対的重要性をめぐる解釈の相違は、研究の量が増加するにつれて狭められていくことが期待されたかもしれないが、そうではないことが判明している。ここ数年のあいだに、一方の極端な場合には、加速した大部分は増加した出生率によるものであると主張されているし［Krause (3)］、また他方の極端な場合には、ますます加速する人口成長の唯一の原因は、下落しつつある死亡率にあるとされている［McKeown (4)］。もちろん多少異なる見解は数多くある。そのなかでも注目に値するのは、ハバカクの深く考察した著作である［Habakkuk (2)］。一般的には、「死亡率重視」の議論が有力である。マキュインは、説明のためには死亡率低下以外に目を向ける必要はないという議論を、大胆かつ明快に提示するが、その議論はとりわけ影響が大きかった。

古い議論を解決するさいに進展がみられないのは、単純な理由からである。一八〇〇年代と同様に一九七〇年代においても、一八世紀の人口動向に関する経験的情報の一次資料は、ジョン・リックマンが収集した教区簿冊の抜粋であった。最初の国勢調査《センサス》は、一八世紀の人口成長をめぐる活発な論争に続いて一八〇一年に実施された。この論争に応えてリックマン——彼は国勢調査の実施を監督したのだが——は、一八〇一年に生きている者に関する情報を収集したのみならず、各教区の受禄聖職者に一七〇〇年以降の一世紀にわたって折々に記録された洗礼、埋葬、結婚の総数を一覧表にするよう働きかけた。不運なことに、その摘要は重大な欠陥をもっていたので、フリンはその摘要に基づく結果について、「人口の総数の形であれ動態率の形であれ」、それらは「現代の研究目的からは事実上受けいれがたいほど、きわめて不安定な砂上に築かれたものである」と述べた。出生や死亡の数が、記録された洗礼や埋葬の数を大幅に上回っていたことは最初からわかっていた。しかしどちらの場合でも、不足の程度をはっきりさせることは難しく、また同様に、世紀が進むにつれ記録の質が低下していくその時点と程度を測定することも難しいことが判明した。そのうえ、リックマンは一七八〇年以前については洗礼と埋葬のデータを一〇年ごとにしか収集していないのである。一七五四年以降毎年の総計を要請しているのは、結婚についてのみである。

資料が不完全であるということで、問題が終わったわけではない。たとえ記録が完全であったとしても、より洗練された分析技術が欠如していることから、なお正確さが欠けることもあるだろう。再び根本的な困難に直面した。従来の人口学的尺度は、母集団人口（国勢調査から通常得られるストック）を数えあげ、特定のタイプの事項の数（人口動態登録から通常得られるフロー）を数え、そして事象の発生の程度を表す「率」を導きだすことによって決まる。したがって、粗出生率を計算するということは、総人口の情報と出生の総フローの情報を必ずともなうのである。また、年齢別死亡率は、通常、たとえば二五歳から二九歳の男性とするならば、その年齢の総数とその年齢集団における死亡数を知ることで決まる。ところが一八〇一年以前には国勢調査がないため、ストックなしに従来の方法をうまく使うことは難しいのである。もっとも単純な率でさえ、利用可能な証拠の類から巧妙に引きだすことができるかどうか、疑わしいようである。もし粗出生率と粗死亡率が正確に推計されえないならば、なおさらいっそう緻密な尺度は導きだされえないのである。

新たな方法と新たなデータ

しかし、資料の不完全さと技術的問題はともに近年大部分が克服されており、その結果としていくつかの古い難問は、今日ではさほどやっかいなものではなくなっている。技術的問題は、二つの進歩によって解決された。第一の方法の家族復元は、一つの家族を構成する個人に関する記録を互いに結びつけることができるということによっている。家族復元は、教区簿冊が洗礼、結婚、埋葬がそろって記録されている者の名前を記載しており、かつ、各人を明白に識別するのに十分な情報を提供するところでのみ実行可能なものである。骨の折れるものではあるが、家族復元は個々の教区の人口史について非常に詳細で精密な情報を提供することができる。対照的に第二の方法の逆進投影は、諸事項の総数を必要とするのみである。しかし、その総数を一連のデータの最後の時点で確かな年齢データをもつ国勢調査に「つなぎとめる」ことができるならば、この方法は望むままの間隔での総人口の推計のみならず、年齢構造の詳細、粗出生率、粗死亡率、粗結婚率、そして

粗再生産率（**GRR**）とは、平均的女性が、出生可能期間が終了するまで生存すると仮定して、一般的出生率で産むであろう女児の数を測るものである。それゆえそれは出生の「純」尺度である。

出生時平均余命（e_0）とは、同様に死亡率の「純」尺度である。それは一般的な特定年齢死亡率を生きる新生児の年数を表す。それゆえ、それは人口の現在の年齢構造のような、偶発的要因によって影響されない。

純人口移動の推計をも生みだすであろう。この方法はまた、二つのもっとも有益な総合的な人口学的尺度の算出に必要な情報を提供するものである。すなわち、粗再生産率《グロス・リプロダクション・レート》（GRR）と出生時平均余命《エクスペクテーション・オブ・ライフ・アット・バース》（e_0）である［Wrigley (5), Wrigley and Schofield (7)］。これらの尺度の定義は囲み記事を参照されたい。

資料の問題は、リックマンが開発した資料に立ち戻って取り組まれてきた。最良の質の教区簿冊が、復元作業に利用されてきた。すなわち、一五三八年の教区簿冊制度の設立から一八三七年の国による人口動態登録の開始までの全期間にわたって、四百の教区簿冊の各標本について月ごとの洗礼、埋葬、結婚の総計が算出されたのである。登録上の偏りや誤りや不完全さのいくつかの原因を適切に修正したことから、それらの教区簿冊から、ヘンリー八世の晩年からヴィクトリア時代の初めまでの出生、死亡、結婚の全国総計の推計を得ることができるようになった。

新たな方法を新たなデータと結びつけることで、ついに「長期の」一八世紀における変化の行程が明らかになった。表8-

1は、一六八一年から一八二一年までのイングランドにおける人口成長と各一〇年ごとの「その前の一〇年と比較した」複式年平均増加率を示したものである。総人口は二時点のあいだで一三三％増加しているが、成長は一四〇年間のうちの後半に非常に集中している。最初の五〇年間の成長の低さが強調されるべきであるとしても、これは驚くほどのことではない。一七三一年の人口は一六八一年に比べてわずか七％多いにすぎないのである。そしてこれは、問題の期間にわたって、粗出生率が千分比で年率一・三しか粗死亡率を上回らないのと同じことである。

表８-１　「長期の」18世紀のイングランド（モンマスを除く）における人口成長

	総人口	前の十年間と比較した複式年平均増加率
1681年	4930千人	
1691	4931	0.0％
1701	5058	0.3
1711	5230	0.3
1721	5350	0.2
1731	5263	－0.2
1741	5576	0.6
1751	5772	0.3
1761	6147	0.6
1771	6448	0.5
1781	7042	0.9
1791	7740	0.9
1801	8664	1.1
1811	9886	1.3
1821	11492	1.5

出典）Wrigley and Schofield, *The Population History of England*, Table A3.1, pp. 528-29.

出生率か死亡率か

図８-１は粗出生率と粗死亡率の軌跡を描くもので、この期間の大きな変化の背景についての第一印象を伝えている。各値は、各時点を中心とする五年間を指すものである。この手法により、年率のもつ上下の激しい動静が相当にならされるため、長期的な傾向は認識しやすくなる。一七一〇年頃までは、二つの率のあいだのいかなる差もたいしたものではなかったが、その後これらはしだいに離れ

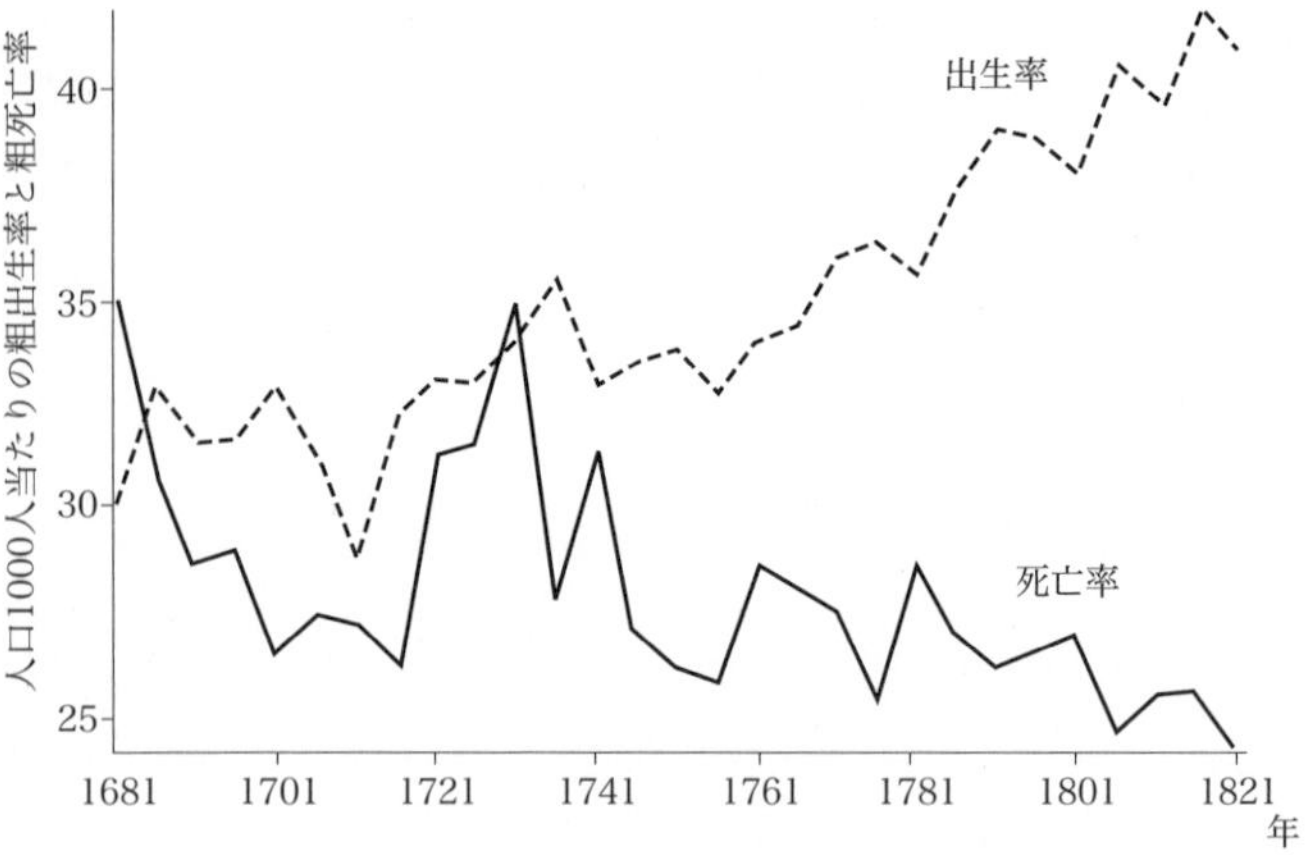

図8-1　1681～1821年の粗出生率と粗死亡率

ていき、一九世紀初期には出生率が五〇％ほど死亡率を上回るまでになった。二本の線の動向がもたらす全般的な印象は、下落する死亡率よりも上昇する出生率のほうが、成長率の急激な高まりに貢献したことを示している。しかしながら、「粗〇〇率」というものは、ときにその根底にある状況の指標としては誤りやすいものであり、とくに囲みで定義されている粗再生産率（GRR）や出生時平均余命（e_0）といった、より厳密な尺度を考察することが望ましい。

これら二つの尺度は、図8-2に示されている。このグラフによれば、「長期の」一八世紀のあいだに、GRRが二・〇強から約三・〇まで五〇％近く上昇したのに対して、e_0はおよそ三二年から三九年へ、たかだか二〇％上昇したにすぎなかったことがわかる。短期的な影響が与える衝撃をさらに小さくするために、グラフの値は各年を中心とする一五年間を指すものとなっていることを補足しておこう。

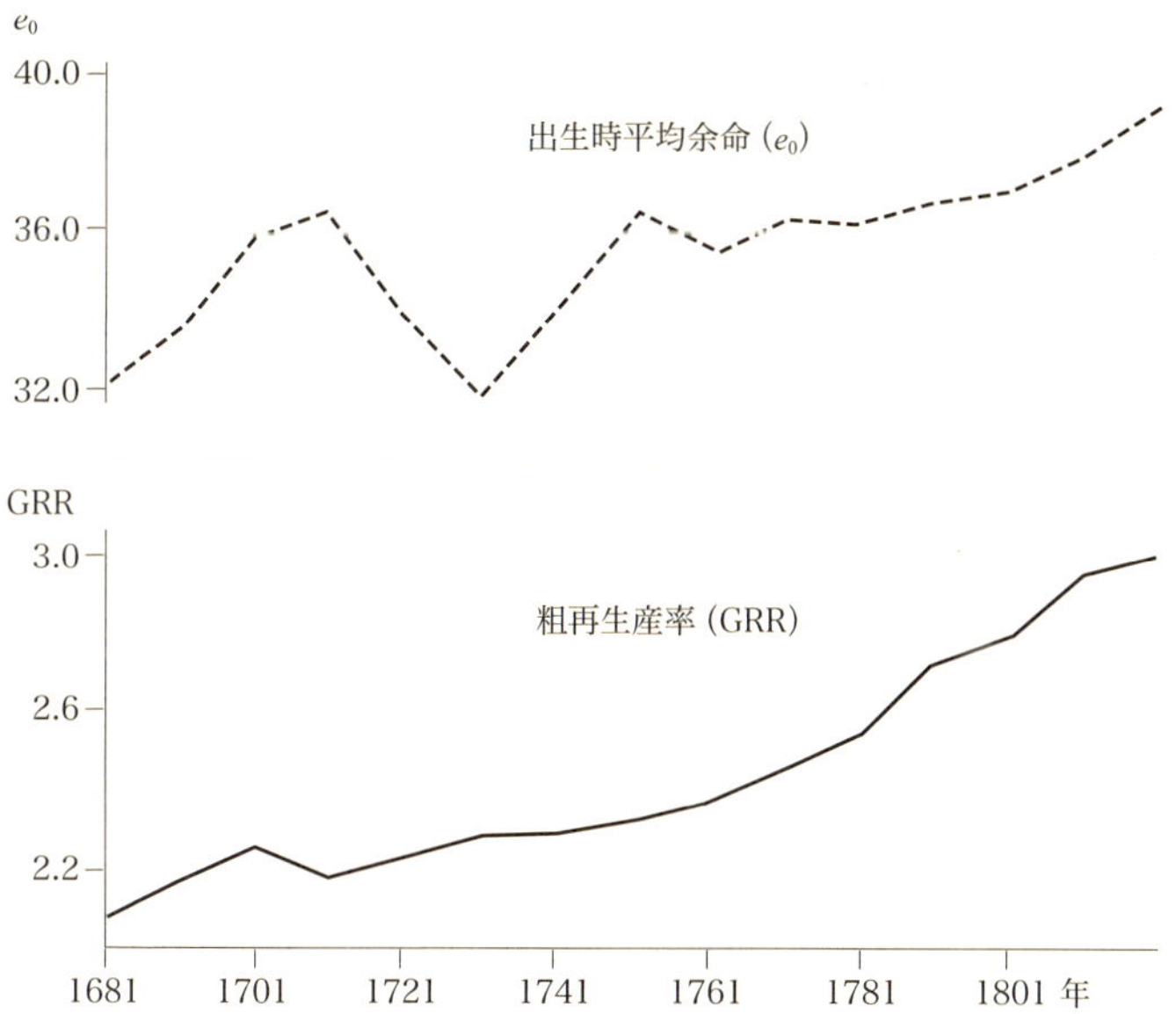

図8-2　1681〜1821年の出生時平均余命と粗再生産率

GRRやe_0は粗出生率や粗死亡率に比べるとなじみの薄い尺度であるが、それらは有益な分析上の諸特性をもっており、リックマンの時代からじつに多くの努力が費されてきた問題を解決するのに役立つものである。

図8-2に示されるデータを用いると、「長期の」一八世紀のあいだに起こった人口成長の加速化のうち、三分の二もしくはそれ以上は出生率の上昇によるものであり、死亡率の改善によるものは三分の一もしくはそれ以下にしかすぎないことが証明できる。また、死亡率だけで加速化のすべてを説明するには、一八二〇年から第二次世界大戦終結時までの偉大な医学進歩の時代に達成されたのと同じ程度の死亡率の改善が、一六八〇年から

一八二〇年までのあいだになされていなければならないはずであるということも明示されている。こうした考察は、一九世紀以前の人口成長の唯一の鍵として死亡率の変化を主張する者たちが、しばしばとるかなり極端な立場は疑わしいことを強調するものである。

出生率上昇の諸原因

それでは、実際に起こったかなり大きな出生率上昇の原因は、いったい何であったのか。これまで提出されたデータは、すべて逆進投影の技法で得られたものである。このさらに踏み込んだ争点を解決するために、われわれは問題への計り知れない洞察をもたらす家族復元に注意を向けなければならない。エリザベス朝からヴィクトリア朝のあいだの婚姻出生率《マリタル・ファーティリティー》（有配偶女性出生率）の水準においてはいかなる変化を示す証拠もないという事実によって、問題は非常に単純になった。家族復元研究によって得られた年齢別婚姻出生率は時を経ても変化していないし、また、それらは民籍登録の初期の数十年間に収集された一九世紀中期のデータから導きだされた婚姻出生指標と食い違うものでもない。そこで出生率の上昇は、主として結婚性向の変化、すなわち女性の結婚年齢や生涯未婚率の変化によるものでなければならないということになる。

　経験的な証拠が、論理的な推測を裏づけている。女性の初婚年齢は、「長期の」一八世紀のあいだに約二六・五歳から二三・五歳へとおよそ三歳下落している。生涯未婚率もまた、一七世紀後半の各年齢群のおそらく一五％から一八世紀後半のわずか七％にまで下落している。婚姻出生率が不変の水準であるとすると、これらの諸変化は図8-2に示されているGRRの上昇分のほとんどすべてを説明するのに十分であろう。不足分は非嫡出子出生の割合の増加によって説明されるが、これは出生率の全面的な上昇にわずかに寄与したにすぎない。要約すれば、結婚類型の変化が、静止《ステーショナリー》人口から成長率のピークへの動きの主要な原因であったことがわかったのである。

紙幅の都合から、最近得られた知識の含意をひととおり概観することしか許されないが、次の二つのコメントは、研究が新たな方向をとるにつれて明白になってくるであろう考察すべきことを示すのに役立つであろう。

結婚、生活水準、経済成長

第一に、結婚はその変動が主として人口成長の傾向を左右する重要な変数であったということの発見は、結婚の決定に影響を及ぼす社会的経済的環境に注意を集中させるべきであることを示している。あらゆる社会において、結婚とはその当事者のみならずその両親、より広い親族関係、そして社会全体の熱い注目を集めるきわめて熟慮したうえでの行動である。しかしながら、西ヨーロッパでは明らかに独特なのだが、結婚のタイミングは生物学的な誘因によって効果的に決定されていたわけではなかった。他のところでは、女性にとっての結婚は、性的成熟の到達と密接に結びついたものであった。人生のこの時期に夫をみつけられないときには、恥と不名誉が少女とその近しい親族にまとわりついた。その結果、結婚は非常に早く、また、ほとんどすべての女性に及ぶものであったため、百人の女性のうちわずか一人か二人が、通常目にみえる精神的あるいは肉体的障害がもとで結婚しないにすぎなかった。対照的に、西ヨーロッパにおいては初潮に近い結婚はきわめて稀であり、女性は平均して約一〇年間を性的に成熟しながらも結婚せずに過ごした。さらに、多くの女性が生涯にわたり結婚しなかった。女性の平均初婚年齢が二三歳から二七歳の範囲にあり、また、五%から二〇%の女性が未婚のままであったことは、このような特徴をよく示している。

イングランドにおいては、結婚が短期的にも長期的にも経済的環境に敏感であったという証拠がある。物価が高い年は教会のポーチへあまりカップルがやってこない年であったのみならず、実質所得の世俗的な改善や悪化は結婚性向の上昇や下降に反映された。そのような傾向は、しばしば数十年間にも及んだのである。結果的に、他の前工業化社会と比べると、そこには利用可能な資源と人口とのあいだの首尾よい調整へのより大きな機会があった。また、近代初期のイングランドにおいて達成された比較的高い生活水準は、ある程度はイングランドという環境のなかで「ヨーロッパ型」結婚システムが機能した成果であったのかもしれないことを示す証拠もある。このことは、産業革命の背景をめぐるいかなる議論でも現れるであろう要素である。全般的な要点は簡単なものである。すなわち、もし結婚行動が経済的環境に敏感であるならば、資源への厳しい人口圧力を回避することが可能であり、人々は比較的高い実質所得を享受することができ、そして成長を促進するようなタイプの経済変化に対して、より大きな機会がありうるであろうというものである。しかし、「ヨーロッパ型」結婚システムは、さらにいくつかの明白な利点を与えた。たとえば、人口の年齢構造は主としてその出生率によって決定されるため、イングランドにおいてみられる晩婚とそれに結びついた低い出生率は、インドや中国のような国々よりも養うべき子供が比較的少ないような好扶養率をもたらしたのである。さらにまた、女性がそのもっとも活力に満ちた年代の多くを労働力として、結婚や扶養する子供にとらわれずに過ごしたという事実は、異なる結婚システムをもつ社会のものとはおそらく違った稼得、貯蓄、支出のパターンを形成したのであろう。

「低圧力」人口動態のダイナミクス

第二に、近代初期全般のイングランドの人口史に関して、興味深い逆説を表す関連する主題がある。他のヨーロッパ諸国の人口がもっと緩慢に成長していたのに対して、イングランドの人口は一五五〇年から一八二〇年までのあいだにほぼ四倍に（三〇〇万から一一五〇万へと）増加したのである。フランス、ドイツ、イタリア、そしてスペインは、すべて五〇％から八〇％のあいだで成長していた［Wrigley (6)］。この対照はきわ立ったものである。一六世紀中頃にはフランス、イタリア、ドイツ各国の人口がイングランド全体の四倍から六倍であったのとは対照的に、一九〇〇年までにイングランドは、他の三国と並んでほぼ同じ規模の人口を抱える西ヨーロッパの「四大国」になる過程が始まったのである。イングランドは、ヨーロッパ以外のあらゆる地域と比べて、また、西ヨーロッパの多くの他の地域と比べてさえ、出生率、死亡率ともに穏当な水準にある「低圧力《ロウ・プレッシャー》」の人口動態を示していた。

全工業化経済に関するありそうな仮定に基づけば、総生産の急速な成長を達成することが困難であるような社会における「低圧力」の人口動態は、（他の条件が同じであるならば）出生率、死亡率がともに高い水準にある「高圧力《ハイ・プレッシャー》」の場合に比べて実質所得のより高い均衡水準へと帰着することを示すのは容易である。人口は多くはないが、人々はより裕福である。しかしながら、イングランドの歴史は、「高圧力」が支配するところと比べてより急速な産出と人口双方の成長が達成可能であるということが、「低圧力」という条件のもとでの人口と経済のダイナミクスであろうことを示している。相対的に高い実質所得は、経済成長を促進するような需要、貯蓄、資本投資の構造への影響力を通して利益をもたらすであろうし、また生活水準の低下を同時に引き起こすことなく、人口を増やすことを可能にする。一時点における低人口を意味するような同様の特徴は、長期にわたる相対的に急速な成長を可能にするであろう。

手短かに概観する場合には、歴史的変化のもつ複雑さを正しく評価できないという、失敗をともなう単純化を避けることは難しい。この問題が、新たな知識に鑑みて一八世紀イングランドにおける人口成長の経過とその方法を略述する場合でも、また新たな状況のもつ含意の大要を述べる場合でも、ともに例示されていることは疑いない。簡潔さの代償は、部分的な歪曲である。そのことを埋め合わせる利点があるとすれば、それは顕著な点を容易に拾いあげることができる点にあるのであろう。近年、イングランドの人口史は長年にわたった不明確さを脱ぎ捨てて、新たなきわ立った特質を得ている。そのまま列挙することは、斬新なものをより容易に識別するという有益な目的に資するものである。

文　献

(1) M. W. Flinn, *British Population Growth 1700-1850* (London, 1970).
(2) H. J. Habakkuk, 'English population in the eighteenth century', in D. V. Glass and D. E. C. Eversley (eds), *Population in History* (London, 1965).
(3) J. T. Krause, 'Changes in English fertility and mortality, 1780-1850', *Economic History Review*, 2nd series, XI (1958).
(4) T. McKeown, *The Modern Rise of Population* (London, 1976).
(5) E. A. Wrigley (ed.), *An Introduction to English Historical Demography* (London, 1966).
(6) E. A. Wrigley, 'The growth of population in eighteenth-century England: a conundrum resolved', *Past and Present*, **98** (1983).
(7) E. A. Wrigley and R. S. Schofield, *The Population History of England 1541-1871: A Reconstruction* (London, 1981).

第9章　生活水準と工業化

R・フラッド

近代イギリスの社会史と経済史の学徒は代々、「生活水準論争《スタンダード・オブ・リビング・ディベート》」と格闘してきた。ピーター・マサイアス［Mathias (4)］がそれを「イギリス経済史でもっとも長く続いている単独の論争」と呼んだのは誇張ではない。それは、「イングランドの状態という問題」という外観をとって、エンゲルス、ディズレーリ、チャドウィック、マコーレーのような一九世紀中頃のさまざまな人々につきまとった。他方二〇世紀では、それはアシュトン、クラッパム、ハートウェル、ホブズボーム、トムスンのような著名な歴史家の研究の中心問題であった。その論争では、多くのさまざまな知的アプローチが使われた。この論文では、過去のイギリス国民の身長を測定することで生活水準の変化を描くという、新しい方法を検討する。

生活水準の測定

論点は多くの方法でくり返し定式化されてきたが、核心的な問題は依然として、イギリスにおける産業革命がイギリスの労働者階級の生活水準に与えた影響はどのようなものだったか、という点にある。このような一見明白な問題でさえ、「影響」とは何を意味するのか、「産業革命」はいつだったのか、「労働者階級」をどのように定義するのか、「生活水準」の変化をどのように測定するのか、といった多くの問題を抱えている。

他の多くの歴史上の論争でもそうであるが、測定は生活水準論争の中心問題である。もし変化を測定する方法について合意できなかったら、それを記述することも分析することもできない。この場合は、中心となる論点は「生活水準」をいかに測定するかについてである。おおむね二〇世紀には、生活水準は、労働者たちの平均貨幣所得をそれらの労働者たちが購入する「商品群」の価格で割ったものと定義されてきた。この計算は二つの方法で行なわれるが、これらは「下からの《ボトムアップ》」アプローチと「上からの《トップダウン》」アプローチと表現するのがもっともよいだろう。

下からのアプローチは、労働者諸集団に支払われる賃金の多数の例を収集することに依拠している。それからこれらの賃金を平均すると、一人当たりの貨幣賃金が得られる。これとは対照的に、上からのアプローチは、一年間に経済が生産した財とサービスに対して支払われる価値の合計を推計することから始まる。これが国民所得であり、それを人口の大きさで割ると、一人当たりの国民所得の推計値が得られる。これらの二つの一人当たり推計値の年々の系列は、通常は指数として表現される。それからその系列は価格に関する情報と比較される。下からのアプローチでは、労働者階級のなかの代表的な消費者の購入を表す商品群の価格を用いる。上からのアプローチでは、生産された商品とサービスの価格をできるかぎり多く用いる。賃金を物価で割ることにより、実質賃金ないし実質所得の指数が得られる。

実際はこれらの方法はどちらもはるかに複雑であり、それらを用いたり調整したりすることが多くの論争を引き起こしてきた。専門的方法は、実質所得や実質賃金の測定によって生活水準に関して実際に何がわかるのかという、より根本的な問題から注意をそらしている。その解答は、適切に測定されれば測定から多くのことがわかる、というものである。今日の隣人の所得や消費性向を知ることによって、彼らの職業、生活様式、態度について多くのことがわかるが、ちょうどそれと同じように、過去の男女の実質賃金を知ることによって、彼らの生活が明らかになる。今日、さまざまな国について一人当たり国民所得を比較することで多くのことがわかるのとちょうど同じように、長期間にわたる一国の国民所得を比較することにより多くのことがわかる。

何が欠けているのか

実質賃金も実質所得も、過去の人々の生活の仕方についてすべてを語るわけではない。かつてエリック・ホブズボーム［Hobsbawm and Hartwell (3)］がこのテーマの議論で述べたように、「人はパンのみに生きるのではない」。生活には、ある一時点における物価騰貴を調整した賃金以外に、数多くのことがあるのである。

明らかに排除されていることは、人の寿命である。イングランドとウェールズにおける出生時の平均余命は、一七八〇年には約三五年であったが、一八四〇年には約四〇年に延びた。その上昇の大部分は一八二〇年までに生じたものである。換言すれば、異なる社会集団のあいだや全国の異なる地域に住んでいる人々のあいだで相変わらず大きな違いはあったものの、平均して一人五年間長く生きたのである。別の表現をすれば、一七七〇年に生きていた人より一八四〇年に生きていた人のほうが、全体としてその実質賃金や実質所得を一四％長い期間享受したのである。大部分の人にとって、このことは生活水準におけるかなりの向上を意味したであろうが、実質所得と実質賃金の増加の通常の測定では完全に無視されていたことがある。これらの測定は、ある時点での所得や賃金を比較しているのであり、生涯所得額《ライフタイム・アーニングス》ではないのである。

他の例を示すこともできる。新しい輸入食品が入手できるといったようないくつかのことは、生活水準の上昇とみなされるが、しかし過密都市で水から感染する伝染病が流行したというような多くのことは、生活水準を下落させたと普通は考えられるだろう。一九世紀都市の煤煙公害は、この両方面に直面する一つの例である。それは、工場が増加し、それによって雇用と賃金を手に入れる機会が広がり、家庭に石炭の火がもたらされたことを示しているが、他方、同時にそれは、数多くの都市住民を呼吸疾患により死に至らしめたことを非難している。

したがって、実質所得や実質賃金の測定に還元できないような生活の多くの局面を並べあげることが可能である。もしそれらのすべてが時間とともに実質所得や実質賃金と同じように変化するならば、ほとんど問題はなかっただろうが、しかし煤煙公害の例が示すようにそうではないのである。ではどのようにそれらをまとめ、これらの生活の諸局面を過去の生活水準の描写に役立たせることができるのだろうか。

一つの方法は、実質所得や実質賃金を測定することから始め、それを他の生活水準の諸側面と関連させて上下に調整する方法である。もしある特定の期間に、賃金が一五%上昇し、さらに平均余命が一〇%延びたならば、生活水準は二五%上昇したと推論できるだろう。しかし、いくつか問題がある。たとえば、公害の増加率を査定することは容易ではない。とりわけ公害は、都市から地方に至るまで非常に多様であるためである。また、綿布のような新しい消費財が入手しやすくなったことの利点を査定することも容易ではない。

加えて、同じことを重複して計算してしまうことも、きわめてありうることである。これは二つの場合に起こりうる。第一に、一五%上昇した賃金のうちいくらかは、より良質な食品や改善された水の供給に費やされて平均余命を一〇%延ばす一助となった、と考えるのは奇抜なことではない。第二に、二つの変化が並行して生じているかもしれない、ということである。たとえば、ある特定の病気にかかる機会が減少することと、その病気から助かる機会が増加することを別々には論じにくい。双方が生活水準を上昇させるのだが、しかしそれらは容易には分離されない。

したがって、実質所得や実質賃金の諸変化や生活水準の他の諸局面について、われわれはきわめて多くのことを学んできたにもかかわらず、他の測定方法を探し続け、それらの他の方法がいままでのわれわれの知識にどのように付加するのかを探求することは、いまなお意味のあることである。そのような探求において、今日われわれのまわりで起こっている生活水準の諸変化をどのように研究者が記述しているかを調べることも、また意味のあることである。

栄養状態という概念

そのような方法の一つが、栄養状態を測定するという方法である。歴史家たちは、現在と過去に人々が摂取してきた飲食物や栄養の諸変化に、長いあいだ関心をもってきた。しかし人類生物学者は、栄養や飲食物は話の一部分にすぎない、としだいに強調するようになった。人間の身体は食糧と暖かさを吸収し、身体を順調な状態に維持したり、幼年期や青年期には成長したりするために、このような栄養分を使う。また、労働意欲を持続し、病気と闘うためにも栄養分は必要である。もし、これらの働きに見合うだけの十分な栄養分を摂らなければ、その働きのすべてを効率的に行なうことはできないだろう。このことは活動を鈍らせたり、労働するとき力を抜かせたりするかもしれないが、しかしすぐに所得を引き下げることになりそうである。この栄養不良の悪循環は、低開発国に共通する特徴である。

人類生物学者は、栄養摂取を成長や労働や病気の克服と均衡させるものとして「栄養状態《ニュートリショナル・ステイタス》」という用語を用いて、人間の身体の状態を記述している。彼らが発見したのは、さまざまな指標が利用可能であるけれども、おそらくこの均衡を示す最良の指標は幼年期と青年期の身長と身長の成長速度である、ということである。このことは、個人についても集団についても、多少異なる点はあるものの当てはまることである。

図9‐1に示されるように、成長のパターンはすべて同じである。その図は、身長の分布を百分位数で示している。たとえば九七・百分位数とは、九七％の男子が年齢ごとに示された身長以下であり、三％のみがそれを上回っていることを意味している。同じように、五〇・百分位数（通常、中央値《メジアン》として知られているが）は男子を二分しており、半数が示された身長より高く、半数が低い。そして三・百分位数とは、九七％の男子が年齢ごとに示された身長以上であり、三％のみが下回っていることを意味している。このグラフにおける位置は、両親からの遺伝的性質、いくつかのランダムな要素、および育った環境の諸影響が混合したものを反映している。たとえば重病や飢餓や精神的心的外傷に苦しんだといったように、もしその環境が変われば、成長は滞り、停止することさえあり、図9‐1に示された線の一つから他へ移ってしまう。これは、近年の児童虐待の多数の事例において観察されてきたことである。

個々人のではなく、人々のある集団全体の身長を考えるときには、遺伝的要素、ランダムな要素、環境的要素は合わさって、一つの年齢群においてある身長の分布範囲を示す。しかし、遺伝的

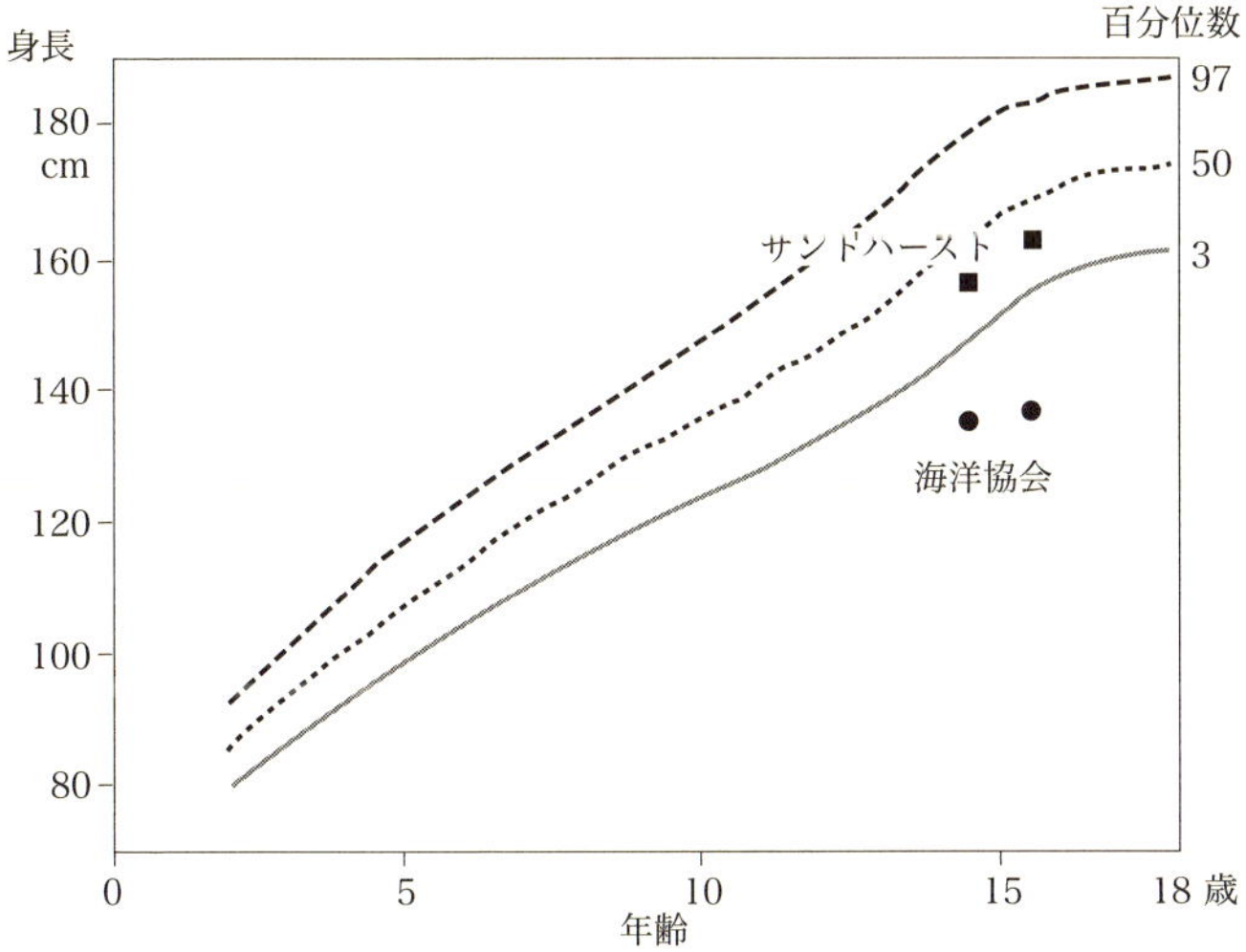

図９-１　19世紀初期のイギリス人男性の身長にみられる階級的差異および現代イギリス人男性との比較

要素とランダムな要素は極端に緩慢に変化するため、人々のある集団の平均身長における時間的な変化のほとんどすべては、変化する環境の影響に帰することができる。換言すれば、平均身長の諸変化（栄養状態の変化を測定するものである）は、変化する生活状態を集約しているのである。

平均身長のような指標によって測定されるような、栄養状態に対する環境の影響は、非常に複雑である。とくに人間の身体は、持続的な期間の困窮や病気に反応して、より緩慢ではあるがより長期間にわたって成長する傾向がある。低開発国の人々の集団は、幼年期や十代のあいだは先進世界の標準よりとても背が低いようにみえがちであるが、先進国の現在の成長の型よりも長期間成長し続けるため、成人に達するときまでにはその差の多くを補うことができる。このことから、図9‐1のように成長のグラフ全体を検討することが重要であり、年齢に関する尺度は、常に注意深く用いることが大切であることがわかる。

歴史家と栄養状態——歴史家はどのようにこの知識を活かすことができるか

第一に、人口の平均身長、あるいは人口の下位集団の平均身長の変化は、栄養状態の変化の指標として使うことができる。今世紀に数多くの国々で人々の平均身長は著しく変化しており、これが平均的な栄養状態が向上したことを意味している、というのは共通した認識である。

第二に、異なる集団の平均身長における差異は、それらの相対的な栄養状態についてよい指標を提供してくれる。今日でも、イギリスでは異なる社会階級の平均身長には著しい差異があるが、過去にはそれらの差異はさらに大きかった。

第三に、栄養状態を特定の病気の影響と関連づけるよい証拠がある。身長の研究は、過去にそれらの病気が流行したことを説明するのに役立つ。

まず、社会階級をとりあげよう。表9-1は、現在と百年前の異なる社会階級における男女の平均身長を示している。分類方法は違うけれども、当時は現在よりも社会的な差異がはるかに大きいことが明らかである。これらの差異は、成人期において明白であるが、前述した理由により幼年期と青年期ではさらに著しい。一九世紀初期における階級的な差異の大きさをとくに劇的に描写したものの一つは、二つの文書から得ることができる。それはロンドン海洋協会《マリーン・ソサエティー》と、サンドハースト

表 9 - 1　1880 年代と 1980 年代における平均身長の社会経済的差異

社会階級	18 歳 1880 年代		16 ～ 19 歳 1980 年代
専門職業人	173.4 cm	I および II	176.5 cm
商業従事者	171.3	III 非肉体労働者	174.8
都市熟練職人	166.6	III 肉体労働者	174.7
労働者	169.0	IV および V	173.0

出典）1880 年代：Final Report of the Anthropometric Committee of the Association for the Advancement of Science（London, 1883）.
1980 年代：Adult Heights and Weights. The Report of a Survey by the OPCS（London, 1984）.

王立陸軍士官学校《ロイヤル・ミリタリー・アカデミー》の文書である。

海洋協会は、ロンドンの路上から子供を連れてきて船乗りの仕事を与え、貧しい子供とイギリス海軍・商船艦隊の双方を援助するための慈善団体として、一七五六年に設立された。一七七〇年と一八七〇年のあいだに五万人の少年がこのようにして救済され、協会はそれらの少年全員とその両親の記録を保管した。集められた情報のなかには、各少年ごとの年齢と身長がある。それより少し遅く一八〇六年から、王立陸軍士官学校が同じ情報を集め始めた。しかし、それはまったく異なる少年の集団についての情報だった。その入隊者は、貴族や陸海軍の上級将校の子弟、そしてある程度は専門職業人階級の子弟だった。

この記録では他にも数多く似たような比較ができるのだが、図9-1は、ある時点のある年齢（一四歳）の二つの少年集団の身長が対照的であることを示している。二つの身長の分布がほとんど重ならないので、その年齢ではほとんどすべての上流階級の少年は、ほとんどすべての下層労働者階級の少年より背が高かった、と推定できる。このような極端な差異は、成人期になればたしかに小さくなっただろうが、それでもその差異は、現代の水準からすれば依然として大きなものであったと同時に、たまたま居合わせた観察者にもすぐに識別できるものだった。フリン［Flinn (2)］は、とくに困窮している手織り工の集団を一八四〇年に訪問した後、工場監督官の一人が言及したことを引用している。「彼らは身体が衰えている。彼らの集団全員が、急速にリリパット（小人）のように小さくなっている。彼らから選抜歩兵連隊を組織することはできないだろう」。

図9-1は、二つの集団の少年が現代の水準からみると、いかに背が低かったかをも示している。その対照性は海洋協会の少年の場合もっとも大きい。彼らは今日の先進国のいかなる少年の集団よりもはるかに背が低く、低開発国の大半の集団よりも背が低かった。もっとも類似するのはニューギニア高地のいくらかの人々である。彼らの身長は、一九世紀初期の労働者諸階級がこうむった困窮の疑いのない証拠である。しかし、サンドハーストの少年は、その特権的な環境にもかかわらず、現在の上流階級出身の同様な集団の身長ほど背が高くない。いくつかのありうる理由を次に述べよう。

長期間の諸変化

一九世紀初期の労働者階級の子供たちの困窮の程度は驚くべきものであるが、困窮が存在したこと自体は驚くに値しない。その困窮については同時代の観察者によって十分に裏づけられており、すでに計算された所得水準によって説明されている。もし身長という証拠が歴史家にとって有用ならば、イギリス人の諸集団の身長に生じた、それゆえ栄養状態に生じた長期の諸変化についても、その証拠から何かがわかるにちがいない。

ここでその証拠に向き合わねばならない。事例調査がイギリス人の成人の身長について行なわれたのは一九八〇年が初めてだったが、学校身体検査による子供についての情報は、第一次世界大戦直前にまでさかのぼる。それより前の時期については、他の諸目的のために独自に集められたデータに頼らなければならない。海洋協会のような若干の例外はあるが、これは軍隊からのデータを意味する。年齢や身長を含む何百万人もの入隊者の記録は、一八世紀半ば以降集められ、公記録保存所《パブリック・レコード・オフィス》［現在の国立文書館《ナショナル・アーカイブズ》］に保管されている。

これらの記録には長所と短所がある。最大の長所は、それらが何百万人もの労働者階級の構成員を記録していることと、その情報は入隊前の民間の職業や出生地、そして陸軍か海軍か海兵隊かという新規入隊先によって容易に分類することができることである。他の証拠と比較してもまた、軍隊の入隊がおもに自発的であったにもかかわらず、労働者階級からきわめて多数が集められていたことがわかる。流布している神話とは反対に、軍隊の入隊者が実際に、おもに国民の最底辺から集められていたという証拠はないのである。

この証拠の主要な短所は、逆説的ではあるが、身長と栄養状態を同一視することに起因する。軍隊の新規入隊募集人は、自分自身の観察から、背の高い兵士はより栄養状態がよく、より軍隊生活の過酷さに耐えることができると信じていたので、入隊候補者を選別する彼らの最初の手段は、身長に基づいたものであった。異なった軍の部隊は異なった基準を用いたが、どこでも背の低い者は不合格にしており、それゆえそれらの者についての詳細は通常、軍隊の記録には現れない。したがって、現存する記録は、背の低い者を除いた、偏りのある労働者階級の男性の標本であり、それから計算されたいかなる平均身長にも偏りができるだろう。

この問題に対処するために用いられてきた統計的方法は、詳細な点は複雑であるが、概念的には単純である。身長の分布は、正規分布の釣り鐘型カーブを描く。軍隊の記録からは典型的に、このようなカーブを描いた分布が得られるが、そのカーブは頂点から下方に向かって募集人が背の低い者を不合格にした点までである。しかし、このカーブの型はとても明白なため、カーブの上半分を用いてカーブ全体を推定し、これにより、標本の偏りを修正した平均身長を推計することができる。

これらの方法を用いて図9－2のように、一八世紀半ば以降にイギリス人男性の身長に生じた長期間の諸変化を推計することができる。これからわかることは、身長が一八世紀末と一九世紀初期に上昇し、一八二〇年代と一八三〇年代に生まれた者で頂点に達し、その後減退期が始まり、一九世紀末まで漸進的にすぎないが元に戻っていく、ということである。先進国の他のすべての国と同じように、はるかに速い増加が二〇世紀に生じた。イギリス人の身長はこのときに、他の多くの北ヨーロッパ諸国の身長に抜かれてしまい、いまではオランダ人とノルウェー人が、世界一背の高い国民である。

これらの結果は、生活水準論争の一構成要素として、所得の研究から導かれた証拠に重要なことを付け加える。クラフツが第五章で示したように、それらの研究の結果はたえず修正されてきたが、

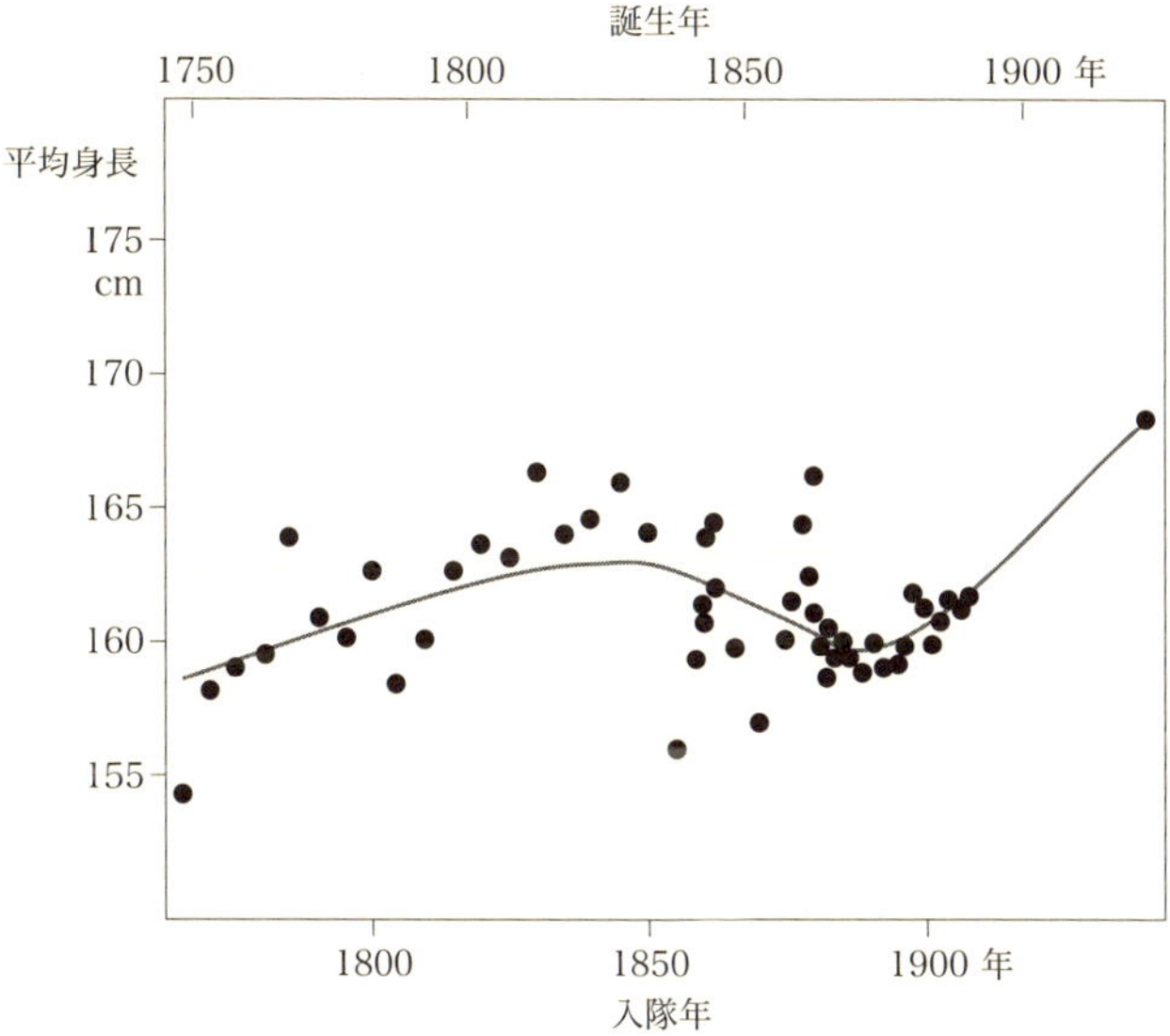

図9-2　1750年以降の軍新兵18歳男性の平均身長

それらは一八世紀末と一九世紀初期における実質所得の著しい上昇を示している。その時期は、身長のデータが栄養状態の著しい向上を示唆し、死亡率が鋭く低下する時期であった。同様に、二〇世紀における実質所得の上昇と、健康と栄養状態の向上を示す証拠は明白である。

身長のデータによる重要な新しい貢献は、一九世紀の第2四半期および世紀末に至るいわゆる大不況期におけるものである。双方の時期において、実質賃金と実質所得の著しい向上は、栄養状態の向上をともなわなかったようにみえる。なぜそうだったのだろうか。

けっして確かではないが、一九世紀の第2四半期についての答は、物理的環境や疾病環境の諸変化のなかにあるように思われる。都市の発展とそれにともなう都市の疾病――一八二〇年と一八六〇年のあいだに死亡率の水準はほとんど変わらなかった――は、身体の成長を遅らせて当然である。なぜなら、子供は当時の過密な住居で、風土病や流行病と苦闘していたからである。海洋協会の子供は、彼らが直面した苦闘のひどさを示す生々しい証拠である。病気は、上流階級も完全には防ぐことができなかったのだが、それはサンドハーストの入隊者が今日の貴族階級ほど背が高くなかったという謎を解く鍵ともなるだろう。

一九世紀の第４四半期において実質所得と身長という証拠が一致しないことも、病気に関係しているだろう。なぜなら、一九世紀末までは幼児死亡率の著しい低下がなかったからである。加えて最近の研究によって、失業の影響でその子供たちの成長が急速に遅くなることが明らかになった。身長という証拠は、失業の過酷さを示す指標であるだろう。失業はこの時代の特徴であると考えられてはきたが、測定するのは非常に難しいのである。

将来の可能性

身長のデータは、より多くの可能性を提供する。ここでは、異なる職業のあいだでの平均身長の多様性を記述することはできなかったが、それは実質賃金率という証拠について興味深い補足を提供する。監獄や東インド会社、イギリス海軍・商船艦隊の記録のような他の情報源は、まだ研究されないままである。ヨーロッパの他の国々や北アメリカにおける身長についての研究の発展によって、イギリスをより広い脈絡のなかでますます理解することができるようになっている。

もちろん、解釈の問題は多数ある。栄養状態、それゆえ身長は、環境のなかのあまりに多くのことを一つにしてしまう尺度であるというまさにその理由によって、身長のある特定変化を一つの特定の原因に関連づけることがしばしば困難になる。人類生物学者たちも、子供がある成長過程においてもっとも決定的な年齢について、意見を異にしている。幼年期や青年期にどの程度の不快さや環境改善があれば、その子供が幼時から開始した成長過程の妨げになるのか、明確ではない。

これらの問題にもかかわらず、身長データにより与えられる栄養状態という証拠は、古いがまだ究明されつくしてはいない問題を研究するための、興味深い新たな方法を提供する。生活水準論争はくり返しなされるだろう。

文　献

(1) N. F. R. Crafts, 'The Industrial Revolution: Economic Growth in Britain, 1700-1860', *ReFRESH*, **4** (Spring 1987). 本書第5章所収。

(2) M. W. Flinn (ed.), *Report on the Sanitary Condition of the Labouring Population by Edwin Chadwick* (Edinburgh, 1965).

(3) E. J. Hobsbawm and R. M. Hartwell, 'Standard of Living during the Industrial Revolution: A Discussion', *Economic History Review*, 2nd series, XVI (1963).

(4) P. Mathias, 'Preface' to Taylor [5].

(5) A. J. Taylor (ed.), *The Standard of Living in Britain in the Industrial Revolution* (London, 1975).

第10章　女性と社会――一八七〇年以降の連続性と変化

J・ルイス

たしかに女性が基本的な歴史教科書のほとんどにおいて欠落していることは、十分立証されていることなので、とくに女性の歴史家たちがなぜ女性の過去を研究する必要性を感じてきたかを理解することは、容易である。しかしながら、この研究と他の型の歴史研究とのあいだには交流がまずほとんどみられず、そのことは女性史を近代史におけるいっそう一般的な解釈へと統合することを困難にしている。理想的にいえば、女性の経験についても、男性と同様に労働の経験とか社会福祉施策の効果とかいった主題を扱うなかで、議論されるべきであろう。

評価の変化

しかしながら実際には、近代史における女性の地位の特性を評価することは、さまざまな問題を提起する。それはこのことが、「女性の解放」あるいは「女性の地位の向上」に寄与する法的要因、社会的要因、経済的要因、そして政治的要因を考察することを必然的にともなうからである。しかし、長期にわたる女性の地位の諸変化は、そのようなレッテル張りが意味するほどには型にはまったものではない。というのも、一九世紀後半の人々の大多数が経験したような類の物質的条件への回帰を望むのは、男性であれ女性であれ、われわれのなかにはほとんどいないのであるが、それにもかかわらず、女性史を「解放」への直線的進歩という観点からみることは不可能だからである。アイヴィ・ピンチベックの古典的研究『産業革命における女性労働者、一七五〇〜一八五〇年』（一九三〇年）は、解釈が楽観的であった。ピンチベックは、家族賃金が徐々に出現し、男性と女性の役割が一家の稼ぎ手と主婦とにますます専門化することを、進歩的発展とみなした。それは女性を賃金労働の重荷から解放し、女性により多くの余暇と慰楽をもたらし、そしてまた、女性にピンチベックが女性こそ最適任であると信じた育児と家事という仕事を追求することを可能にした、というのである。一九三一年には、既婚女性のわずか一一％が就業していたにすぎない。実際、女性の経済活動率（無給の家事従事者を除く）が一八六一年の国勢調査《センサス》に記録された水準に再び達したのは、ようやく一九六一年になってからである（表10‐1を見よ）。フェミニストたち、および既婚女性の五八％にあたる現在の女性就業者のおそらく大多数は、進歩や解放の内実についてのピンチベッ

表10-1　1861～1981年のイギリスにおける女性の労働参加率

	全女性[a]に占める女性就業者の割合 独身	既婚	合計	全労働力[b]に占める女性の割合
1861年			42%	31%
1871			42	31
1881			39	30
1891			38	30
1901			36	29
1911	66%	10%	37	29
1921	67	9	36	29
1931	70	11	37	30
1951	72	24	40	31
1961	77	34	46	33
1971	70	49	55	37
1981	69	57	61	39

注）a　1861～1951の期間は15～64歳、1961～1971年は15～60歳、1981年は16～60歳の女性を対象としている。
b　全年齢
出典）*Census of Population.*

クの考えを否認するだけでなく、職場での性差別の程度や男女間賃金格差の比率に驚くべき連続性があることを指摘するだろう。

重要なことは、女性の地位の連続性と変化に関する多少とも均衡のとれた評価に達することであり、変化が単純な直線的進歩という観点から捉えられるとする考えに疑問を呈することである。さらに、両性間のより大きな平等をもたらす、女性の生活の一つの領域における諸変化にともない、他の領域でも同様の進歩が生じることは必ずしもなかった。未婚と既婚の女性の経験、あるいは労働者階級と中産階級《ミドル・クラス》の女性の経験は、同一の次元で語られるべきではない。たとえば、女性に開かれた職業の範囲が一九世紀末に拡大したというのは正しいけれども、このことは労働する既婚女性の数には影響しなかったし、中産階級の若い女性が結婚前に就業するのが一般化したのは、第一次世界大戦後になってからである。同様に、（女性の健康状態のもっとも重要な決定要因の一つである）女性の出産経験に関していえば、一九世紀末期までには中産階級の女性はより小さな家族をもつようになったが、労働者階級の家族規模は戦間期まで顕著な下降を示さなかった。当時の調査でさえ、一九三〇年代末に労働不能な疾病をもっていた労働者階級の既婚女性は、第一次世界大戦直前と同じくらいいたことを示している。

フェミニズムの諸側面

女性を可視化するという本来の願望に沿って、多数の歴史家が一九世紀と二〇世紀のフェミニズムの諸側面を探究してきた。オリーヴ・バンクスは著書『フェミニズムの顔』〔Banks（1）〕のなかで、フェミニズムの三つの要素――福音主義、同権主義、社会主義――を明確にした。しかしこれは、フェミニストの思想や行動の複雑な性質を的確に包摂するには、あまりにも整然としすぎる図式である。たとえば、福音主義フェミニストのジョセフィン・バトラーも、同権主義フェミニストのミリセント・フォーセットもともに、ほとんどの女性の才能は元来家事向きであるとするヴィクトリア期のダーウィン主義科学の議論を使って、これらの徳目を家庭を越えたより広範な領域へと拡張することを強調した。

フェミニズムの影響が疑問視されるのは、よく起こることである。たとえば、後期ヴィクトリア期に中産階級の女子教育に払われた関心が増大したことは、フェミニストの熱望の結果であると同じ程度に、当時の普通教育改革運動の結果である、とある人々からみられているし、また、婦人参政権運動の選挙権獲得への貢献は、長いあいだ議論の的であった。しかしわれわれは、一九世紀と二〇世紀初期のフェミニズムの重要性を、あまり狭く判断することに慎重であるべきである。キャロル・ダイハウスは著書『成長する少女たち』[Dyhouse (2)] のなかで、寄付金による新しい私立女子学校は一八九四年までに二百校あったが、そこでは少女たちに新たな役割の模範と同階級への同化手段を提供したことを、説得力をもって論じた。そのことはまた、家族の紐帯を緩めることにも成功した。同様に、婦人参政権運動は、広範な、ときには女性嫌悪者の反対に直面するなかで、選挙権を政治的課題として保持することに成功した。

法制上の改革が女性の地位の変化にとっていかに重要であったかは、議論の的になっている。一九五〇年代という早い時期に、リチャード・ティトマスは、社会における女性の地位の変化の説明にとって、法的諸権利の獲得よりも妊娠や出産のパターンの変化のほうがより重要であることを示唆した（出産傾向の変化は図10‐1に図示）。女性史に関する近年の文献のほとんどは、こうした諸要因の重要性を認めて、女性の生産と出産の経験に焦点を合わせている。だが、女性たちがそのなかで生活していた法的枠組みを過度に軽視してしまう可能性もある。一九世紀には、既婚女性は法人格も市場での契約締結資格ももっていなかった。女性の性格、能力、地位に関する科学的考え方と福音主義的な考え方を総合すると、このことはとくに中産階級の女性が経験した明確な領域の分離ということを大部分説明する。離婚に訴える機会が欠如していることや、夫に家事や性的用役を提

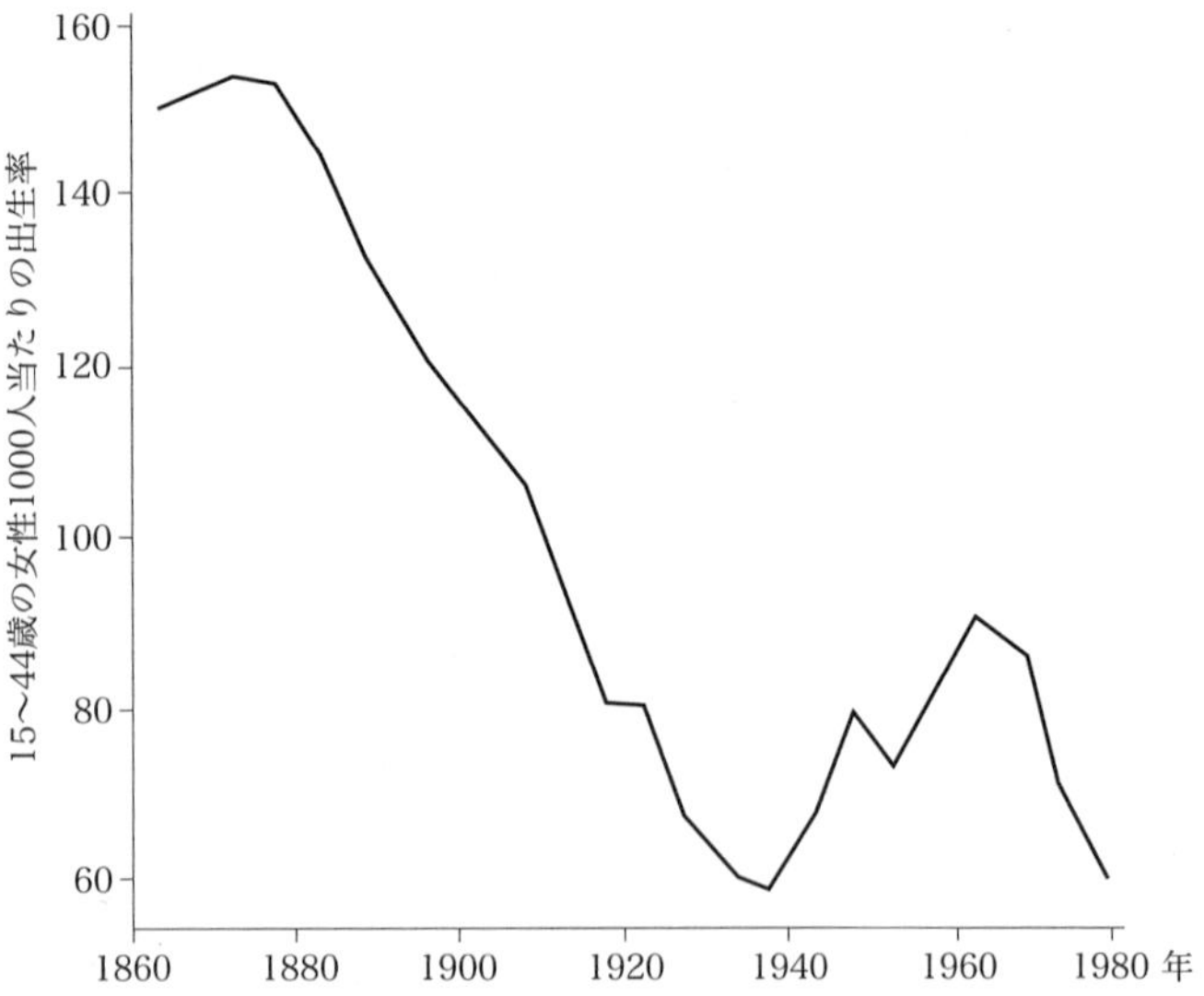

図 10 - 1　1860 年代から 1970 年代までの出生率の変化

供することが法的に義務づけられていることが、女性にとっての結婚の意味に与えた影響を探査することに、われわれはようやく着手したばかりである。

家庭と家族

この分野でのもっとも刺激的な近年のある研究は、女性の（とくに労働者階級の女性の）家庭と家族に関する経験を再構築することを試みてきた。ものいわぬ集団について叙述することには困難があり、多くの女性史家は、あまりさかのぼらない過去を探究するために口述の歴史《オーラル・ヒストリー》という新しい技術を有効に使っている。インタビューを、自伝や（ブースやローントリーによる調査のような）当時の社会調査や（M・S・ペンバー・リーヴスやM・スプリング・ライスといった）社会調査家の論評や国勢調査のデータといった資料と結合して使用することによって、われわれは労働者階級の生活像を構築し始めることができる。このような考察は、社会学者たちによって提示された考察よりも格段に現実性がある。この社会学者たちは、夫と妻の関係が性的に分離されたものから「均整のとれた《シンメトリカルな》」ものへと順調に発展し、また母と子の関係が放任から養護へと移行したとみなしている。

それにもかかわらず、歴史家が同じような史料を調べながら非常に異なった解釈に到達することは、ありうることである。エリザベス・ロバーツの近年の著作『女性の場所』[Roberts (3)]は、女性がやりくりのために用いたさまざまな戦略——質入れ、借金、物々交換、間貸し、裁縫や洗濯、派出婦——を、生き生きと詳細に描いている。今世紀初めの労働者階級の女性たちは、直面する困難にもかかわらず自分たちの行なう仕事を誇りに思い、また、大半の事例において夫と妻の仕事は補完的であった、とロバーツは結論している。女性たちは、夫を家庭にもたらす賃金の額と規則性で評価する傾向があり、反対に彼女たちは、限定された財源でやりくりする能力によって評価されることを期待していた。しかし、『労働と愛、家庭と家族における女性の経験、一八五〇〜一九四〇年』[Lewis (4)]におけるパット・アイヤーズとジャン・ランバーツの研究は、稀少な財源によって生起する策略と緊張を強調し、家庭での暴力《ドメスティック・ヴァイオレンス》が夫婦間の性的分業を強制するという最終的解決をもたらしたことを強調している。双方の解釈とも重要であり、どちらか一方が数字上、より意義があると判断することはできない。おそらくは労働者階級の女性たちは、さしあたり『ウィガン波止場再訪』［Campbell (5)］のなかでベアトリックス・キャンベルが描写した女性たちと大差ないような仕方で、男性支配を受容したり憤慨したりしたのであろう。

一九世紀末および二〇世紀に妻たちや母たちが忍従した物質的条件は、著しく改善の方向へと変化した。戦間期には、夫が常勤である労働者階級の家庭の妻たちは、ガスで料理することを始めたり、新住宅地のバスルーム付きの家への移転を考え始めることができた。中産階級の女性にとっては、戦間期の近代的な郊外住宅は労働節約的な装置でよりよく設備されており、住み込みの奉公人か通いの手伝いがおり、子供の数も少なかったので、ヴィクトリア期の多人数の家事手伝いや第二次世界大戦後に一般的であった奉公人のいない家よりも、より多くの余暇を女性にもたらしたといえよう。もっとも重要なことは、家族規模の縮小であった。第一次世界大戦直前に「女性協同ギルド《ウィメンズ・コーポラティヴ・ギルド》」が収集した妊産婦の書簡が胸を打つほどに示すように、女性は自身の身体について無知であり、女性による産児制限の実践に必要な避妊具やプライバシーを手に入れられなかったことが、結局ひんぱんな妊娠や尋常ならざる苦痛をもたらした。近年の研究は、避妊具の使用の増加について多数の理由を提示してきたが、避妊は一八七〇年頃に始まる「人口統計上の変転《デモグラフィック・トランシジョン》」として知られる出生率の低下をもたらした（図10－1を見よ）。「自発的な母性《ヴォランタリー・マザーフッド》」の権利を行使する女性の決意を強調する者と、「紳士的な設備《パラフェネーリア・オブ・ジェンティリティー》」を実現したり自分自身や子息にとっての職業の上向移動を実現するために、家族数を制限するという男性の願望に一義的に重点をおく者とのあいだで、見解が分かれている。おそらく、家族規模は夫婦間の交渉で決められたのだろう。ダイアナ・ギティンズは、労働者階級の家族規模の戦間期における縮小に関する研究『公正なる性』〔Gittins (6)〕のなかで、ますます私的になる家庭の世界を中心に生活する夫婦のほうが、むしろ仕事場の文化や配偶者のそれぞれの交友範囲を中心に生活する夫婦よりも、たいていの場合は理想的な家族規模を達成したと結論している。

家庭外での雇用

家族と仕事の経験のあいだの連関を指摘することは、新しい女性史の主要な貢献である。たとえば、女性が伝統的に労働組合に少数しか参加しないということは、若い女性の組合や仕事場との関係には女性親族が介在し、その親族はしばしば彼女たちの最初の職をみつけたり組合費を払ったりしたという方法との関連で、理解されるべきである。換言すれば、若い女性労働者たちは、組合や仕事場と間接的に関係していたのである。二〇世紀初期の著述家たちは、女性たちがやがて結婚し、男性の「家族賃金《ファミリー・ウェイジ》」に依存するようになることを明確に予期して、女性の職や女性の賃金率についての観念を受容していたようである、としばしば書いた。

労働者男女が、政策立案者と同様に、家族賃金という概念を理想として信じていたことは明白である。労働組合の家族賃金の闘争は、それが男性の稼ぎ手《ブレッド・ウィナー》の賃金を上昇させる程度に即して、労働者階級の家族に利益をもたらした、と主張することができる。しかしながら、闘争は女性労働者を犠牲にして遂行されたのであり、家族の内部では家族賃金制度は、妻が家庭で奉仕するという特権を男性が得る程度に即して、男性の利益になったのである。加えて、家族賃金がまったく実現されなかった程度に即して、女性たちは家事と賃労働という二重の苦役を背負うことを余儀なくされた。同時に、彼女たちは国民保険というような政府の福祉立法からの援助をほとんど受けなかったが、それは女性の経済的依存が典型的であると想定していたのである。

一九世紀末および二〇世紀初めを通して、既婚女性は就業しないことがより尊敬できる《リスペクタブル》ことと信じられた。実際、労働史家たちは、「尊敬できる態度《リスペクタビリティー》」の達成にさいし、妻たちが果たした役割を認識し始めている。尊敬できる態度の可視的な表示には、掃き清められた戸口の上り階段や「滞納記録のない」家賃簿といったことが含まれていたが、しかしそのようなことを達成するのも、旧式な家事技術や予測できない収入のなかでは困難であった。独身女性もまた、「尊敬できる」職業に従事することにしばしば執心した。このことは、倉庫での仕事が低賃金ではあるが軽作業で清潔だったために、機械作業よりはるかに好まれたことを意味した。シドニー・ウェッブが一八九一年に述べたように、「女性の仕事にとっては、その職業の『上品さ《ジェンティリティー》』が依然として報酬の一部として受容されている」のであった。

一九世紀において女性が賃労働する機会の範囲は、主として繊維製造と家事奉公に限定されていた。（おもに独身の）働く女性の数は、一九世紀第４四半期における職業構造の変化によってはじめて増加をみた（表10‐1を見よ）。「白い仕事着《ホワイト・ブラウス》」の仕事（おもに教育、小売、事務労働、および看護）に従事する女性数は、一八八一年から一九一一年のあいだに一六一％増加した。それにもかかわらず、何らかの形態の家事奉公はなお、じつに一九三一年まで単独で最大の雇用であった。第一次世界大戦中における女性の職種の拡大は、永続的効果を上げなかった。しかし、女性たちの意識は、戦争中の経験によってたしかに変化した。第一次世界大戦中のヴェラ・ブリテインから第二次世界大戦中のネラ・ラスト（バローの取付工の妻）までのさまざまな自伝は、以前の無意味な決まりきった家事労働に容易には戻れなかったことを示している。

今日に至るまで、女性の仕事はたえず低賃金で、男性の仕事とは性的に差別されていることを特徴としてきた。女性が伝統的に同一労働に対し同一賃金を受けとっていた繊維産業においてさえ、女性が同額を稼ぐことはめったになかった。というのも、女性は男性より労働時間も短く織機数も少なかったし、自身の織機を調節したり整備したりできるとはみなされていなかったからである。一九〇六年には全成人女性繊維労働者の平均賃金は一五シリング五ペンスだったが、これは独身女性にとっての最低生存費とみなされた境界線上にあった。その他の全産業における一八歳を超える女性の平均賃金は、一二シリング一一ペンスであった。

女性の仕事に関する利用できる一般的記述はほとんどないが、女性の低賃金と低い地位の原因については、多くの論争——歴史家のあいだでよりも、社会学者のあいだでのほうがよりひんぱんである——がある。男性の職種別労働組合《クラフトユニオン》が女性労働者を排除する傾向があり、また医療などの職業では、男性によって支配されていた専門職団体もそのような傾向にあったことは疑いない。しかし、雇用者や女性自身もまた、いかなる仕事が女性にとって適切か、そして女性に何ができるかについての固定観念を共有していた。労働市場における女性の地位は、労働者男女、労働組合、雇用者、そして国家のあいだでの複雑な諸変化によってのみ説明されうるし、またさまざまな職業の変化する性質と構造との関連でのみ説明されうるが、その性質と構造の変化は今度は生産の規模と技術、および労働組織の方法に依存するのである。女性の仕事の経験や期待が、不熟練労働か単純な事務作業（実際、熟練労働とは、女性によってはなされない労働であると定義されるようになった）に主として限定されたので、彼女たちがその賃労働を家族経済に影響を与える補助的なものと考えざるをえなかったのは、もっともなことである。有益な要約書である『女性、仕事、そして家族』［Tilly and Scott (7)］で、ルイーズ・ティリーとジョン・スコットは二〇世紀の女性を、より個人主義的な態度へと向かいつつあり、自分自身の満足のために労働している、と記述した。これが不熟練低賃金の女性労働者の大部分に生じたかどうかは疑わしい。

行動家かそれとも犠牲者か

女性史に関する近年のすべての文献に共通する主要な解釈上の問題点は、女性たちが「犠牲者《ヴィクティム》」――国家、男性の労働組合員、そして夫の手による――とみなされるのか、それとも、自らの運命を制御する活動的な行為者《アクティブ・エイジェント》とみなされるのか、という点にある。これを評価するさいの問題の一部は、女性史家たちはしばしば研究史料として家事便覧や幼児養育手記のような指南書に依拠せざるをえないという事実からきており、そしてこれらの文献が当時の行動をどの程度まで規定したり反映したりしたのかを評価するには、しばしば困難がともなうのである。一九世紀の中産階級の女性の場合には、受動的で職をもたない「家族の天使《エンジェル・オブ・ザ・ハウス》」という伝統的な像が、当時の文献では理想として描かれ、多くの歴史教科書で無批判に受容されてきたが、この伝統的な像は近年の詳細な研究にさらされている。このことは、女性たちが依然として訪問したり名刺を置きに行ったりするといった、時間を浪費する愚鈍な儀礼的慣習を行なっていたことを否定するものではないが、しかし『最良のサークル』[Davidoff (8)]でレオノア・ダヴィドフが正しく示したように、このような慣習を何の目的ももたないものと解釈するのは誤りであろう。まさしく労働者階級の女性たちが家庭での尊敬できる態度の監督者であったのと同様に、中産階級家庭の女性たちは新旧の富の区別を維持する責任があった。

中産階級の女性の生活は、今日では家庭の領域に狭く限定されていないし、労働者階級の女性が家族経済の必要に応じて賃労働につくことに加えて、きつい家事労働を行なったり、ひんぱんに妊娠したりすることは、もはやない。第二次世界大戦以降、家事奉公人の数が減少したり家庭用電気器具をより多くの人が所有するようになったことは、家族規模が小さくなったこととともに、家庭と家族に関する女性たちの経験という点からは平準化として作用してきた。さらに大戦以降、既婚女性の労働市場への参入という点からは、革命ともいうべきことがあった。シャーリー・コンランの「スーパーウーマン」――専門職を維持し社交的であり、しかも家を最大の効率でもって維持する中産階級の女性――の規範は、一九世紀の中産階級女性にあてられた規範とはこれ以上違いえないというほど大きく違ったものであろう。重要なことには、家庭の領域において主要な責任を担うとされるのは依然として女性たちであり、彼女たちは依然として低賃金で地位の低い職にある、ということである。

変化に対する連続性、法制的要因に対する社会経済的要因、あるいは女性たちの描写を犠牲者と

図10-2　婦人の投票に対する、婦人参政権論を唱える女性の見方
ジョン・ブル「私の傘（参政権）はわれわれ全員を守る」。
ジョン・ブル夫人「いいえ、違いますよ、ジョン。私自身も１票をもたなければなりません」。

するか、それとも活動的な行為者とするか、というような相対的重要性を考えるさいに、特定の歴史的期間における特定の社会階級の女性たちに可能なライフサイクル上の経験を考慮することが一助となろう。というのは、私の見解では、そうした考察は、教育機会、慣行的信念、法的障害、雇用構造、健康状態、その他諸々の変化を、女性たちがそのなかで行動してきた境界とみなすのに役立つからである。たとえば、われわれはフランシー・ニコルの二〇世紀初めの経験(『サウス・シールズのフランシー・ニコルの生涯と時代』で、ジョー・ロビンソンによって語られている)をあげられよう。フランシーには苦痛をともなう出産や飲んだくれの夫は忍従すべきものであり、困窮な時期は予期されるものであった。階級や貧困や貧弱な教育、さらに自分自身の身体に関する無知や夫婦間の従属によってフランシーに課せられた制約は、観察者には明らかである。しかし、彼女は無限の活力と臨機の才をもって行動し、子供たちを支えるためにフィッシュ・アンド・チップスの店を開き、夫が利益分を飲み干しに戻ると再び最初から出なおした。今日では離婚するのはもっと容易になり、産児制限や国家による福祉の恩恵はより容易に可能になったが、しかし独身の母親の大部分はなお、自分自身が単独で子供を養育する責任にとらわれ、また貧困と市場性の高い技術の欠如とにとらわれているのに気づくのである。

挿絵は婦人参政権運動の時期のものだが、そのメッセージは今日でも依然として正鵠を射ているので、これが示す以上のより広い意義をもっている。過去一世紀にわたり女性たちは多様な変化の恩恵をこうむってきたが、しかし彼女たちの行動を限定し可能性を型にはめてしまう限界は、依然として存在するのである。

文 献

(1) O. Banks, *Faces of Feminism* (Oxford, 1981).
(2) C. Dyhouse, *Girls Growing Up in Late Victorian and Edwardian England* (London, 1981).
(3) E. Roberts, *A Woman's Place: An Oral History of Working-Class Women, 1890-1940* (Oxford, 1984).
(4) J. Lewis (ed.), *Labour and Love: Women's Experience of Home and Family 1850-1940* (Oxford, 1987).
(5) B. Campbell, *Wigan Pier Revisited* (London, 1984).
(6) D. Gittins, *Fair Sex: Family Size and Structure, 1900-39* (London, 1982).
(7) L. Tilly and J. Scott, *Women, Work, and Family* (London, 1978).
(8) L. Davidoff, *The Best Circles* (London, 1973).
(9) S. Lewenhak, *Women and Trade Unions* (London, 1977).
(10) A. V. John (ed.), *Unequal Opportunities: Women's Employment in England 1800-1918* (Oxford, 1986).
(11) J. Rendall (ed.), *Equal or Different: Women's Politics 1800-1914* (Oxford, 1987).
(12) J. Weeks, *Sex, Politics, and Society: The Regulation of Sexuality since 1800* (London, 1981).

第11章　イギリスの福祉国家——その起源と性格

P・セイン

「福祉国家」が何を意味するかについて、明確にしなければならない。「福祉国家」は一九四五年に日常用語の一部になり、それ以降慣例的に使われてきたが、それは適度な生活水準をすべての国民が維持することを国家の重要な役割の一部として認める国家を意味する。国家はこの広い目標を、現金給付および（あるいは）扶助の提供、財政制度上の減免税、労働市場の規制など、さまざまな方策により達成しようと努めるだろう。実際、近代国家の活動の多くの部分は、何らかの福祉的内容をもっている。

過去一世紀のあいだに、このような諸活動は規模、範囲、費用《コスト》の点でたしかに拡大してきた。しかし、このような拡大の諸々の原因と結果は複合的である。もしこの過程を、国民の生活水準が改善したかどうか――これは、第9章でロドリック・フラッドが論じた課題である――という関連する問題から切り離して分析するならば、いっそうわかりやすい。家族や任意的組織や私的組織といった他の機関と関連させると、こうした改善を生じさせるうえでの国家による福祉の正確な役割は、別個の主題としてもっとも的確に考察される。これらの過程は明らかに関連しあうものだが、それらが自然にともに進歩すると想定すべきではない。国家による福祉の方策が、福祉の全般的水準の向上を意図したものであったとしても、これらの諸策は必ずしもそのように作用するとはかぎらない、という点に留意することも有益である。これは諸方策の唯一の目的でもなかった。そして、現在の国家が過去に比べていっそう福祉機能を果たすという事実は、国家が福祉の提供者として他の機関にとって代わったことを必ずしも意味するものではない。むしろそれらの役割は、あいたずさえて拡大してきたのである。最後に、社会立法の意図された結果が、しばしば実際の成果と同じではないことを知るのは有益である。

一八七〇年代以降における福祉の変化への圧力

一八八〇年までに中央政府および地方政府は、福祉機能の重要な範囲について責任をもつようになっていた。救貧法が、切迫した貧困者に給付や扶助の枠組みを提供するうえでもっとも重要な機関であった［Rose (1)］。一八七〇年代以降、救貧法はますます広い範囲にわたる貧困者たち、すなわち疾病者、老齢者、孤児、捨て子に対し、より専門化され、より罰的性格の弱い、制度化された養護を提供した。しかしながら、この時期における制度的な養護の拡大の理由は依然として明らかではなく、いっそう研究が必要である［Crowther (2)］。

救貧法制度の行政官たちは、無力な貧困者に対する施設内の支給を拡張しようと努めていたが、同時にまた、在宅の人々に対する院外救済《アウトドア・リリーフ》という形の現金給付を打ち切ろうとした。可能な場合には、労役所《ワークハウス》外での扶養の責任を、家族か慈善か雇用者に移すことを目的としていた。このようにして、行政官は最終的には一八三四年の新救貧法の目的を実現すること、すなわち労働可能な貧民に対する院外救済を廃止することを望んだ。しかし、中央の救貧法当局が政策のそのような画一性を地方の行政官——救貧監督官——に課すことは困難だった。救貧監督官というのはかなりの自主性を保持しており、救貧税から収入という形で引きだす財源は一律ではなく、また多様な問題に直面していた。したがって、実行するうえで地方ごとの差異が存続した。しかしながら、長期的にはそのような多様性は、中央からの圧力の結果減少した。これは、過去一世紀のあいだの社会政策史における重要な一つのテーマ——地方政府に対する中央による統制の着実な強化——の例証である。

一八八〇年代から中央政府は、救貧法以外に福祉機能を拡張するようにとの圧力を、しだいに強く受けるようになった。これは、いくぶんかは救貧法行政官自身の活動から生じたものである。病人のような「有資格」集団に対する施設内の支給が改善されるにつれ、なぜ彼らが抑止的な救貧法のような不人気な体制のなかにとどまるべきなのかは、ますます不明瞭になった。院外救済の廃止もまた、老齢者や一人親家族のような慣例的に「有資格」とみなされてきた人々にとって苦難を生みだした。家族や任意的組織は、それ以前の公的施設に完全にはとって代わることはできず、そのためいっそう大きな困窮が生じた。これは必ずしも、家族が生活の苦しい親族を援助する気がなかったからではない。ある者はただ単に、自分たち自身が貧しすぎたために支援できなかったのである。また、高齢の貧困者の多くは親族をもたなかった。すなわち結婚することのなかった者、子供をもたなかった者がいる一方で、子供が移民したり死亡したりする者もいた。親族がいる場合には、親族が貧困者にとっての主要な援助の源だったとする有力な証拠がある。加えて、富者からの慈善、あるいはそれほど豊かではない者からの慈善も、多少助けになったかもしれない。しかし、巨額の寄付にもかかわらず、慈善基金に対する拡大した要求はあまりに大きかったので、増大する必要を満たすには不十分なことが明らかになった。

その結果として高齢の貧困者のあいだで苦難が強まったことは、一八七〇年代末以降、国家による老齢年金への要求が高まった重要な理由であった。同様の要求は、第一次世界大戦前後の時期に家族手当という形の母子に対する現金給付の要求が出るまで、なされなかった。救貧法による母子の処遇は、一九世紀末における幼児、子供、そしてその母親への支給の新形式をつくることを求める、政府に対するきわめて広範な圧力の一つにすぎなかった。

イギリス国民が身体的に虚弱であるということが憂慮され、改善措置を求める政府への圧力が強まったが、このような憂慮はしばしば、一八九九年から一九〇二年にかけてのボーア戦争中に陸軍新兵の貧弱な身体状態が発見されたことに始まるとされる。そのような憂慮は、こうした戦争中の発見により強まったのだが、それ以前の二〇年間にわたってすでに明白なことであった。悲惨な状況のもとでの何世代にもわたる都市生活が、国民の体格の虚弱化をもたらしているという危惧の念がしばしば表明された。評論者たちは、イギリスが世界でもっとも都市化した社会であり、人口の一〇分の九が都市部に居住するという事実を指摘した。国家的衰退をもたらすと解釈された危惧の念は、幼児の継続的な高死亡率と、一八七〇年以降の出生率の低下によって強まった。家族規模の縮小は、裕福な者のあいだでもっとも急速だったが、彼らこそが「国民資産《ナショナル・ストック》」のなかで身体的にもっとも健康な見本とみなされていたのである。これらの不安は、イギリスが激化する経済的帝国的対外競争に直面したときには、いっそう深刻になった。したがって、現在と将来の必要のために健康な労働者や兵士を養育することは、きわめて重要であるとされた。

拡大された国家的福祉への態度

諸々の圧力の結果、一八八〇年代から中央政府と地方政府に以下の要求がなされた。すなわち、住宅と衛生の改善、母親と年少児童への廉価な牛乳供給に対する補助、学校における医療看護と給食の提供、そして虐待と放置からの児童の保護である。これは世紀末までに、全国立法や地方当局あるいは任意的組織の活動という形でいくらかの効果を上げた。しかし、家庭生活への国家の介入は最小限にすべきだと依然として信じている人々からは、反対があった。これには貧困家庭自体も含まれており、彼らは生活への公的介入とみなされるものにはしばしば憤慨した。同時に、貧困者は積極的援助には感謝したようである。人口の三〇％から四〇％（あるいはそれ以上）は、人生のある時期に困窮を経験すると予想されたが、彼らは国家による福祉に複雑な態度を示した。一八六七年以降、選挙権の拡大は地方的および全国的レベルできわめて多数の労働者階級の男性を含み、また地方レベルでは多数の女性も含んだが、それは疑いもなく国家による教育、住宅、保健、失業者保護の提供を拡大し改善せよという要求を強めた。それはまた、そのような提供がなされなければ、労働者階級の政治組織が伸長するだろうとの信念を政治家のあいだで強めた。

すべての労働者が、創立まもない労働党のなかでさえ、国家が主要で恒常的な福祉の役割を担うということを支持したのではなかった。労働者の多くは、完全雇用と適正賃金を確実にするために、国家が労働市場を統制する役割を引き受けることに、より高い優先順位を与えた。これは、より多くの人々に自助《セルフ・ヘルプ》を実践させ、貧困のおもな原因だった低賃金や不安定就業《アンダー・エンプロイメント》からの回避を可能にする利点をもつものとされた。これはせいぜい長期的な目標となりうるものであり、労働者の多くは、より短期的には国家だけが彼らにはよく知られている規模の貧困を救済しうる財源をもっていることを認識していた。その貧困の規模は、チャールズ・ブースのロンドン調査（一九〇二年に刊行完結）とシーボーム・ローントリーのヨーク調査（一九〇一年刊行）で、より多くの読者に明らかにされた。

エドワード期の政治と福祉立法

二〇世紀に入る頃に各省庁は「社会問題《ソーシャル・プロブレム》」を無視するのか、それともそれをさまざまな集産主義的活動により救済するかという、矛盾する影響を受けた。保守党は一八九五年から一九〇五年まで政権についたが、保守党支持者のあいだに貧困者に利益をもたらすいかなる増税にも反対するという声があり、それが桎梏となって限られた対応しか示されなかった。自由党は保守党に続いて政権についたが、以下の理由で同じように抑制された。すなわち、自由党は自由貿易と低課税の政党であった。自由党には社会改革を敵視する「旧《オールド》」自由主義派が含まれていた。そして自由党は、保守党が支配する上院の社会改革に対する敵意もまた意識していたのである。その結果、自由党が導入した社会政策は、大蔵省にとって多大な出費になることもなければ、大幅な再配分の機能を果たすものでもなかった。しかしながら、自由党を社会改革へと推し進めたのは影響力のある「新自由主義《ニューリベラル》」派であり、彼らは国家、とくに自由党政府が、政治的打算よりむしろ原則的理由によって社会状態を救済すべく行動するべきだと信じていた。しかしながら、政治的考慮もまた作用した。保守党以上に自由党は労働者階級の票に依存しており、労働党がそれを吸引することを憂慮していたのである。このような政治的考慮は、自由党の選挙運動資料に明白である（図11-1および図11-2を見よ）。制定された法律の長所と短所は、このような緊張関係によって説明される。

自由党内閣の時期に制定されたもっとも初期の諸改革は、新自由主義によるところはほとんどなかった。事実、最初の法案――一九〇六年の学校給食の無料提供――は、ある労働党議員によっ

図 11 - 1　1911 年の国民保険法の政治的利用
「希望の夜明け、疾病・身体障害に対する国民保険。ロイド・ジョージ氏の国民健康保険法案は、疾病時の労働者の保険を提供する。社会改革政策を推進する自由党政府を支持せよ！」

て提出されたものであった。そして、翌年の学校への健康診断の導入は、本質的に行政官の功績であり、それは無料の国民医療サービスに向けての第一歩となった〔Gilbert (3)〕(これは、福祉政策立案における行政官の重要性を例証するものである。この場合には建設的な役割が果たされたが、他のいくつかの例では、ときに彼らは障害になった)。自由党自体も、一九〇八年には老齢年金を開始した。これは長期にわたる運動の所産であり、救貧法以外で国家により支払われる最初の現金給付であった。しかしそれは、当初は資産調査《ミーンズ・テスト》と資格調査《キャラクター・テスト》を申請者に課したものであり、その精神において救貧法からあまり隔たってはいない。同年の児童法は、国家による包括的な児童保護を求める三〇年にわたる陳情運動への応答であった。一九〇九年の賃金委員会法《トレイズボード・アクト》は最低賃金を導入し、賃金のもっとも低かった者の

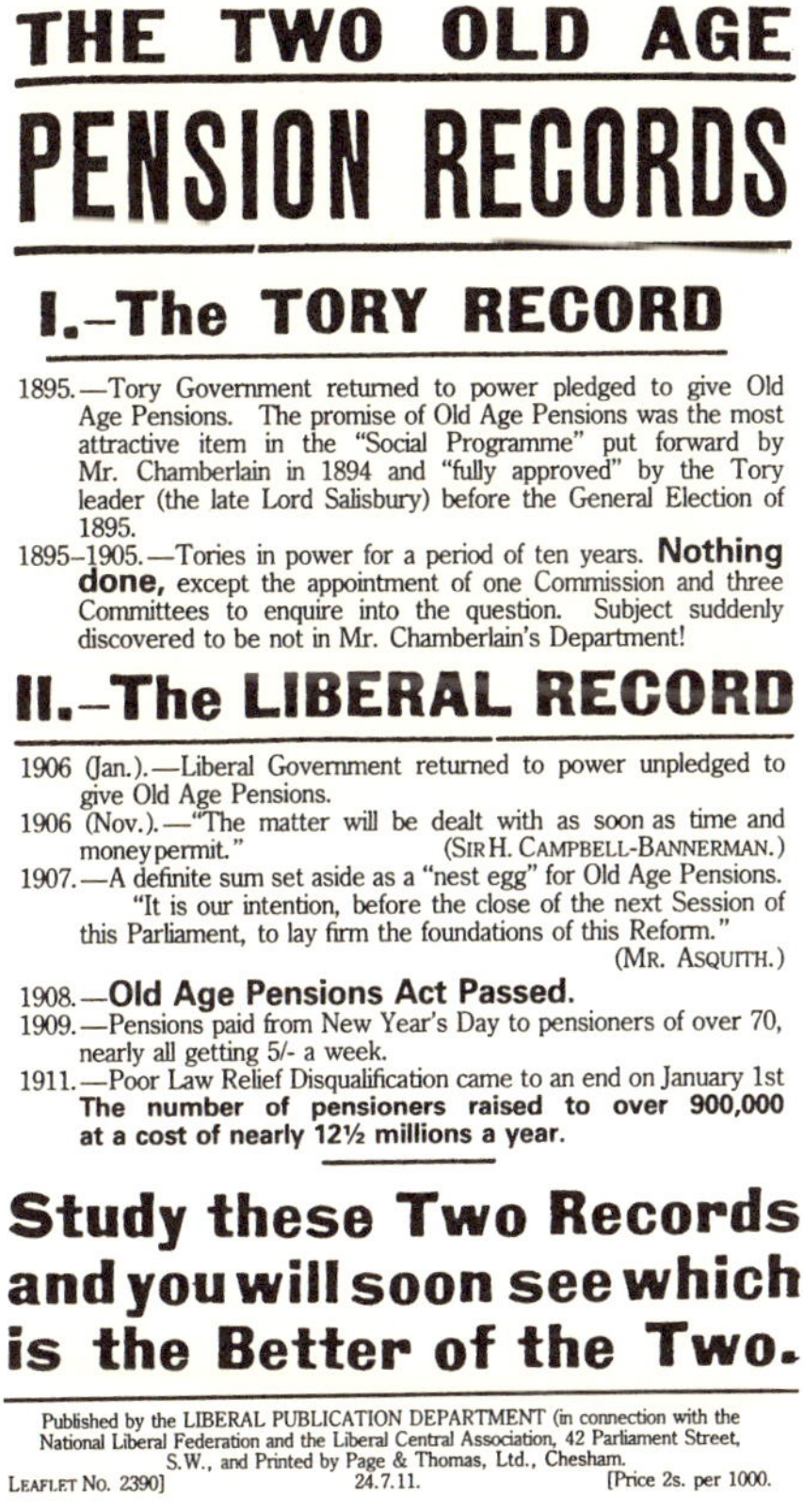

THE TWO OLD AGE PENSION RECORDS

I.–The TORY RECORD

1895.—Tory Government returned to power pledged to give Old Age Pensions. The promise of Old Age Pensions was the most attractive item in the "Social Programme" put forward by Mr. Chamberlain in 1894 and "fully approved" by the Tory leader (the late Lord Salisbury) before the General Election of 1895.

1895–1905.—Tories in power for a period of ten years. **Nothing done,** except the appointment of one Commission and three Committees to enquire into the question. Subject suddenly discovered to be not in Mr. Chamberlain's Department!

II.–The LIBERAL RECORD

1906 (Jan.).—Liberal Government returned to power unpledged to give Old Age Pensions.

1906 (Nov.).—"The matter will be dealt with as soon as time and money permit." (SIR H. CAMPBELL-BANNERMAN.)

1907.—A definite sum set aside as a "nest egg" for Old Age Pensions. "It is our intention, before the close of the next Session of this Parliament, to lay firm the foundations of this Reform." (MR. ASQUITH.)

1908.—**Old Age Pensions Act Passed.**

1909.—Pensions paid from New Year's Day to pensioners of over 70, nearly all getting 5/- a week.

1911.—Poor Law Relief Disqualification came to an end on January 1st **The number of pensioners raised to over 900,000 at a cost of nearly 12½ millions a year.**

Study these Two Records and you will soon see which is the Better of the Two.

Published by the LIBERAL PUBLICATION DEPARTMENT (in connection with the National Liberal Federation and the Liberal Central Association, 42 Parliament Street, S.W., and Printed by Page & Thomas, Ltd., Chesham.

LEAFLET No. 2390]　24.7.11.　[Price 2s. per 1000.

図11-2　福祉と選挙上の利点：1908年老齢年金法
「老齢年金に関する2業績。1. 保守党の業績、2. 自由党の業績：1908年老齢年金法可決。この2つの業績を見なさい。そうすればいずれがよいか、すぐにわかるだろう」。

一部、つまり主として女性の職種の状態を改善した。同年の住宅および都市計画法は、現在と将来の都市での過密と汚染を制限することを求めた。続くロイド・ジョージの予算は、直接税体系をいくぶんより累進的にした。一九一一年に導入された国民保険は、大蔵省を過大な負担から解放することを目的とした週ごとの強制的拠出金の見返りとして、常用被雇用者に健康保険給付と失業給付を支給した。社会保険はまた、長期間確立した価値観を国家の事業に組み込むことが意図されたものであった。すなわち、定期的納付は労働者に自助と貯蓄の義務を想起させ、また彼が——より稀には彼女が——給付を受ける契約権を確立したのである。

全体としては、このことは福祉に対する国家責任の重要な前進であり、永続的な重要性をもつ新原則を確立した。しかし、それにともなう諸原則は、それ以前の数十年間のさまざまな圧力の所産だったために、多様で統一性に欠けるものであった。国家を福祉の恒久的で主要な提供者として確定するといった意図は、根底にはなかった、と認識することが重要である。一方では、高齢の貧困者のような有資格諸集団を救貧法から救済することが意図された。他方では、(最低賃金法や国民保険法のような)諸方策が、受給貧民でない大多数の労働者に対して困窮からの基本的防護を提供する過程を開始した。その場合の困窮とは低賃金とか病気とか失業によるものだったので、無資格とみなされた。これを基礎として、労働者は自助をより効果的に実践できたのである。

これらの諸方策は限定された試験的なものであり、ただちに改善を求める圧力に直面した。諸方策の効果を評価することは、第一次世界大戦が勃発したため困難である。戦争は社会的経済的事象における国家責任の範囲を拡張し、それに対応して集産主義への民衆の期待が高まった。生活水準はとりわけ戦時の完全雇用のために上昇し［Winter (4)］、これにともない将来についての全般的期待が高まった。労働党の影響力が増大した。戦後の混乱への不安――万一、民衆の期待が打ち砕かれたときの不安――が戦時政府に影響を及ぼし、戦後再建計画を作成させた。そして、戦争の終結時には選挙権が大幅に拡大されたが、それは福祉の提供にとって長期的な意義をもつものであった。

戦間期

いくつかの戦時立法は、戦後も存続した。妊婦および児童の福祉政策も存続したが、それは多数の戦死者を出したという認識から、将来の「国民資産」の保護がいっそう必要であるとされたからである。再建案のなかから、政治的により切迫したものだけが実行された。一九一八年と一九年に導入された教育法と住宅法は、一九二〇年不況の開始以降、その範囲が縮小されたために限定された効果しかもたなかった。しかし、失業給付を事実上すべての肉体労働者に拡大する計画は、削減されなかった。というのは、失業者数が増加しつつあるのを考慮したからである。

戦間期の福祉の研究は、最近まで多少疎略に扱われてきた。この時期は、失業という未解決の社会問題に彩られた時期とみなされた。そして、福祉行政の核心は、失業者が粗雑な扱いを受けたという事実にあると理解されてきた。しかし、政策の変更や寛容さの欠如にもかかわらず、給付の実施は相当な実績であり、それ以前には考えられないことであった。それは二十年間にわたり、前例のない多数の人々に生存水準の額で定期的に提供された。そのことはそれ自体、市民に対する国家の承認された責任への重要で永続的な変更を印した。

失業救済の費用は社会福祉の他の諸領域への支出から捻出されたかもしれないが、他方では失業自体が新たな社会問題を生みだした。しかしながら、不況地域の状態が一九一四年以前より悪化したとは主張しがたい。より的確な解釈が示唆するのは、さまざまな地域や職業集団がひどい貧困によって以前よりさらに広範囲にわたり苦しんだということが、ときどき起こりえたということだろう。そして、自分や他の人々の困窮を生活において回避できる事実として忍従しようとするような者は、ますます少なくなったようである。しかし政府は依然として、失業が栄養失調や健康不良に対して与える影響を、なかなか認めようとしなかった［Webster (5)］。

しかし他の点では、福祉提供は戦間期にいっそう包括的になった。一九二五年には、国民保険制度が六五歳から七〇歳までの人々や寡婦や孤児の年金を含むように拡大された。教育施設、公営住宅建設、地方公立病院にも、顕著な拡大がみられた。この多くは、地方当局の主導性と適切な財源の取得可能性とに依存していた。より貧しい行政地区は長いあいだ、低い地方税収入が足かせになっていたが、いまや急速に中央政府の補助を受けるようになっていた。政府はこれを、住宅など費用のかかる事業を拡大し均等化する唯一の方法とみなしたのである。これは、都市部の地方政府で労働党の勢力が伸長しているのとあいまって、地方レベルでの革新を持続させた。これらの要因はまた、一九二九年地方自治法のように、中央政府――とりわけ、一九二五年から二九年までのネヴィル・チェンバレンが保健相だった時期――による地方への支配を強化した。この一九二九年法は、救貧法の「養護」機能の多くを州当局と市当局に移した。残りの貧困救済の責任は、一九四八年まで存続した。それまで救貧法は存続し、他のいかなる扶助もない社会の犠牲者を対象としたのである。

戦間期は、福祉の国家責任が著しく変化し拡大した時期であった。一九三〇年代には計画化《プランニング》が流行したけれども、これはいかなる計画の成果でもなかった。イギリスを不況から救出するこのような多様な計画から、一九四五年以降に導入された社会立法の多くの種子がまかれたのである。

戦時および戦後の諸方策

経済不況を終結させたのは、計画化ではなく戦争であった。一九三九年から一九四五年までの期間には、国家活動の新たな拡大がもたらされた。生活水準を一定に平準化し、政府による計画を戦後世界の改善のために継承した。さらには、戦間期の状態に回帰したくないという民衆の願望があった。私の見解では、戦争が社会的団結の感覚の高まりを誘発したとか、社会関係を大きく変化させたとするのは疑わしい。しかし短期的にみれば、両大戦は政府のなかに、苦難を受けた人々に対する義務という感覚を生みだした。戦争はまた、時計の針を戦前に戻すことを望むのは不可能とするに足るだけの変化をもたらした。それは一九一八年に時計の針を戦争前に戻すことを望んだ者が、これはもはや不可能であることに気づいたのと同様であった。変化への圧力は、第二次世界大戦の終結時のほうがいっそう強かった。戦時政府は一九四四年に教育法《エデュケーション・アクト》を、一九四五年には家族手当を導入した。一九四五年の総選挙に保守党が勝っても、労働党が勝っても、重要な社会立法が期待されていたのである。

一九四五年に選挙の勝利者たち――初めての単独多数の労働党政府――は、変化を委ねられたが、その立法化綱領には首尾一貫した長期的戦略とか、思想上の明確性とかを示す徴候はほとんどみられなかった。その大半はそれ以前の諸提案、とくに自由党のW・H・ベヴァリッジの諸提案に基づいていた。そのおもな特徴は、かつては実際には肉体労働者用に留保していた給付を社会全体に利用可能にするよう、(教育や健康保険や国民保険のような)妥当な場合の普遍的規定をつくることにあった。現金給付は、おもに経済上の諸困難のために、最低限の水準で支払われた。労働党が、地方政府に対する中央の統制の強化という戦前の傾向を推進した点は意義がある。統一的目的があったとすれば、それは機会均等化という長期にわたる自由主義的理想であった。自助(たとえば私設の医療看護)、任意的活動、そして家族の支援(それ以前の内閣と同様、この内閣によって精力的に推進された)に重要な余地が残された。この社会福祉の拡大の意図せざる結果は、かなり富裕な者が健康、教育のような普遍化され改善されたサービスから大いに恩恵をこうむった、ということである。これもまた予見されなかったことだが、全面的に公的財源に依存していた年金受給者のうちの多くが、一九四八年に制定された国民扶助《ナショナル・アシスタンス》――救貧法に汚名を着せ、それを選択的に継承したもの――を受けてようやく生存できた。

福祉、貧困、不平等

しかし総じて、第一次貧困が一九一四年より一八年のほうが弱まったのと同様に、第二次世界大戦後にはそれ以前に比べて弱まったのは明らかである。以前には知られなかったような高水準の繁栄が平時にみられた理由は、福祉国家の存在というよりも、一九四〇年代後期および五〇年代の完全雇用の存在であった。完全雇用自体は戦時内閣および戦後内閣の福祉目標だったが、その成果は政府の諸計画よりも世界の経済状態によるところがより大きかった。一九八〇年代からみてみると、福祉政策自体は、社会変化に影響するにはきわめて限られた能力しかもっていないことが明らかである。福祉政策が社会的不平等を縮小できるその程度を戦後政府が過大評価したのは、それほど大胆な試みがそれ以前にはなされたことがなかったからである。

ブースからタウンゼント［Townsend (6)］に至る貧困調査は、社会的不平等の型が今世紀を通してほとんど変化しなかったことを示唆している。これは、福祉国家の出現が何の効果もなかったことを意味するのではない。むしろそれは、この巨大な機構の効果が、社会を安定させておくことにあったことを含意している。それは富や権力の分配にあらわな変化をもたらさなかったが、しかし前世紀のあいだの国富の急速な成長から個人的には恩恵を受けなかった人々が、他の人々の生活水準からあまりに危機的なほどに乖離することを防いできたのである。

文献

(1) M・E・ローズ（武居良明訳）『社会保障への道――一八三四～一九一四年イギリス』早稲田大学出版部、一九九五年。M. E. Rose, *The Relief of Poverty 1834-1914* (London, 2nd edn, 1986).

(2) M. A. Crowther, *Social Policy in Britain, 1914-39* (London, 1988).

(3) B. B. Gilbert, *The Evolution of National Insurance in Great Britain* (London, 1960).

(4) J. M. Winter, *The Great War and the British People* (London, 1988).

(5) C. Webster, 'Health, Welfare and Unemployment during the Depression', *Past and Present*, **109** (1985).

(6) P. Townsend, *Poverty in the United Kingdom* (Harmondsworth, 1979).

(7) A. Digby, *British Welfare Policy: Workhouse to Workforce* (Faber, 1989).

第IV部

労働

第12章　チャーティズム

E・ロイル

チャーティズムの性格については、人民憲章《チャーター》が制定された直後から論争の的になってきた。J・R・スティーヴンズが一八三八年にマンチェスターのカーサル・ムーアで多数の聴衆を前にして、「普通選挙権というこの問題は、生活（ナイフとフォーク）の問題である」と語ったとき、それはチャーティズムが基本的にはまさしく政治運動であることを否定せんばかりであった。それとは対照的に、ウィリアム・ラヴェットおよび一八三七年に人民憲章を作成したロンドン労働者協会《ワーキング・メンズ・アソシエーション》の会員たちは、民主主義と奪うことのできない人間の自然権とを深く信じる者たちであった。スティーヴンズはトーリー、ラヴェットは急進主義者であり、双方の見解ともイデオロギー的展望を強く体現していた。大多数の歴史家は最近まで、双方の見解に真理があることを認めながらも、チャーティスト運動が民衆の社会的経済的不満に基づいていたとするスティーヴンズ的解釈に傾いていた。エドワード・トムスンの『イギリス労働者階級の形成』が一九六三年に刊行されると、政治寄りの解釈が新たな活力を与えられ、それ以来チャーティストの経験の「政治文化《ポリティカル・カルチャー》」が注目されるようになった。このことは、初期チャーティストの拡大の原因、一八四〇年代の組織的活動、ファーガス・オコンナーの役割とオコンナーの土地計画の意義、（女性による支持も含めて）一般運動参加者《ランク・アンド・ファイル》による支持の性格、チャーティストの失敗の諸理由について再考することを余儀なくさせた。

伝統的解釈

経済的状況とチャーティズムのさまざまな盛衰とのあいだに密接な関係があることは、長いあいだ認められてきた。大衆運動は、一八三七〜四二年の「飢餓の四〇年代」の不況のもとで盛んになり、一八四七〜四八年の不況で短期間復活した。地方史研究は、ウィルトシャーのような産業衰退地域や手織り業のような衰退職種で、チャーティズムが受けいれられたことを確認している[Briggs (1)]。しかし、このような見解は、素朴な経済決定論を越えたものである。ディズレーリが一八三九年に人民憲章について議会の討論で述べたように、「全国的運動への経済的諸原因があったところでは、暴動になったが組織されたことは滅多になかった」。明らかにチャーティズムは組織されたものであった。ディズレーリの見解によれば、チャーティズムの真の原因は、一八三〇年以降のホイッグ政府の対処と、その功利主義者の盟友の誤った哲学にあった。この点では、ディズレーリはトマス・カーライルと共通しており、もちろんJ・R・スティーヴンズとも共通していた。一八三四年の改正救貧法のような法律の制定が、民衆から「市民権」を剥奪していた。このような形のチャーティズムについてのトーリー的社会的説明が、二〇世紀に多数の歴史家の通説になった。G・D・H・コールが『チャーティスト群像』（一九四一年）で述べているように、「飢餓と憎悪――これがチャーティズムをイギリス労働者階級の大衆運動にした諸力であった」。

大衆運動に関するこの経済的・社会的見解と並んで、政治的指導性という説明が展開されたが、あまり有力なものではなかった。この見解の主要な史料は、フランシス・プレイスが集めた文書のコレクションであるが、プレイスの急進主義の活動歴は一七九〇年代のロンドン通信協会《コレスポンディング・ソサエティー》からロンドン労働者協会に至り、さらにそれ以降にまで及んでいる。プレイスはチャーティズムをまったく大衆運動とはみなさず、圧力団体とみなしており、その圧力団体の働きは、民主主義の必要性について選挙権をもつ者には説得し、選挙権をもたない者には教育することにあるとした。プレイスは、初期に彼が養成した運動が、ファーガス・オコンナーの指導になる非理性的で暴力的な救貧法反対者たちの大衆運動によって、理性的平和的路線から逸脱してしまったことを憤慨していた。この見解は、大英図書館《ブリティッシュ・ライブラリー》のプレイス文書に体現されているが、すでに歴史家たちには入手可能であった他の証拠でも、とくにもっとも早く書かれたR・G・ギャメッジのチャーティスト運動の『歴史』（一八五四年）でも確認されている。そこで英雄とされているブロンティール・オブライエンは、一八四・年にオコンナーと対立した人物である。また、ウィリアム・ラヴェットの自伝も、その見解を確認したものであるが、当然のことながらその自伝はラヴェットがまったく同意しなかった人物の評価を顧みることなく、自分自身の評価を誇張している。

これらの見解を総合した結果、チャーティズムは地方的不平に基づく政治綱領をもった大衆的な社会的経済的運動であり、その政治綱領は尊敬できる熟練職人《リスペクタブル・アルティザン》の急進主義者によって準備され、無節操な扇動者の粗野な野望によって妨害されたと解釈されることになった。このようなわけで、チャーティズムの失敗の諸原因をみつけることは困難ではなかった。失敗の原因の一部は、一八四二年という早い時期に大衆運動を徐々に弱めた経済状態の改善にあり、また一部は、劣った指導性、弱い組織、暴力的言語を弄する無責任な戦術にあった。そして、もっとも咎められるべき指導者がオコンナーであった。

再解釈——運動の諸起源

ディズレーリはまた、「政治的諸権利はきわめて抽象的な性格のものであり、その諸結果は大衆にはごくわずかしか作用しない」ので、政治的諸権利は大きな民衆運動の発端にはなりえないと信じていると主張した。エドワード・トムスンが、ジャコバン急進主義者の思想は社会階層を下層まで浸透していき、初期工業化イングランドにおける発生期の労働者意識のなかに吸収されていったと主張するまで、歴史家たちはディズレーリに同意しがちであった。トムスンによれば、労働者階級は一八三二年の選挙法改正により選挙権を与えられなかったことにより、単一の独自の階級としての意識をもつ階級「形成《メイキング》」を完了した。それゆえ、政治的な労働者階級運動というものが可能となった。チャーティズムは一八三八年ではなく、一八三二年に生まれたのである。トムスンの解釈の鍵は、人間の経験は分割できない性格をもっているとトムスンが信じている点にある。経済的態度と政治的態度は分離できない。それゆえ、重要といわれる経済的次元は政治的次元から切り離して理解することはできないのである。急進主義者の主張は、民衆の経済的不平には政治的原因があり、それゆえ政治的解決が必要である、というものだった。これは一八一五年以降、ウィリアム・コベットや他の急進的ジャーナリストたちが主張したことだが、さらに政治化の過程は、一八三二年の選挙法改正危機のとき中産階級の宣伝者によって鼓舞され広まった議論により、再び強化された。

急進主義《ラディカリズム》は一八世紀以来排除された者の伝統的言語であったが、一八三二年の改正選挙法の通過により排除の境界線が再設定され、「旧腐敗層《オールド・コラプション》」と「民衆《ピープル》」のあいだではなく、所有者と非所有者のあいだに引かれた。それゆえ、急進主義は事実上、排除された階級の言語になった。したがって、一八三〇年代に改革議会が引き続いて実現した立法は、排除された者の利害とは対立し、急進主義者によって「階級立法《クラス・レジスレイション》」と呼ばれた。とりわけ新たに選挙権を得た中産階級が、自らの利益を増大するために、いまや立法に影響を与えることができるようにみえた。労働者階級が選挙権を得ることだけが、労働者階級の最大の利益にかなう立法化を可能にする、というのがその論理的結論であった。すなわち、改正救貧法の廃止、一〇時間労働法の可決、賃金の低下をともなわずに物価を下げる穀物法の正真正銘の撤廃の保証である。そのような民主的な議会が選出されるまで、労働組合員は流刑され続けるだろうし（たとえば、一八三四年のトルパドルの労働者たちや一八三七年のグラスゴーの綿紡績工たち）、また一八三三年のアイルランド人がそうであったように、市民的自由は否定されるだろう。こうして一八三〇年代の社会的経済的政治的不平は、民主的選挙権の確立をめざす広範な基礎をもった一つの全国的運動に包含されたのである［Thompson (9)］。

指導性と組織

チャーティズムの初期の歴史において、ロンドン労働者協会とバーミンガム政治同盟《ポリティカル・ユニオン》に重点をおくことは現在疑問視されている。反対に、ロンドン労働者協会は、首都における大衆的戦術の発展を損なわせた排外的政策によって、ロンドンのチャーティズムの拡大を規制したとして批判されている。オコンナーは、発生期の運動の指導権を奪ったどころではなく、運動の創出に主要な役割を果たしたとみなされている。それは一八三五年の講演旅行、一八三八年の大北部同盟《グレート・ノーザン・ユニオン》、そして『ノーザン・スター』紙を全国に及ぶチャーティズムの声にするのに果たした指導的役割によってである［Epstein (6)］。

オコンナーは、ヘンリー・ハントとウィリアム・コベットの継承者としてイギリス急進主義に登場した。ハントもコベットも、ともに一八三五年に亡くなった。オコンナーはハントが完成した

「演説《プラットフォーム》」という方法を使った［Belchem in（7）］。つまり、チャーティズムは大衆集会によって組織されたのであり、集会の機能は情報を与え、示威行動をし、威嚇することであった。請願《ペティション》というのは中産階級寄りの考えであり、反奴隷制運動で成功裏に使われたが、多くのチャーティストたちは請願には最初はかなりの疑念をもっていた。もう一つの伝統的な方策は、コンヴェンション、すなわち反議会であったが、これは一六八九年の使用とアメリカ独立闘争のさいのアメリカ人による使用により神聖化されていた。急進的組織のこれらの三つの側面はチャーティズムのなかで合体され、コンヴェンションの代表を選挙し続く請願支援の行進をするために、一八三八年と三九年の大衆集会が召集されたのである。この活動が望まれた効果を生むことに失敗したので、新しいチャーティスト組織が重要な発展をみることになるのだが、この発展については最近まで無視されてきた。

一八四〇年七月の全国憲章協会《ナショナル・チャーター・アソシエーション》設立は、その転換点とみなされている［Jones（4）］。この組織が全国的にも地方的にもチャーティズムを指導するようになり、そこでは労働者が運動の初期に比べてより重要な役割を果たし、次の一〇年間のチャーティズムを支えたのである。チャーティストの「地方的特徴」の研究により、大衆的請願の頂点と頂点の年のあいだに継続性が維持されていたことが注目されるようになった。地方のチャーティストの集会場は、会員たちが教育・宗教活動や娯楽や家族全員の民主的参加を通して、彼らの余暇時間を人民憲章の原理と一致させるよう整序する機会を提供した。集会場のないところではしばしば輪読グループがあり、日曜日ごとに開かれる会では共同で買った『ノーザン・スター』を分かちあった［Epstein and Yeo in（7）］。

もちろん『ノーザン・スター』は、いまではチャーティストの組織のおそらくもっとも重要な要素とみなされている。それはオコンナーの代弁者であるどころか、国の辺鄙な地方の活動を報告したり、全国的人物による主要な演説の内容を大きな声で朗読するための形式で報道したり、また政策を検討する公開討論会にふさわしい形式で報道したりして、全体の運動に声を与えたのである。加えて、『ノーザン・スター』はより広い運動を賄うのに十分なほど利潤が上がり、オコンナーが地方の通信員を（しばしば失業者や犠牲者のなかから）雇うのを可能にし、彼らは事実上地方の準専門的な指導者になることができた。疑いもなくその新聞は、オコンナーが運動のなかで影響力をもち続けることに貢献し、結局彼の政策が広がったのだが、しかし彼は、編集者たちのかなりの独立性に対し寛容であった〔Epstein (6)〕。

新しく描かれたオコンナー像は、同時代人たちのほとんどが描いた像よりもいっそう好意的な像である。彼はその雄弁さや全国憲章協会執行部における地位によって、さらに『ノーザン・スター』の所有者であることによって、対抗する指導者たちがどう考えようとも、チャーティストたちに対し一般運動参加者が求めていた指導性を発揮した。彼は言葉の真の意味で扇動者《デマゴーグ》であった。彼は民衆のために語り、はっきり意見のいえない人々の熱望を表現したので、たえず人気があった。このことは土地計画《ランド・プラン》がもっともよく表している。

土地計画

土地計画は通常、オコンナーの一貫性がなく誤導された政策の決定的証拠とみなされてきた。これは、オコンナーが他の数人の指導者たちと争った論点であった。他の指導者たちはその計画が十分社会主義的でない、あるいは憲章なしにはいかなる社会変化も効果的でないとする急進的な政治的使命から注意をそらすことになる、と感じていた。「新運動《ニュー・ムーブズ》」――教会、禁酒運動、教育チャーティズム――を擁護すると酷評されてきた仲間のチャーティストにとっては、いまやそれ以上の、すべての運動のなかでもっとも逸脱するものの出現であった。土地計画はイングランドの労働者をアイルランドの農民に転換させるもののようにみえた。すなわち、これはチャーティストであるよりもアイルランド人であるオコンナーの仕事であった、と。

オコンナーが叔父アーサー・オコンナーの小冊子『アイルランドの状態』の影響を受け、それを一八四三年に再刊したことは事実である。しかしオコンナーの土地に関する考え方は、イギリスの急進的思想にも根源をもっている。土地が正当な所有者のもとに戻される「ヨベルの日」（レビ記二五、v.10）という聖書の教えについてのトマス・スペンスの提示は、急進的イデオロギーの肝要な部分になっていた［Chase (12)］。土地は、コベットの読者、オーエン主義者、オブライエン主義者、無数の移民組合の会員、のちにはヘンリー・ジョージの信奉者といった一九世紀の急進主義者たちにとって中心的問題であった。オコンナーがチャーティズムのなかで土地を問題にしたのは、何も珍しいことではなかった。それゆえ、都市と農村の数千人の労働者に対して土地会社の呼びかけを行なったことは、驚くべきことではない。土地は、資本家や中間商人から独立することを可能にし、雇用と生存手段に直接接近することを可能にし、生活と環境に対する支配の回復を可能にした。土地への再定住はまた、都市の労働市場を緩和したので、どこでも民衆に利益をもたらした。そして議会の非妥協的態度によってチャーティスト組織の他の形態の効果が減少していたときに、土地会社は多数の会員を保持していた。それゆえ、株式所有や友愛組合や協同組合に関する法律の初期状態が、一八五〇年代の改革までは労働者階級の組織を禁止していたなかでは、オコンナーの財政上の経営失敗はさほど責められるべきではないと思われる［Yeo in（7）］。

一般運動参加者

オコンナーは例外であるが、最近の研究は史料の許すかぎりチャーティズムの指導者よりも指導された者、少なくとも小物の指導者たちをより強調してきた。チャーティズムは彼らにとって何を意味していたのか、そして彼らはいったいどのような人物だったのかという問題は、運動の多様性を完全に理解するために重要な問題になってきた。歴史家たちは、ほとんどのチャーティストが普通の人々――すなわち職業、年齢、結婚からして、彼らが居住する共同社会の典型的な人々――であったと結論している。この証拠はまた、普通のチャーティストたちが危険な政治思想を抱くことができたという主張を支持することになる。それは自己教育を行ない、広い教養があり、パンと同じく権利も切望する困窮化した織工たちである。そして、女性よりも男性が多かったけれども、女性が果たした役割は、とくに運動の初期には、意義がなくはなかった。女性は自分たち自身の急進的団体に組織され、しばしば独自の演説家をもっていた。彼女たちは示威行進に参加し、一八四二年夏に起きたような暴動では前線にいた。逆説的なことであるが、チャーティストの組織がより洗練されてくると、女性の役割は低下し補助的な役割になった［Thompson (9)］。

チャーティズムの失敗

チャーティストたちは、社会的経済的不満をもった人々に急進的万能薬の必要性を確信させることによって、大衆的支持を勝ちとった。政治的戦略の失敗がくり返されると、疑いもなく、政治的改革を最初に勝ちとることによってのみ他の希望も実現できると主張する人々の評判はひどく悪くなった。さらに、チャーティストの主張は、諸々の出来事により効果的でないだけでなく真実ではないことが示された。よいことはなされないといわれてきたその議会で、改革がなされ始めた。一八三〇年代の「階級立法」は一八四〇年代にはより中立的諸改革にとって代わられた［Stedman Jones in (7)］。オコンナー自身、一八四四年に反穀物法連盟のリチャード・コブデンと妥協し、一八四六年には『ノーザン・スター』がピールの穀物法撤廃への転換と農業改善の支持とを、土地計画を擁護するものとして、また政治家らしい手段であるとして歓迎した。一八四二年の炭鉱法に続いて、一〇時間法は一八四七年に成立した。不評の救貧法委員会でさえ、一八四七年には解体され、救貧法自体は残ったけれども、もはや一八三〇年代後半の恐怖を与えた厳格さをもっては遂行されなくなった。反穀物法連盟の明らかな成功は、一項目要求運動によって、人民憲章が実現しなくとも救済がもたらされる展望を示していた。政治的改革は、第一義的に重要な改革から多数の改革のなかの単なる一つの望ましい改革へと降格しつつあった。

この見解がもつ一つの問題は、タイミングの問題である。チャーティズム支持が徐々に浸食されることについての長期的説明としては説得力がある。しかし全国の大衆的支持全般は一八三九年以降低下し始め、一八四二年以後は多くの場所で崩壊し、チャーティズムの強い地方に一群の献身的急進主義者が残っただけだった。失敗についてのより信頼性ある短期的説明は依然として、一八四二年夏以降、経済の好況と大いなる約束と高邁な望みの後にきた幻滅と消耗である。

ロンドンに関する最近の研究はまた、一八四二年以降チャーティズムはあらゆるところで衰退しつつあったとする見解に挑戦した［Goodway (8)］。労働組合員はチャーティズムから距離をおいていたという見解も、地方的レベルでも個人的レベルでももはや支持できない。ロンドンではチャーティズムは一八三九年と四二年のあいだ興隆しつつあったのであり、首都の労働組合のなかで一八四八年まで強力に維持され、四八年には首都はチャーティズム支持の最大の中心であった。しかしながら、ドロシー・トムスンが主張するように、警察官や学校長や牧師が労働者階級の共同体を分離し分断し支配することができた一九世紀後半の大都市では、チャーティズムはもはや存続することができなかった。チャーティズムは運動としては、労働者が近隣と経験を共有していたイギリスの地方のもっと小さな共同体に属していた。社会的脈絡が変化するにともない、多様な形態の労働者階級の組織が現れ、演説という旧型の大衆政治にとって代わった。闘争は仕事場に集中されるようになり、古い産業が死滅するのにともない、労働組合は新しい熟練を擁護するようになった［Thompson (9)］。

国家についての考えが変化したこと、および社会的経済的脈絡が変化したことは、なぜ一八五〇年代にチャーティズムの四回目の再興が起こらなかったかを理解するのに役立つが、なぜ一八四八年に再興したかを理解するには役立たない。この後者の点は、少なくとも部分的には、一八四二年以後のチャーティストの支持、指導性、地方組織の力が、しばしば過小評価されているのだが、強力であったことで説明がつくかもしれない。それゆえ一八四八年のチャーティズムの失敗は、単にチャーティズムの弱さから説明することはできず、歴史家たちはそれに相応する国家の力に注目するようになった。大陸の体制とは違って、イギリスの体制は比較的広範な財産選挙権に安定的な基礎をおき、政治的な国民の合意により支えられ、安定していた。これは一八三二年改正選挙法の意図された結果であり、急進主義者は孤立した。さらに、法と秩序を維持する諸力は小さかったが効果的であった。ロンドンは一八三九年までに十分警備されるようになり、また、たとえばブル・リング暴動のときバーミンガムに急派したように、必要なときには警察官を列車で地方に急派することができた。軍隊はプロであり、よく訓練され、適切に統率されていた。軍隊の忠誠を覆す試みは、ほとんど成功しなかった。密告者たちは革命の陰謀者たちのもっと危険な計画を、閣僚に通報し続けた。必要なときには政府は敵対者を迅速に攻撃することができた。一八三九年、四二年、四八年の大量逮捕による指導者の狙い撃ちがそれである。続いて緊張状態が緩和するとそのほとんどを釈放したが、ただし中心人物には短期間収監する判決を下した。

政府の強さは、一八四八年にもっとも明瞭だった。四月一〇日（このときケニントン・コモンで大衆示威行動がなされ、三次請願が提出された）の「大失敗」という神話は、もはや受けいれられない。その日に起こったことは、チャーティストによる愚行と臆病ではなく、政府の大々的な宣伝の勝利であった。それは政府のイメージを国の内外で持続するために、政府が大いに努めてつくりだした状況のもとで生じた。その勝利がどの程度であったかは『パンチ』が示唆している。図12‐1が示すように、一八四八年の請願直後の『パンチ』の反応は、敵対的ではなかった（背の低いドアマンは、首相のラッセル卿である）。この漫画の発行日は四月一五日であるが、これは偽物の請願署名が発覚した四月一三日以前に、つまり嘲笑の波が高まる以前に印刷されたことを意味している。これとは対照的に、二週間後には請願は完全に信用を失っており、図12‐2が示すように『パンチ』も四月二九日号では嘲笑に加わっている。チャーティストたちは信用を失墜し幻滅するどころか、六月、七月、八月と再結集しさらに問題を起こしたが、政府はそれに対しては厳格かつ地味なやり方で対処した［Saville (11)］。

しばしばくり返される一つの議論は、失敗が不可避であったとするものである。すなわち、チャーティストたちは行動の統一性に欠け、平和的な方法で変化を強制するには十分な経済的政治的力量に欠け、武力を行使する意志に欠けていたとするのである。これはたぶん真実だろうが、そ

NOT SO VERY UNREASONABLE!!! EH?"

John "My Mistress says she hopes you won't call a meeting of her Creditors: but if you will leave your Bill in the usual way, if shall be properly attended to."

図 12-1　人民憲章についての初めの好ましい見解 (1848 年)
「えっ、道理をわきまえていないことはないだろう」。

PUNCH, OR THE LONDON CHARIVARI. 175

THE CHARTIST PROCESSION ACCORDING TO THE SIGNATURES OF THE PETITION.

図12-2　人民憲章を後に茶化した解釈（1848年）

れに代わりうる結論を探求しないのは非歴史的である。武力派《フィジカル・フォース》という言葉がしばしば使われたが、歴史家は普通これを、虚勢を張った戦術とか、孤立化した非典型的な少数者の狂乱として無視してきた。ニューポート蜂起の再検討は、このような方向を再考させることになった。というのは、われわれはいまや、一八三九年一一月の南ウェールズの蜂起がヴァリーズ地方で広く支持され、数カ月の長期にわたって注意深く計画された革命の真の試みであることを知っているからである[Jones（10）]。その失敗は悪天候と貧弱な戦術と不運の結果であったが、しかしそれは、きわどいところまでいった。ヨークシャーの他の陰謀はこれほどよく組織されてはいなかったが、南ウェールズで当局がひどい敗北をこうむっていたならば、もっと脅威を与えるものになっていたであろう。一八三九年にチャーティズムの脅威は、諸地方でたいへん現実的なものであった。それゆえ、国全体では最大限の支持があったのに、このときロンドンで弱体であったことが、チャーティストたちが変化のための効果的圧力をかけるのに失敗した決定的原因であった。

結　論

最近の著作が描くチャーティズム像は、今世紀のかなり早い時期に広まっていた像とはたいへん異なっている。経済的解釈はもはや適当とはみなされていない。チャーティスト運動に対する政治的次元が、はるかに高く評価されている。留意する焦点は、指導者から参加者へ、チャーティズムからチャーティストたちへと移ってきた。オコンナーは両者をつなぐ環として復権した。プレイスとラヴェットは、もはや研究文献のなかで支配的ではない。より多くの研究者が『ノーザン・スター』を読み、豊富な地方の詳細を発掘している。けれどもこのことは、現在到達している結論が最終的なものであるとか、イデオロギー的真空のなかでなされてきたということではない。最近の研究の多くは、「左翼的」傾向の研究者によってなされている。異なった考察をする歴史家たちはなお、一八三九年のディズレーリの分析を確信させる多くのことを見いだすであろう。議論はけっして決着していないのである。

文献

(1) A. Briggs (ed.), *Chartist Studies* (London, 1959).
(2) J. T. Ward, *Chartism* (London, 1973).
(3) ドロシィ・トムスン（古賀秀男・岡本充弘訳）『チャーティスト――産業革命期の民衆政治運動』日本評論社、一九八八年。D. Thompson, *The Early Chartists* (London, 1971).
(4) D. Jones, *Chartism and the Chartists* (London, 1975).
(5) E. Royle, *Chartism* (London, 1975).
(6) J. Epstein, *The Lion of Freedom: Feargus O'Connor and the Chartist Movement, 1832-1842* (London, 1982).
(7) J. Epstein and D. Thompson (eds), *The Chartist Experience: Studies in Working-Class Radicalism and Culture, 1830-1860* (London, 1982).
(8) D. Goodway, *London Chartism* (Cambridge, 1984).

(9) D. Thompson, *The Chartists* (London, 1984).

(10) D. Jones, *The Last Rising: The Newport Insurrection of 1839* (Oxford, 1985).

(11) J. Saville, *The British State and the Chartist Movement* (Cambridge, 1987).

(12) M. Chase, *The People's Farm: English Agrarian Radicalism, 1775-1840* (Oxford, 1987).

第13章　イギリスの階級構造における労働貴族

R・J・モリス

当時石工は、鉱夫と同じように労働貴族《アリストクラッツ・オブ・レイバー》であった。私の両親の結婚したときには、教会まで先頭に御者を携える四頭立ての馬車に乗っていった。豊かさの象徴として、父は白いモールスキンのスーツを着ており、母は新品のペイルズ織りのショールをつけていた。結婚披露宴は公会堂で行なわれ、そこには多数の友人仲間が特別招待された(Tom Bell, *Pioneering Days*, London 1941, p. 14)。

労働貴族《レイバー・アリストクラシー》とは相対的に高給で、より保障され、労働で優遇され、労働の組織をより統制することができた一九世紀の労働者階級の一部分であった。彼らはきわ立った「尊敬できる《リスペクタブル》」生活様式をもっていた。同時代人も歴史家たちも、一九世紀の産業社会における富と権力の不平等さを記述するのに役立つものとしてこの概念を使ったし、いまも使っている。彼らはその用語を、社会階級と呼ばれるあのより広い一連の諸関係における、時間にともなう変化を説明するのに役立つものとして使用したのである。その概念は、いくつかの理由で重要である。それはイギリス労働者階級内部の複雑さ、不平等さ、差異に注意を向けさせた。この特権的階層は、一八五〇年代と六〇年代の社会的平穏を説明するのに重要な役割を果たした。その時代は、それ以前の五〇年間におけるペイン的急進主義、オーエン主義、暴力的非合法的労働組合主義、チャーティズムといった、権力に対する暴力的で根本的な挑戦に続いてきた時代であった。これらの説明が示唆することは、自由貿易と世界貿易の支配がイギリス経済にもたらした経済的繁栄から、熟練労働者が利益を得た、ということである。これらの利益は熟練労働者が資本主義的諸関係を受容し、既存の社会的経済的制度の内部における限定された利得の確保に対してだけ政治的努力をするよう規制することを促進した。こうして一八三〇年代のオーエン主義の生産者協同組合は、市場体系の論理を受けいれ利潤を消費者会員に分配する小売協同組合店に引き継がれた。古いチャーティストたちは、グラッドストーンのもとで都市中産階級と貴族的ホイッグと合同した新しい自由党のなかでは独立性を失った。労働組合と雇用者はともに、闘争に代わって調停仲裁を求めるようになり、労働組合を合法的な活動の枠内においた。

階級協調か？

この変化には異なった説明がなされ、交渉力が強調されたり、賄賂が強調されたりする［Field (1)］。エンゲルスはこの点について書いた最初の一人であるが、熟練工《スキルド》の特権は彼らの優れた交渉力からきているとした。エンゲルスは、これらの利益は闘争によって守られねばならないことは認識していたが、その結果は賃金取得者階級を分断せざるをえず、その階級はエンゲルスとマルクスが世紀半ばに描いていたような革命的役割から逸脱することになると結論した。一方、レーニンは、雇用者と資本所有者が世界市場の帝国主義的支配から得られた超過利潤を使って彼ら自身の労働者たちを買収し、こうして資本所有者と労働貴族の同盟を確保し、まず未熟練工《レス・スキルド》に、ついで他の諸国に対立すると信じた。二〇世紀初期の社会主義者たちは、労働貴族を「プロレタリア大衆からは孤立化した閉鎖的利己的職種別労働組合《クラフト・ユニオン》にいる」(Harry Quelch, 1913) 熟練工集団であるとみなした。この買収と同盟という考えは結局、なぜヨーロッパの労働者が一九一四年に指導者たちの帝国的産業的権力を支持して相互に敵対する戦争に入ったのかについて、社会主義者が説明するのに役立った。労働貴族は、マルクス主義や社会主義の著述家たちの独占物ではなかった。それは階級、仕事場、家庭、性的諸関係にとって重要であった「尊敬できる態度《リスペクタビリティー》」と呼ばれる行動パターンと密接に結びついていた。

一九五四年にエリック・ホブズボーム［Hobsbawm (2)］は、労働貴族なるものを規定するために六つの指標を示した。すなわち、労働者の所得の水準と規則性、社会的保障の程度、労働過程に対する支配の性質と程度、他の社会階級との関係、一般的生活水準、彼らとその家族の社会的上昇の展望である。一八六〇年代までにはイギリスの労働者の一〇%強が、週二八シリング（一・四ポンド）以上を得ていた。この一〇%はほとんど例外なく、成人男子からなっていた。これに含まれるのは、機械工、造船工、錬鉄工のような急速に拡大する熟練賃金労働者の集団であった。印刷工、ガラスびん製造工、馬車製造工のような古い職種も含まれていた。また、熟練高給労働に特化して労働貴族として生き残った裁縫業や靴製造業のような職種の一部も含まれていた。採炭夫、成人男子の紡績工、石工や他の建築工のようなその他の集団がこのエリート層に占める位置については、さらに議論のあるところであった。労働貴族は世紀半ば以降、社会的経済的集団としてますます重要な役割を果たした。というのは、一八五〇年前後から徐々に、請負制、独立職人、家内生産、小親方の小規模生産にとって代わって、賃金労働が資本・労働関係を支配するようになったからである。徒弟から熟練職人へ、さらに親方へという生涯の自然的な昇進を望める熟練工は少なくなった。彼らはいまや、自分たちの繁栄を守るために、合同機械工労働組合（ASE）のような労働組合に期待するようになった。

階級協調というこの像は、賄賂によってもたらされたのか、それとも交渉力によってもたらされたのかはともかくとして、一九七〇年代に三つの主要な事例研究によってたいへん精緻なものとなった。

雇用主による賄賂と文化的攻撃

一七九〇年代と一八六〇年代のあいだの綿紡績と機械製造の都市オールダムに関する詳細な研究で、ジョン・フォスターは一八三〇年代末と四〇年代に排他的交渉と中産階級の急進的な人々との同盟を通して地方政府の基軸部門を支配するようになった強力な労働者階級の革命的運動を確認した［Foster (3)］。救貧法と警察政策と国会議員選挙が、利潤追求の現金経済における雇用者の権威の支配的イデオロギーに挑戦するような方法で利用された。産業社会の経済的権威的構造は、暴力的な労働組合の行動によって挑戦されただけでなく、継続的なイデオロギー批判によっても挑戦されたのである。この労働者階級の潜在力は、フォスターが「自由主義化《リベラリゼーション》」と呼ぶ過程によって一八五〇年代に消滅した。彼は、「オールダムのブルジョワジーは意識的にその工業力（および帝国の経済的心理的現実性）を使って労働力を分裂させ、上層の人々を買収して政治的に黙従させたことをくわしく示した」［Foster (3) p. 204］。

この過程には二つの主要な要素があった。第一に、三つの主導的産業の労働力が再構成された結果、特権的部分を生みだし、今度はそれが雇用主の権威を維持するのに役立った。一八五二年の機械工のストライキ敗北後は、機械工の熟練自立性は請負親方制にとって代わられ、そこでは単純な準備的作業のかなりの部分が一八歳以下の少年工によってなされるようになった。綿紡績では成人男子の紡績工は、ペースメーカーに転化した。石炭業では明白な分裂はみられないが、一八六〇年代の採炭量検査人の導入とスライディング・スケールの協定は、労使間の直接対決を緩和したことを示している。

変化の第二の要素は、労働者階級の文化的制度に対する大規模な攻撃であった。日曜学校は非宗教的教育よりも宗教的教育を強調し、友愛協会は友愛協会登録署によってますます国家統制のもとに入り、地方長官は労働者階級の集会場である居酒屋を統制するために免許制度を使い、中産階級が援助する熟練工養成所《メカニックス・インスティテュート》のような文化機関が広範に労働者に提供された。これらの文化機関はすべて、市場経済における労働倫理、貯蓄、教育、宗教といった徳目を強調した。論争のこの側面から生ずるより広い論点については、第14章でF・M・L・トムスンが論じる。

工場内パターナリズム

以上述べてきたなかの多くは、これから述べる研究によって修正された。工場の規模がオールダムよりはるかに大きいプレストンのような地域の研究は、綿紡績工の産業労働組合が闘争を制度化するのに重要な役割を果したことを示した。労働組合と協調しようとする多くの雇用者の意志が強まると、しばしば激しく長いストライキが起こるのは防げなかったが、しかし闘争が制限される枠組みと、同じく重要なことだが、政治から切り離される枠組みとが提供された。第二に、ブラックバーンや他のランカシャーの工場都市の重要な研究［Joyce (4)］は、綿工場における労働の権威が労働者階級の隔離された一階層にみられるのではなく、年齢別と性別《ジェンダー》にみられたことを示した。このヒエラルキーは「尊敬できる労働者階級」という価値観と関連しており、紡績雑役工《ドーファー》から紡績不熟練工《ピーサー》へ、さらに紡績工への移動、あるいは女性の場合には織機小屋経由で結婚へという生涯展望と関連している。男性の女性にたいする権威、成人の十代の若者にたいする権威の掌握は、雇用者の権威を支持するのに使われた。最後に、明らかにランカシャーの工場主たちは、一八五〇年代に産業技術が安定すると、労働者全体に接近し工場共同体の内部にパターナリズムの構造を再構成した。所有者と労働者の結合は、グラッドストーン的自由主義とオレンジ党トーリー主義のような政治的同一性によって強化された。その結合は、少額の失業手当、付属の小住宅、公園や成人教育のような共同財の施設によって強化されたが、とりわけ所有者自身の家族のライフサイクルにともなう行事を工場が祝うことがその結合を強化した。この種の研究文献が明示しているのは、労働者階級の分離された階層としての労働貴族の発展は、一八五〇年以降に階級関係の安定性が増したことの唯一の原因ではないということである。

高給エリート

エディンバラとケント州ロンドンに関する二つの研究は、労働者階級の上層の存在がより鮮明なコミュニティーを検討した。一八五〇～八〇年の時期には、グリニッジ、デトフォード、ウリッジの機械、造船、軍需、建設の諸産業に雇用された、比較的高給が保障された熟練工エリートの創出がみられた［Crossick (5)］。エディンバラでは、所得の水準と規則性は印刷工、機械工、石工で不熟練労働者より優っており、靴工でさえもそうであった（図13‐1）。エディンバラの証拠は、このような差異が家賃の点でも、救貧院に至るまでの各職種別人数の点でも、また子供の身長でさえも、明確な結果をもたらしたことを示した［Gray (6)］。

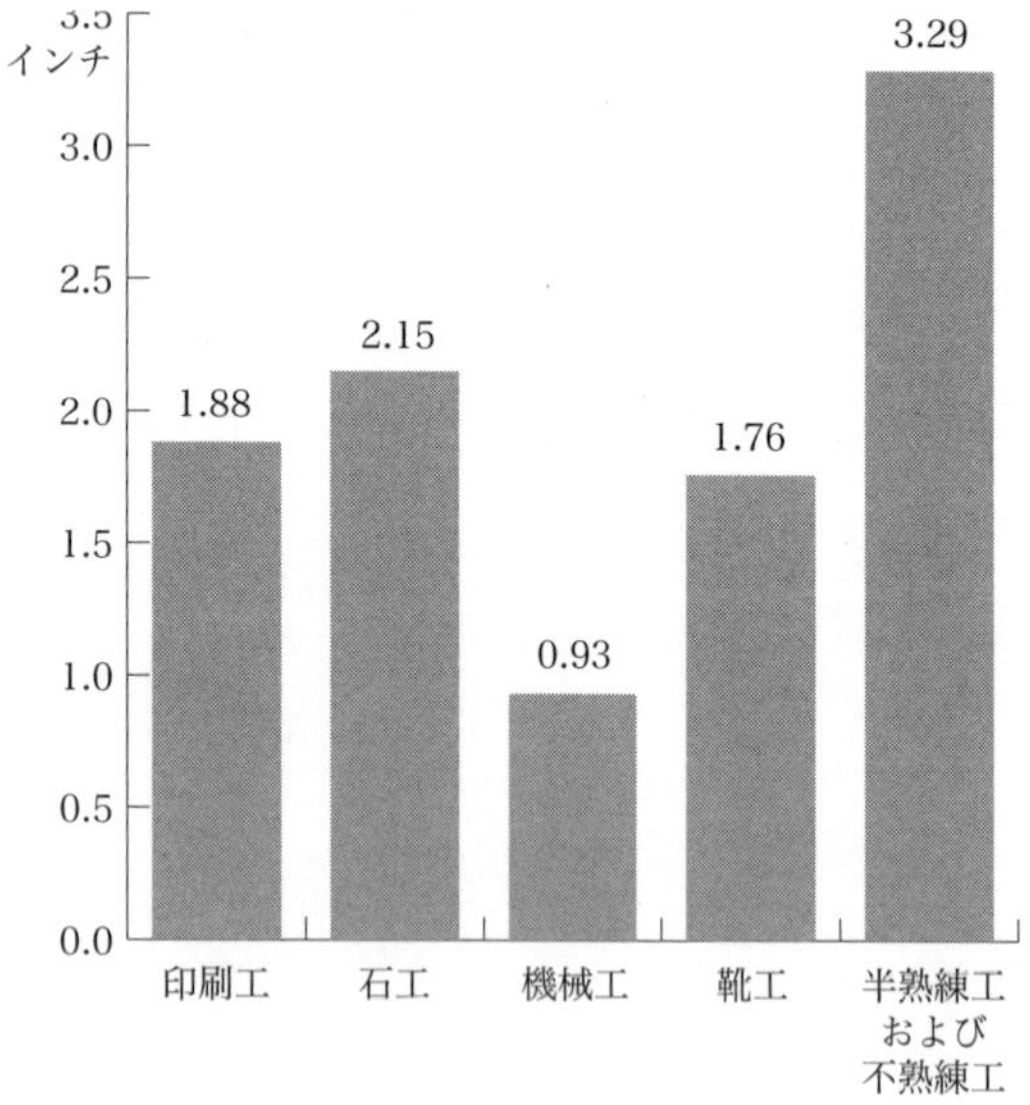

図13‐1　1904年のエディンバラのブロートン校における児童の平均身長に対する不足値

出典）Gray［6］, p. 97の推計による。

この論文のなかのアルティザンという用語の使い方は、一九世紀前半に展開された。それは、小さな仕事場生産にともなう独立性、および熟練職人《ジャーニーマン》から親方《マスター》への生涯にわたる上昇移動の可能性を、保持していたかあるいは喪失したばかりかの産業における熟練した手工業労働に当てはまる。

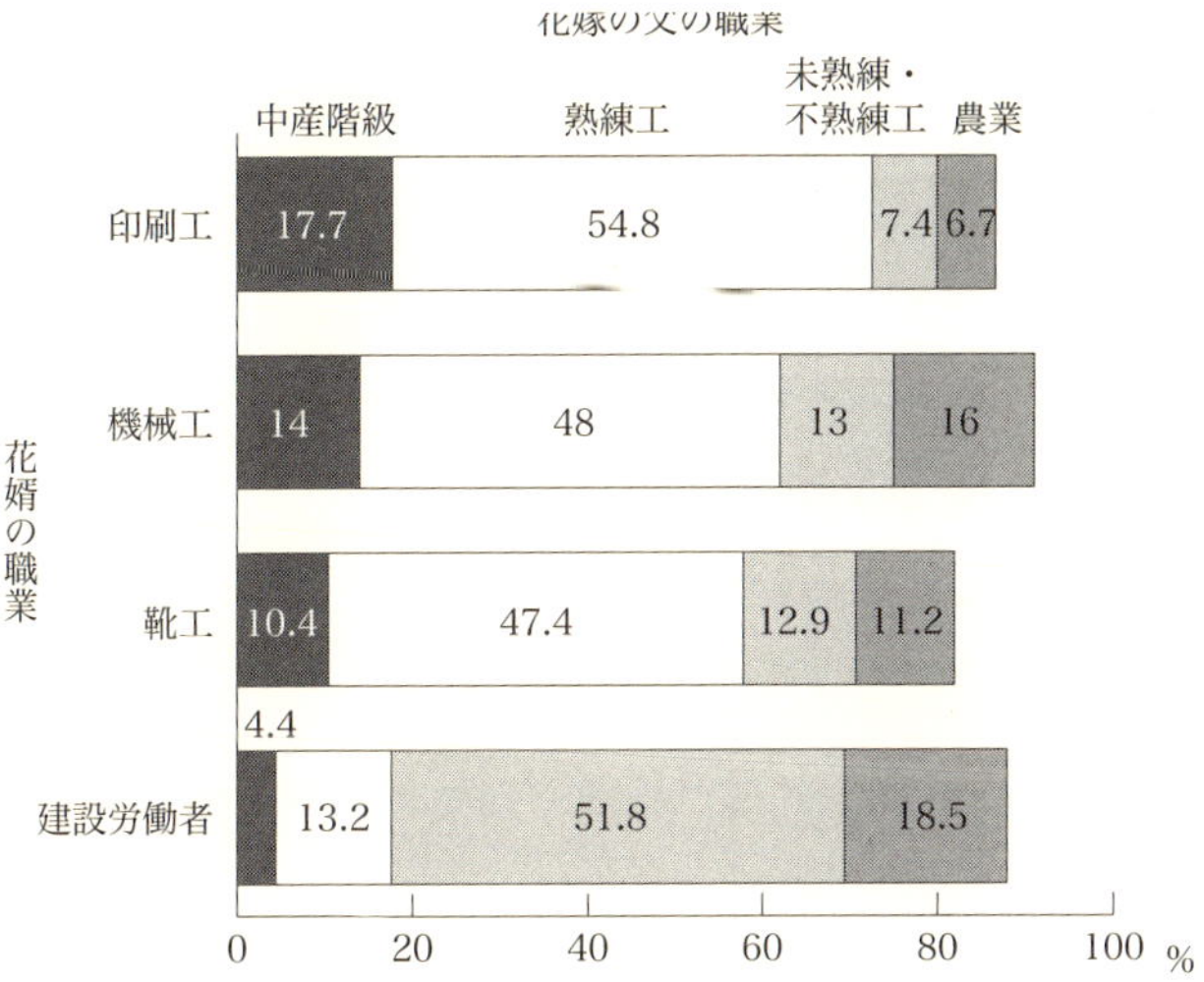

図13-2　1865～69年のエディンバラにおける花婿の職業・義父の職業分布

出典）Gray［6］, p. 112 の推計による。

子供の身長は、家族の生活水準の長期にわたる対比を反映していた。身長は一九〇四年に慈善組織協会（COS）によって測定され、ブロートン校の同年齢の全児童の身長と比較してどれだけ低いかが示された。その学校には、アルティザン（囲みを見よ）や不熟練労働者とともに、小売店主や事務職の子供も通っていた。二つの研究はともに、異なる社会経済集団がそれぞれ集団内部で結婚する程度を観察することによって、労働貴族が労働者階級の他の部分から「分離されている」という主張を検証した。エディンバラのは、花婿の職種と花嫁の父親の職種を比較した数字である。ロンドンのは、花婿と花嫁双方の父親の職種を比較した数字である（生涯の上昇移動の証拠があるとすると、熟練工と不熟練工のあいだの重なりは減少すると推定されよう）。

その結果は、イギリスの階級構造のいくつ

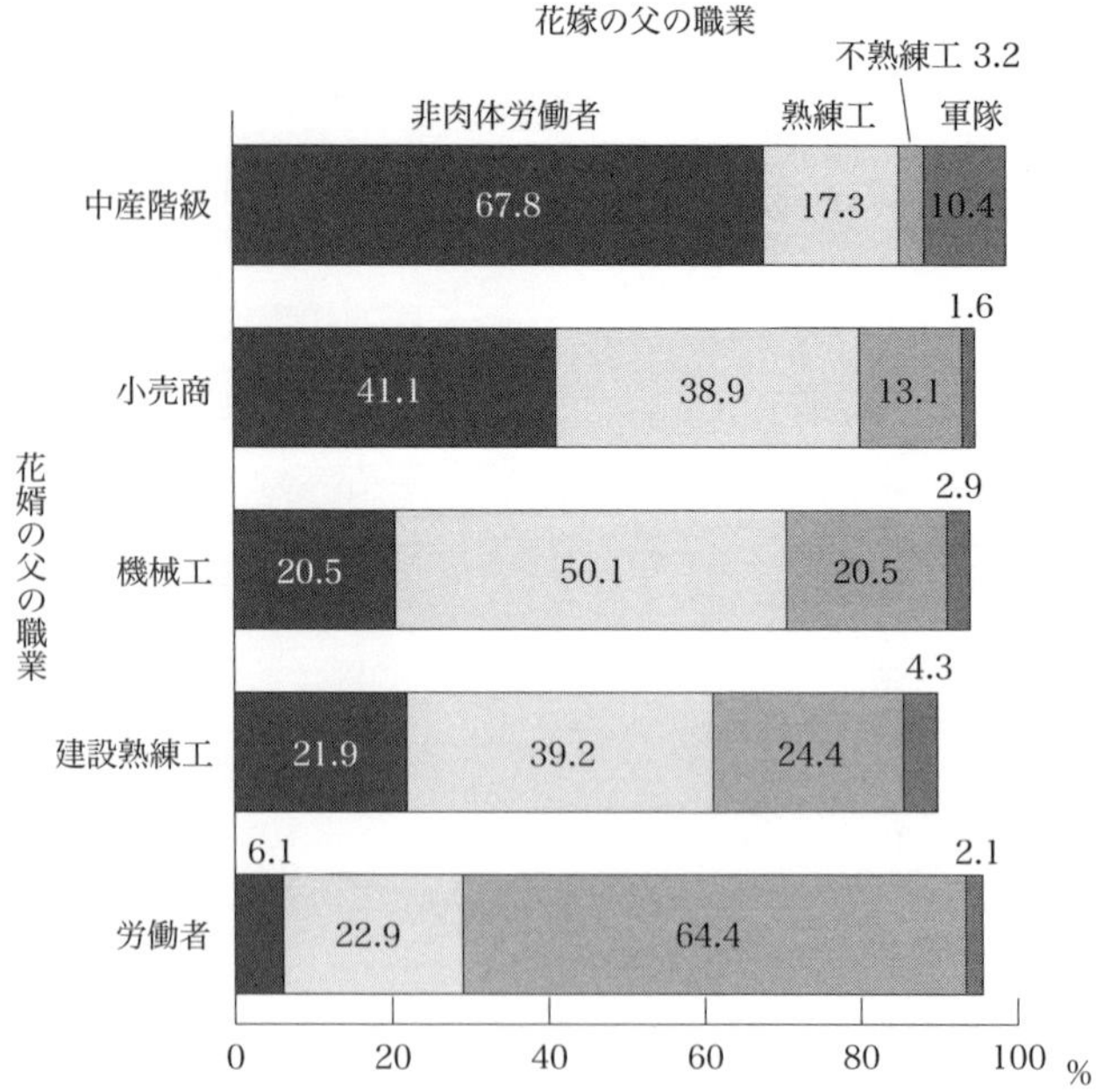

図 13 - 3　1851 〜 1875 年のケント州ロンドンにおける義父の職業分布
出典）Crossick［5］の推計による。

かの特徴を示した（図13 - 2、3を見よ）。熟練工とその息子たちは、不熟練工の家族と結婚するよりも、他の熟練工の家族とより多く結婚したようである。その関係は蓋然性の問題であった。労働貴族は排他的なカーストではなかった。実際ロンドンの数値によれば、肉体労働をしない中産階級が（小集団であるにもかかわらず）熟練労働者階級よりも中産階級のあいだでより多く結婚したようである。労働者階級内部の階層区分は結婚類型にとって重要であるが、社会階級間の区分ほど重要であるわけではなかった。

文化的経済的独立

この二つの研究が発見した文化に関する証拠は、労働貴族と資本所有者のあいだの「協同《コラボレーション》」という見解がけっして明確でも単純でもないことを示唆した。エディンバラの労働貴族の文化は、より早い時期の職人的伝統と明確に切断されてはいなかったことを示した。一八五〇年以降の世代のアルティザンは、依然として友愛組合、飲酒の慣習、職人の誇りというような仕事場のサブカルチャーを通して一体であった。このことは、支部集会や街頭行進のときの旗や記章に表示された。その壮観な旗は、彼らの指導者たちだけでなく彼らの労働過程を詳細に讃えたものであり、近代の労働組合運動でも生き残ったものであった。エディンバラの石工、印刷工、機械工は、小売協同組合、貯蓄銀行、そしてたぶん文芸協会、教会、志願兵のアルティザン組織というような労働貴族のあらゆる制度を利用した。一八六〇年代の志願兵運動は、国家が支援した一種の国防義勇軍であり、世紀半ばの愛国主義の興隆と深く結びついていた。これらの組織はすべて確固とした独立、節約、節制（その極端な形態である禁酒主義では必ずしもないけれども）、秩序ある行状、厳格な家族道徳といった価値観を主張した。

ロンドンやエディンバラでは、買収や協同を示す証拠はほとんどなかった。アルティザンの主要な価値観は依然として独立であった。労働貴族の主な社会的経験は、エディンバラの印刷工場やロンドンの造船工場からイギリスの全地域の建設業に至るまで、労働の細分業化、技術変化、臨時的一時的労働者の雇用、労働希釈化のための女性と少年の導入などにより、雇用者が（労働貴族の）特権を弱めようとたえず試みたことであった。労働貴族は、組織と市場の力が賃金交渉を強化したところでは生き残った。労働の場における権威をめぐって、たえざる激しい闘争があった。労働貴族は、ストライキや徒弟制度の支配や時間規律の支配を通して労働過程の支配権を防衛した。スコットランド西部の鋳鉄工にとって、各鋳造が終わったあと「涼しくなるために一五分の休憩をとることは、組合の規約で決まっていた」。

いわゆる中産階級の行動パターンは、熟練工が実践したときはしばしばまったく異なる意味をもった。教育は、アルティザンが技術変化に遅れをとらないために役立ったが、印刷工ではとりわけ重要だった。貯蓄は、アルティザンが病気のときや産業不況のあいだ、降格の圧力に抵抗できることを意味した。より重要なことは、貯蓄により賃金取得者は賃金交渉のさい、いっそう強力なストライキという脅しをかけることができた。労働貴族は中産階級が創造した文化を略奪し、自分自身の伝統のなかにつくり変えた。尊敬できる態度《リスペクタビリティー》と自助《セルフ・ヘルプ》という価値観は、中産階級の大部分と熟練労働者階級のあいだの見解と行動に同一性と共感をもたらした。これらの価値観は、自己発生したものである。熟練工の政治が「独立的」性格をもったということは、中産階級と熟練労働者階級の文化の同一性によって達成された社会的安定が、その内部に不安定な諸要因を含むことを意味した。このことをきわめて明瞭に示しているのは、アルティザンが一八六〇年代にグラッドストーンの自由党を喜々として支持したケント州ロンドンにおいてであるが、しかし自由党は急進的方策を示すのに失敗し、このような政治的意識のアルティザンたちを地方政党のなかで決定権をもつ地位につかせることに失敗した。価値観の共感がもたらした期待は、失望に変わった。この失望させられた期待は、この同じ労働貴族の熟練工が二〇世紀初期に政治的社会的経済的諸関係に対してまったく異なった貢献をした、一つの要因であった。

変化する政治的価値観

この不安定性は、一八八〇年と一九二〇年のあいだに明瞭に生じた。一八九〇年代までに労働貴族を創出してきた経済的技術的諸条件は変化しつつあったが、とりわけ機械工にとってそうであった [Morris (7)]。新しい半自動的機械は、彼らの労働過程統制能力に脅威を与えた。アメリカに起源をもつ「テイラー主義」と呼ばれる新しい経営方法は、時間動作研究を行ない、その結果スピードアップを実現し、労働の細分化を進めるが、これも同じように脅威を与えた。合同機械工労働組合（ASE）は、旋回旋盤、万能穿孔機、研削機のおもな目的が、「高度な熟練工、すなわち組立工の数」を減少させることにあるとみた。これらの変化や他の職種における同様の変化は、熟練工のモラル・エコノミー、とりわけ「家族賃金」を稼ぐという能力に脅威を与えた。家族賃金は、熟練工がたいへん誇りにする清潔でこぎれいで快適な家をつくるために、彼の妻が家庭内にとどまることを可能にしていた。家族賃金は、家族の貧困に対処するために子供たちを幼少のときから労働させるのではなく、熟練工の息子たちは徒弟に出し、娘たちは尊敬できる職業につかせることを可能にしていた。このような圧力が大きくなるにつれて、このような人々の少数が、民主的でおそろしく道徳的でしばしば国際主義的な、発展した自由主義政治から出現し、小さな集団の一つに加わった。その小集団は、一九一八年の労働党になることになる。

労働貴族のいわゆる協同的価値観に含まれる激しい対決の潜在性は、一九一五年、グラスゴーの家賃ストライキで頂点に達した。戦時インフレが、家賃を賃金急増の賄いうる水準よりはるか上に引き上げた。もっとも厳しい打撃を受けたのは「兵士の妻たち」であり、そのなかの何人かは立ち退かざるをえなくなった。それは熟練工の家族が両親から受け継いできた家族観や愛国主義や正義感の混合物に反する行動であった。女性がそのストライキの中心的指導者だった。というのは、彼女たちの伝統的役割には、家計支出の管理が含まれていたからである。彼女たちは急速に機械工の職場委員の支持を得ていった。職場委員はすでに、女性と不熟練少年工による労働の「希釈化《ダイリューション》」が、そもそも家賃支払いを可能にする「家族賃金」をもたらしてきた経済力にとって脅威であるとみなしていた。当時の政府は切迫した危機を家賃法によって解決したが、家賃法は自由市場を通して低所得住宅を供給するという経済の能力を破壊してしまった。これは、［一九］世紀半ばの熟練工の特権の基礎にあった自由市場を、熟練工が疑問視した方法の最初にしてもっとも重要な結果の一つであった。この同じ熟練工たちが、女性協同《ウィメンズ・コーポラティヴ》ギルドや独立労働党に加入した妻や娘たちとともに、新しい労働党の指導者や党員の重要な要素になった。その価値観と経験は、労働党のその後の歴史において主要な役割を演じることになる。

結　論

歴史家たちは、労働貴族の価値観がそれ以前の職人的アルティザン的伝統から自生的に生じてきたという証拠を、ますます多く収集してきた。労働貴族は、より高い社会諸階級より彼らに提供された文化的創造物を、選択し再解釈した。労働貴族の尊敬できる家族賃金による生活様式を可能にした経済的優位性は、交渉力により勝ち取られ守られてきたものである。労働貴族と中産階級の価値観の同一性は、一八五〇年代と六〇年代の賃労働諸関係に固有の闘争の多くについて交渉するのをより容易にしたが、しかし、その同一性がもたらした期待は、後にイギリス産業社会のなかの支配的権威に対し闘争し挑戦する要因を含んでいた。かくして労働貴族の性格と経験は、二〇世紀のイギリスにおける階級関係と政治関係に寄与したのである。

文　献

(1) John Field, 'British Historians and the Concept of the Labour Aristocracy', *Radical History Review*, **19** (Winter 1978-79).
(2) E. J. Hobsbawm, 'The Labour Aristocracy in Nineteenth Century Britain, and Trends in the British Labour Movement', in *Labouring Men* (London, 1964).
(3) John Foster, *Class Struggle and the Industrial Revolution: Early Industrialism in Three English Towns* (London, 1974).

(4) Patrick Joyce, *Work, Society and Politics: The culture of the factory in later Victorian England* (Brighton, 1980).
(5) Geoffrey Crossick, *An Artisan Elite in Victorian Society: Kentish London 1840-1880* (London, 1978).
(6) Robert Gray, *The Labour Aristocracy in Victorian Edinburgh* (Oxford, 1976).
(7) R. J. Morris, 'Skilled Workers and the Politics of the "Red" Clyde', *Journal of Scottish Labour History*, no. 18 (1983).

第14章　近代イギリスにおける社会統制

F・M・L・トムスン

優れた歴史学、すなわち、生き生きとして、おもしろく、知的に冒険的である歴史学はすべて、他の学問から概念を借りている。過去を解剖し解釈するためのこれらの道具は、法学、神学、経済学、政治学、心理学、人類学、そして他の多くの学問からもってくることができる。それらがなくては歴史学はただの事件の年代記になってしまう。そして叙述的な歴史家が優れた歴史家であるためには、小説家の技術を身につける必要があるといえるだろう。「社会統制《ソーシャル・コントロール》」という用語――これは社会学者と人類学者が展開した概念だが――が社会史家の語彙のなかに現れたことは、したがって歴史的著述の領域と構造をたえず拡大し深化させている、長年にわたる連続的過程の一部なのである。問題は次の点にある。歴史人口学者の使う「粗再生産率《グロス・リプロダクション・レート》」や経済史家の使う「一人当たりの純国民所得」のような道具は、鋭い切れ味を示す厳密な専門的意味をもっており、注意深く扱われるようになるのに対し、社会学者の道具箱から取りだされた器具は、気楽で、ありふれた、無害なものにみえてしまいがちであり、しばしば不適切な作業に無思慮のままぎこちなく使われてしまう。それゆえ「社会統制」は、平易で常識的で単純な意味――権力と権威をもつ者は常にさまざまな方法で社会の他の者を統制しようとする――をもつようにみえる言葉でもあり、同時に理論社会学からもってこられた概念でもある。この曖昧さのために、近代社会史の最近の著述では、混乱した支離滅裂な状態が広がってしまった。新しい術語の流行を追って、何人かの初期の近代主義者たちは、本質的には過剰で余分な言葉づかいをその著作のなかで使い始めた。

社会統制と社会化

A・P・ドナグロジェスキーは、論文集『一九世紀イギリスにおける社会統制』の序文を書いた一九七七年には、「社会統制という概念は、多くの歴史家にはなじみのないものであろう」と書くことができた［Donajgrodzki (1)］。その後、その概念自体については理解が進んでいないとしても、その言葉はなじみのあるものになって教科書にまで広められるようになった。

新たな賢者の石の発見により燃え上がった伝道の情熱によって、社会秩序とその文化的イデオロギー的な支柱を、社会統制のメカニズムのたえまない操作と精緻化の産物として描く学派が奮いたった。この操作と精緻化は、教会、学校、ミュージック・ホール、サッカー試合など、一連の社会的な制度やメカニズム全体に影響を与えるといわれている。救済、教育、娯楽、興奮など、その表向きの明示された目的であるサービスに加えて、これらの制度とメカニズムは、人々の倫理、規範、価値観、そして一般的な行動パターンを決定する、コード化されたメッセージを送る。それらは、人々が信者、学生、聴衆、観客として過ごす生活のある側面に、望ましい規範を浸透させることによって達成される。自明のことのようにみえるかもしれないが、歴史上のいかなる時代のいかなる社会形態であれ、あらゆる社会制度には、それが封建的、資本主義的、共産主義的、独裁的、ファシズム的、民主主義的、キリスト教的、イスラム教的、ヒンズー教的、またはホッテントット的のいずれであろうとも、その構成員がさまざまな倫理的かつ物理的な制裁によって従うことを強制されるような、規則や行為の作法や容認されたふるまい方が必ずある。家族ですら、それが愛情、打算、強制のいずれによって達成されたにせよ、その構成員のあいだで容認された関係の何らかの構造や、構成員の暗黙の役割についての何らかの合意がなければ、社会的単位として存在しえない。実際ある意味では、家族は社会統制の機構の基礎的細胞であり、子供たちを自分たちの住む社会の区域の慣習やしきたりに社会化する（あるいは、家族が崩壊したり不完全なときには、社会化に失敗する）制度である。

このことは、社会統制のメカニズムが伝統的で保守的で体制順応的な目的を強くもっており、統制する権威（親、教師、司祭）が正常で許容しうるとする信念と行動とを維持し再生産するためのものであることを意味する。したがって、その概念は（社会史家が知るようになる半世紀以上も前に）きわめて保守的な社会学の一部として生まれ、コミュニティにおける諸集団がいかにして逸脱者や非国教徒や反逆者に対処するかを説明する理論的な基盤を提供するためのものであった、としても驚くべきことではない。その段階の用語の使い方としては、「社会化《ソーシャリゼーション》」と「社会統制《ソーシャル・コントロール》」という用語は同義だった。つまり、より正確にいえば、許容しうる生活様式への個々人の社会化と、許容しうる行為の規範への適合は、社会統制の行使によって生じる過程と状況を単に記述するものであった。これは集団の規則と慣習の保護者としての権威ある者によって行使された。社会的規律のメカニズムを記述するために専門用語が発展した、というのが実際のところである。専門的職業人が自分の専門分野についてある語彙を発明する場合にはよくあることであるが、その用語は難解かつ不明瞭なものにされた。しかし、それは、社会が自身を再生産するべく不断に続けられている社会的「精神病治療」とか社会的調整とか呼びうることを記述するのには有用だった。その用語では記述することはできたが、説明することはできなかった。なぜヴィクトリア期の中産階級の少女の貞節が重視されたのか、なぜ尊敬できる《リスペクタブル》労働者階級の家では戸口の踏み石を磨きあげ、正面の居間を使わなかったのか、なぜシルクハットをかぶった熟練した椅子張り職人は、徒弟の少年工に仕えられていたのか、なぜ鉱夫は革命歌を歌う代わりに懸賞ニラネギを育てたのか。こうしたことがその用語では説明できないのである。その用語で表現できるのは、このような態度が本質的に変化のない社会でどのように継承され再生産されるのか、ということだけである。

歴史的な応用

しかしながら、歴史学は変化の過程を理解することに関心がある。したがって、社会史家たちがこれらの概念を自分の道具箱に組み入れ始めたとき、彼らがその道具を動的で説明的な役割を果たすようにつくり変えなければならなかったのは当然である。当初は意図されていなかった方法で「社会化」と「社会統制」を区別することがその重要な一歩であった。「社会化」は、社会集団や団体（家族、教会、礼拝堂、パブリック・スクール、連隊、労働組合）がその独自な価値観や習慣の刻印を世代から世代へ、とくに新参者へと伝える過程に言及することになった。「社会統制」は、このような周囲の条件を意味するすべての領域から切り離された。社会統制は、権力と権威をもつ諸集団が自らの価値体系を社会の他の人々に押しつける過程を表現し分析するために、自由に使えるようになった。社会統制は、通常、粗暴な暴力や直接的な法令よりは、むしろ間接的な文化的かつイデオロギー的な圧力によるものだった。ある定式によると、社会秩序は、「法体系や警察力や監獄によって維持されるだけではなく、あるいは、おもにそれらによって維持されるのではなく、宗教から家庭生活にわたる広い範囲の社会制度を通しても表現される。そこには、たとえばレジャーやレクリエーション、教育、慈善や博愛、社会事業と救貧が含まれる」[Donajgrodzki (1)]。社会統制は、これらすべての制度の唯一の目的や動機ではないけれども、その諸機能の一つであると考えられている。

初等教育における優先順位

最初に、あなたは清潔な手と顔と髪で学校に来ることを教わりました。汚れは神が私たちに授けて下さった立派な身体を損ない汚し、病気にかかりやすくします。次に、あなたは秩序を教わりました。つまり、自分の物や帽子やマントやボンネットを片づけ、先生への態度を礼儀正しくていねいにし、お互いに親切にし、授業中は静かにして、学校の他のすべての規則に従うことを教わりました。これはあなたの教育の最初の部分でした。そしてこれらのことが最初に教えられるのは、それらが重要であるためではなく、他の者の平安と安寧のために必要であり、したがって学校の秩序のために必要であるからです。……このように最初に礼儀正しく親切に規律正しくするように習うことが必要なのです。というのは、これはあなたの隣人へのあなたの義務の一部だからです。

1847年に Commissioners on National Education in Ireland によって出版された *Sequel to the Second book of lessons for the use of schools* の抜粋。これらの評価の高い‘Ireland school books’は19世紀半ばのイギリスの小学校で広く使われた。

近代史家がこのアプローチにひきつけられるものは、以下の三点である。

（二）解釈

一八世紀半ば以降に都市産業社会が勃興するのをみると、「伝統社会」における社会的きずなやほとんど非公式な社会制度は、人口増加や都市集中や工業化の圧力により崩壊しつつあったようにみえる。支配階級と中産階級が巧みに社会統制の舵とりをしていたとすれば、労働者階級の大衆が、ピータールーの虐殺やチャーティズムのような騒動と反抗の起きたいくつかの恐ろしい出来事の後に、どのようにして「近代社会」の階級構造の底辺という役割を受けいれるように飼い慣らされ、調整されたかを説明できるように思われる。

（二）統合

あらゆる種類のきわめて種々雑多な任意的団体や圧力団体の目的の一つは、貧民や大衆の性格と行動を感化し形づくることだったという考えは、多岐にわたる異種の諸活動の混乱状態に対して統一的で統合的な枠組みを与えてくれる。

（三）脈絡

社会史のための新しい領域を開拓し、休日やミュージック・ホール、公園、パブ、スポーツのように、以前には真剣に究明されることがなかった対象を研究している個々の歴史家は、自分の個別研究がより広い歴史的意義の脈絡のなかにどのように位置づけられるかを示すために、社会統制という概念装置を用いることに、貴重な精神的かつ知的な支えを見いだしている。

レジャー、レクリエーション、教育

社会統制理論は、レジャーやレクリエーションや教育の歴史を切り開くのに効果的だった。大衆的なレジャーとレクリエーションに対する社会統制という命題は、上流階級および中産階級による干渉と規制の努力によって裏づけられた。それは、監視のない愚かで無秩序な放蕩を、健康的で改良的で整然とした娯楽に代替させようとする努力だった。大衆教育においては、社会統制の意図は、読み書き算術を教える方法に不可欠な一部分として、倫理、宗教、従順、清潔、規律の作法を授けるという篤志学校の目的において明白であった。究明の結果、この両者は、広い意味で同じ社会的な力、すなわち一九世紀初期の福音主義の現れであることが判明する。国教会および非国教会、とくにメソジストにおける福音主義者は、自分たちの周囲の社会における多くの不信心や不道徳、罪深さ、不真面目、無知、単なる快楽追求を深く憂慮していた。彼らは、説教と戒めを通して、また、日曜学校や篤志学校、クラブ、禁酒ホール、慈善団体のような制度――それらは高潔な習慣を育成し教え込もうとした――によって、その状況を矯正しようとした。信仰が毎日の活動と行為を性格づけるほど純粋にキリスト教的な人々の理想はすべて、あまりにも簡単に、礼儀正しさと尊敬できる態度というヴィクトリア期の中産階級の偽善にすりかえられてしまった。残酷なスポーツや、伝統的な祭における明らかに奔放な飲酒やセックスを高潔な信条から非難することは、地域のある特定の不愉快な行為を止めさせたいと思う、資産家や居住者の集団による偏狭な利己主義とすぐに区別がつかなくなった。にもかかわらず、福音主義に啓発された有力な世論集団があった。

このことは、組織された試合や運動競技や園芸のような健康的で精神向上的で規律正しいレクリエーションを意味する、合理的《ラショナル》レクリエーションのキャンペーンをもたらした。また、キリスト教的信条に基づいて運営され、宗教的信念を教育上の指針とする学校での大衆教育のキャンペーンももたらした。その明白な目的は、倫理と作法を矯正し、新しい文化的秩序を教え込み、下層階級に分相応の義務と態度について指導することであった。その意味では、福音主義の文化的な目的と方法は、社会統制と同一である。しかしながら、これが強烈なキリスト教信仰の衣を借りて労働者階級をブルジョア的価値観に服従させようとする階級的運動だと考えるとしたら間違いである。一つには、福音主義者は、粗野で冒涜的で無知な一部の労働者階級と同様に、生活がだらしなく放縦で賭博や姦通にふける貴族もその視野に入れていたからである。もう一つには、福音主義は、中産階級の利害を宗教的ないしイデオロギー的に示す手段とはいえないからである。福音主義は、実利を重んじる中産階級の実務家や実業家のおそらく大多数からは、冷淡または嫌悪感をもった目で眺められていた。そして、福音主義は少なからぬ労働者階級に受けいれられた。彼らは主として熟練労働者と鉱夫であり、自己改善と社会的地位を自助《セルフ・ヘルプ》や倹約、規律、信心、禁酒の報酬として考えていた。

近代資本主義社会の形態への労働者階級の順応と広い受容——それは一九世紀の第4四半期までに明らかだった——が、いままで述べてきた社会統制装置の巧みな作用によるものだと考えるとしたら、さらに大きな間違いであろう。宗教的感情と宗派間の対抗関係は、たしかに篤志学校の設立や一八七〇年教育法に至るまでのそれらの学校の発展に寄与した。それらの学校は、下層階級の必要と地位にふさわしい初等教育を提供するべく、階級の境界線に基づいて慎重に計画され、他方、高等教育は、上流階級のためにグラマー・スクール、私立学校、パブリック・スクールのような別々の学校が提供された。このような特徴は、宗教的な社会統制という命題についての確信を強めるものである。チャーティスト騒擾のまっただなかの一八四三年に、結局は廃案となる教育法案を提案したときのサー・ジェームズ・グラハムの声明も同様である。「警察と兵士はその義務を果たした。いまこそ倫理的で宗教的な教育者が人々を処世の道の誤りから矯正し始めるべき時である」。しかしながら、これらの学校は、その強調する点が著しく世俗的かつ実用的になり、一八五〇年代以降、とくに一八六二年から説教性が薄れてきた。いずれにせよ、個々の子供の出席はあまりに短く不規則になりがちだったので、性格や倫理や信仰に永続的な刻印を残すためには、学校の能力は極端に限定されていたのである。

合理的レクリエーションと禁酒

合理的レクリエーションは、パブ、残酷なスポーツ、賭博、路上の遊戯、そしてその他諸々を排除しようとしたのだが、ことによるとあまり成功しなかったのかもしれない。パブは多くの労働者階級の文化の中心であり、そうあり続けた。一九世紀初頭には、パブは労働者の集会場としての機能を事実上、独占していた。一九世紀にパブをセックスや俗悪、堕落、犯罪、闘鶏、賭博、破壊の闇の社会の中心として攻撃したのは、伝統的な態度の表現だった。しかし、それはきわ立ってはっきりした表現であり、精力的な福音主義者と非国教徒の手によって全国的な禁酒運動として統制さ

図 14 - 1　ロンドンのビアホールの印象
もっとも有名な絶対禁酒主義の芸術家のジョージ・クルクシャンクの『大酒のみの子供たち』(1848 年) より。

れたものだった。しかしながら、ビアホールとパブの数を減らし出入りしにくくすることに直接向けられた努力の全体的な効果は、かなり限定されていた。大半の禁酒改良者は、代替的な絶対禁酒の集会場と、悪魔の酒を自ら進んで、喜びとして拒否するように大衆を導く社会的施設を提供することに、よりよい結果を期待していた。労働者のためのクラブと協会は、中産階級の後援によりこの目的で始められた。一八六〇年代までには、労働者階級のクラブの全体的なネットワークが生まれつつあった。労働者に連帯の利点と喜びを教えるのに、ブルジョア的な教訓は不要だった。その後、中産階級の後援者や擬似社会統制者たちの手から離れ、労働者がクラブの管理を引き受けて、ビールの販売を始めた。そして、

図14-2 禁酒の休息

ドーキングのコーヒー・ルーム。これは1870年代に禁酒運動家のホープ婦人によってコーヒー・パブ運動の一部として組織された。その宣伝にはこうある。「ビール、ワイン、スピリッツ以外ならば、コーヒー、紅茶、ココア、その他どんな飲み物でも出します。……下品な言葉づかいは禁止します」。

パブは労働者階級文化の中心として確固として守られ、缶ビールとテレビの時代まで大した支障もなく存続した。

路上での娯楽やより一般的な路上での生活は、倫理的な圧力ではなく警察の活動によって、抑圧されたり、統制されたり、裏通りに排除されたりした。実際ある歴史家たちは、新しい警察力とその社会的影響力を社会統制という用語で表現しており、何が「厄介者」や「じゃま者」なのかを決定する彼らの自由裁量の力が、普通の労働者階級の人々を苦しめるために使われたのは事実である。その労働者階級の人々は、いつもやってきたことをしたのであるが、公共の場でふさわしい行為とふさわしくない行為についての、本質的には中産階級の規則である不文律を無視したために罪に問われたのである。しかしながら、警察を社会統制の代行者だと考えるのは、誤解や混同をまねくものである。彼らは統治の代行者であり、その権威は、感化と説得の技巧ではなく、法の制裁と国家の強制的権力に基づいている。当然ながら、法も警察も必ずしも客観的で公平で社会的に中立的ではない、と主張することはまったく可能である。それらは、宗教的民族的性的差別と同様、階級的な差別と圧迫の道具として使われうるし、実際に使われてきた。しかし、これは、権力と権威の行使に関する別の問題であり、それを社会統制という命題に含めようとすると、その概念は、それが曖昧で一般的なために、意味のないものになる。

競牛や闘鶏や村対抗の「フットボール」試合のような数多くの大衆的レクリエーションは、一九世紀のあいだに、より規律正しく統制された娯楽にとって代わられた。しかし、これは、合理的レ

禁酒の教え

土曜日の歌を歌おう
給料が家に入る
1銭も残らず使ってしまう
ぶらつくこともできやしない！

日曜日の歌を歌おう
家は真っ暗で空っぽ
妻と子供たちは食べるものもない
家にあるのは堅いパンがひと切れ！

月曜日の歌を歌おう
「治安判事」の前に引き出され
20シリングの罰金
そうじゃなければ「1週間」の監獄暮らし！

子供たちは救貧院に
妻は救貧院に！
われわれイングランド人の生活の
おぞましい汚点ではないか？

1890年代の子供用禁酒絵本の注解集から。これは禁酒者と酒飲みの週末を対照している。

クリエーションの福音というよりは、レジャーの商業化がもたらした対抗的な呼び物が生まれたためであった。ミュージック・ホール、海辺への旅行、遊覧旅行列車、遊園地、祭の会場、自転車道路、そして観戦するスポーツ、とくにフットボールは、一九世紀後半（とくに第4四半期）に勢いよく成長し、積極的に大衆文化に組み入れられた。疑いなくそれらは、労働者階級の活動力を階級闘争の追求からそらす呼び物としても、余暇時間と労働時間の区別をはっきりさせる活動としても、重要な文化的影響があった。そうしたことを通じて大衆的レクリエーションは、工業労働の規則性と規律性を強化した。その規則性と規律性は、以前は不定期な長期欠勤という古い慣習によって混乱させられていたのだった。これらの商業的催し物を提供した興業主が、顧客の規律正しい行動を保証することに関心があったことも事実である。というのは、彼らは損害から守るべき高価な設備と施設をもっていたからである。警察の介入と閉鎖をまねくような危険にさらされることは、営業上きわめて悪いのである。それでも、これらは商業的事業や経済活動がいつも生みだす類の間接的な行動の結果にすぎない。レジャーの興業主が催し物や娯楽、空想、幻影を供給したのは、大衆の要求に合わせると儲かるためである。そうした状況は、労働者階級の実質所得の上昇によってもたらされた。ミュージック・ホールの経営者や蒸気回転木馬の所有者や鉄道会社の経営者を、社会統制の無意識の代行者と呼ぶのはただの冗言にすぎず、そのような呼び方をしても、彼らの職業と営業の性格から知りえる以上の知識は何も付け加わらない。

結　論

社会統制というアプローチを批判的に検討することによって、都市的で工業的な資本主義社会に特有の社会秩序を導いたその社会転換の過程について、もう一つの解釈が生まれる。この社会秩序が、法体系や警察や監獄だけではなく、この章で論じたような非強制的な代行者によっても維持されたことは認めてもよいだろう。しかしながら、次の二点を認識するべきである。すなわち、このような社会統制の担い手の目的と結果のあいだにはしばしば大きな乖離があったこと、そして、改善者や改良者は、しばしば社会統制の担い手というより社会化の担い手であったことである。大衆の社会的習慣の大きな変化は、複数の物質的要因や姿勢上の要因が収斂した結果である。それらのなかで顕著なのは、工場労働の規律、より専門的な警察による法の執行、生活水準の向上、そしてこれに関連することだが、功名心と願望の自発的な社会化を具体化する競争の過程である。この再評価でもっとも重要なのは、労働者階級の歴史が独自の活力と論理的根拠をもっていたことを再び評価していることである。労働者階級の歴史は、中産階級の教育者や操縦者に対する一連の二次的な対応とするだけではすまされないものだった。

自明のことではあるが、経済関係は社会関係でもある。労働者に対するもっとも強く直接的な影響は雇用者によって行使され、市民に対しては国家や法と行政という国家装置によって行使される。自助、倹約、勤労、自立、時間厳守、節酒、清潔、そして尊敬できる態度全般といった「ヴィクトリア期の価値観」が常に広く受けいれられたとされる範囲については、疑わしいところがある。しかし、それらが労働者階級文化の一部になったことについていえば、それらは労働の経験や警察の存在や教会の影響から生まれたのである。これらの影響は、もしそうしたければ、社会統制の諸形態として述べてもよいだろう。しかし、雇用者は労働者を管理し統制し、警察は群衆を統制し、牧師は信徒団を指導した、といったほうがもっと明瞭である。「社会統制」と呼べるような、これらを超えて行使される別の付加的な機能は存在しない。くわしく研究すると、階級関係を説明する理論としての社会統制は瓦解する。残されるのは、次のような有益な示唆として機能するいくつかの言葉である。すべての政治的社会的経済的制度は、行動の型と規準に何らかの影響を与え、文化や生活様式を形成するのに寄与する。

文　献

(1) A. P. Donajgrodzki (ed.), *Social Control in Nineteenth-Century Britain* (Croom Helm, 1977).
(2) G. Stedman Jones, *Languages of Class* (Cambridge, 1983).
(3) F. M. L. Thompson, 'Social Control in Victorian Britain', *Economic History Review*, 2nd series, XXXIII (1981).
(4) S. Cohen and A. Scull (eds), *Social Control and the State: Historical and Comparative Essays* (Oxford, 1983).
(5) R. Gray, 'The Deconstruction of the English Working Class', *Social History*, **11** (1986).
(6) P. Joyce, 'In Pursuit of Class: Recent Studies in the History of Work and Class', *History Workshop Journal*, **25** (1988).
(7) R. Price, 'Conflict and Cooperation: a Reply to Patrick Joyce', *Social History*, **9** (1984).
(8) J. Zeitlin, 'Social Theory and the History of Work', *Social History*, **8** (1983).

訳者あとがき

『社会史と経済史――英国史の軌跡と新方位』と題された本書は、一九八九年に刊行された *New Directions in Economic and Social History* を訳出したものである。編者のチャールズ・ファインスティーンとアン・ディグビーは、第一線の研究者が近年の新しい研究方法と成果をとり入れながら論点を整理した、経済史と社会史の一四点の論文を収録した。もともとはイギリスの経済史学会が強力に後押しする『リフレッシュ』誌に掲載された論文である。経済史・社会史研究において、通説的な断続説に対し近年連続説が新しい史料と方法を採用して影響力を与えつつあるが、それをどう捉えたらよいのだろうか。本書に収録された論文は、それぞれ具体的な研究を通して、読者にこうした問題への重要な示唆を与えてくれるだろう。

ファインスティーンは長年オックスフォード大学のオールソウルズのチチェル経済史教授であり、その数量経済史の泰斗による著作は国民所得推計などもっとも多く引用されるものとして定評があった。他方、ディグビーはオックスフォード・ブルックス大学の社会史教授として、社会政策史、精神病院史、医療史の傑出した著作を発表していた。じつは私は、一九九八年にオックスフォードに一年間留学したときチャールズのゼミに参加する機会が与えられるまで、編集者のチャールズとアンが夫妻であることを知らなかった。すでにその数年まえから三人の若い学徒とともに、本書の訳出を始めていたにもかかわらず、である。まもなく、家族ぐるみのお付き合いが始まった。一見近づきがたい印象を与えるチャールズが、深く暖かいハートの持ち主であることはすぐにわかった。南アフリカのヨハネスブルクに生まれ育った彼は、若き日にアパルトヘイト反対の運動に先陣をきって身を投じ、逮捕寸前にイギリスに逃れ、その後帰国すれば逮捕されるという状況が続いたためケンブリッジ大学にとどまり、学生生活を続けたことも話された。だから、南アフリカの黒人が解放されマンデラが自由の身になった一九九〇年代になってはじめて、チャールズは帰国することが可能となり、以後毎年休暇を利用して南アフリカの大学で無償の講義を続けてきたのだった。

二〇〇二年春に二カ月間、チャールズとアンを慶応大学経済学部に特別招聘教授としてお招きし、講義をしていただいた。チャールズは一九三〇年世界恐慌前後の金融史を、アンはアフリカとイギリスの比較医療史を講じた。そのさい本書の「日本語版への序文」をいただいた。お二人はすでに、本書刊行後今日までの十年あまりの経済史と社会史の研究状況をサーベイしてほしいとの私の依頼を快諾されていたのだが、その「序文」を手にして読んだ私は少なからず感嘆した。それはチャールズによる経済史のサーベイ、アンによる社会史のサーベイにとどまらず、産業革命期の生活水準に関する画期的主張がなされ、全体として著者たちの熱気が伝わってくるものだったからである。

生活水準論争のチャールズの主張は、すでに一九九八年の *Journal of Economic History* に発表した論文 'Pessimism Perpetuated' で明らかにされており、それは一九九九年三月のオックスフォードにおける経済史学会のアシュトン記念講演でも報告されたものであるが、この「日本語版への序文」ではそれが圧縮された形で書かれている。一九九八年の論文では、生活水準の指標としての実質賃金を算出するために、名目賃金と物価指数をもうこれ以上は入手できないというほど徹底的に収集し、それを綿密に分析した。チャールズは、アメリカの経済史家リンダートとウィリアムソンが実質賃金（成人男子）は一八二〇〜一八五〇年に二倍になったと主張する超楽観論（一九八三年）を明らかに意識していた。チャールズの驚くほど綿密な分析結果は、一七七八〜八二年から一八五三〜五七年のあいだに上昇はせいぜい一〇〜一五％にすぎないというものだった。ウィリアムソンたちの数値とは名目賃金では差異はみられない（むしろきわめて類似している）が、物価指数で彼らほどの低下を示していない（したがって、実質賃金がそれほど上昇していない）からである。その差異は、ウィリアムソンたちよりもより多数の物価指数を収集した（とくに家賃が決め手になった）ことによる。チャールズはアイルランド問題、失業や短時間労働の問題、都市のアメニティーの問題も計算に入れている。そして実質賃金の低い上昇率という結果のほうが、一九世紀前半の身長の低下、幼児・児童の死亡率の上昇などの研究結果とも矛盾しないし、ラダイト運動やチャーティズムなどの社会運動が生じたこととも矛盾しない、と主張する。

私は一九九八年にオックスフォードで、出たばかりの論文の抜き刷りをいただき、それに対する長い「コメント」(らしきもの)をチャールズに書いたことがある。チャールズはウィリアムソンにも抜き刷りを送ったが、何の返信もなかった、とのことであった。先に触れた翌年の経済史学会での報告では、スクリーンに実質賃金を導くまでの多くのグラフが示され、満員の聴衆(私も聴衆の一人であったが)を魅了した。この産業革命期の生活水準論争は長い論争の歴史をもち、現在の経済史学界において依然として、「産業革命」はあったのか、それともなかった(単なる「工業化」だけだった)のかという問題とも密接に関連する、重要な論点の一つである。産業革命が終わるか終わらない時期にすでにポーターが楽観論を唱えたのに対し、エンゲルスが悲観論(一八四五年)を唱えたし、二〇世紀に入ってクラッパム(一九二六年)がハモンド夫妻などの悲観論を否定したことを経て、一九六〇年前後にはハートウェル対ホブズボーム論争がなされた。それ以降も論争は続いてきたが、数量経済史家ファインスティーンがホブズボームなどの悲観論者と同じ結論に到達したことの含意するところはきわめて深いと考えられる。全国的実質賃金を算出して楽観論を主張する試みは、今後数年間(あるいはそれ以上の期間)は出現しないものと思われる。

二〇〇三年一一月に、チャールズはケンブリッジの名誉あるエレン・マッカーサー記念講演に招聘され、四回の講演を行なったが、そのテーマはなんと「アフリカ経済史」だった。そのときはケンブリッジに留学中だった私の家にチャールズとアンをお招きし、夕食をともにしたとき、彼は「せっかくの記念講演なので、イギリス史ではなく新しいテーマの『アフリカ史』を二年間準備しました。これを本にしたい。もう一つやっている仕事は、一八五一年のあらゆるデータを用いてイギリス社会を輪切りにし明らかにすることです。私は大学行政には関わらなかったので生涯研究できる。こんな幸せはありません」と語った。「まもなく再手術します。癌ですが、大したことはないので心配ありません」ともいわれた。その日の夜半、私の父が急逝し、翌日急遽帰国したためチャールズの最後の講義を聴くことができなかった。だが、チャールズも二〇〇四年一一月、不帰の客となられた。本書が間に合わなかったのは残念至極である。遺されたアンの心痛に思いを馳せながら、チャールズのご冥福を祈るものである。没後、『南アフリカ経済史』がOUPから刊行された。

本書は、松村、長谷川、髙井、上田が分担訳出したものを相互に交換し修正したのち、松村が全章を用語や形式の統一を含めて点検し、ポリッシュした。索引は髙井が作成した。したがって、誤訳や不適訳は松村の責に帰されるべきものである。本訳書の刊行に際しては、北海道大学出版会の今中氏には大変おせわになった。記して謝意を表したい。

二〇〇七年三月

訳者を代表して　松村高夫

著者一覧

ニック・クラフツ　Nick [Nicholas] Crafts　ウォーリック大学経済史教授
British Economic Growth during the Industrial Revolution (1985) ほか、イギリスとヨーロッパの経済成長に関する論文多数。

トム・ディヴァイン　Tom [Thomas Martin] Devine　ストラスクライド大学スコットランド史教授［現在、エディンバラ大学スコットランド史教授］
スコットランド史に関して *Lairds and Improvement in Enlightenment Scotland* (1979); *The Great Highland Famine: Hunger, Emigration and the Scottish Highlands in the Nineteenth Century* (1988) など執筆。

アン・ディグビー　Anne Digby　オックスフォード・ポリテクニク社会史上級講師、オックスフォード大学経済学研究所リサーチ・アソシエイト［現在、オックスフォード・ブルックス大学歴史学教授］

チャールズ・ファインスティーン　Charles Feinstein　オックスフォード大学現代経済・社会史准教授、オックスフォード・ナフィールドコレッジ・フェロー［同大学経済史前教授］

ロドリック・フラッド　Roderick Floud　ロンドン大学バークベックコレッジ近代史前教授、現在ロンドン市ポリテクニク学長［ロンドン市立大学前学長］
最新の著書は、*The Heights of the British, 1750-1980* (with A. Gregory and K. W. Wachter, 1989)。

サリー・ハーヴェイ　Sally Harvey　リーズとオックスフォードの大学で中世史講師［原著刊行当時］
Domesday Book and its Purpose (1987) 他、ドゥームズデイ調査に関する論文多数。

トム・ホプキンス　Tom [Tony] Hopkins　バーミンガム大学経済史教授
P・J・ケインと共同で、一九〜二〇世紀のイギリス帝国主義を再解釈する著作を完成しつつある。

ジェイン・ルイス　Jane Lewis　ロンドン経済学院社会科学・行政学准教授〔現在、同学院社会政策教授〕
The Politics of Motherhood (1980); *Women in England 1870-1950* (1984) など、広範に女性と女性史を執筆。

ロジャー・ミドルトン　Roger Middleton　ブリストル大学経済史講師〔現在、同大学政治経済史教授〕
Towards the Managed Economy: Keynes, the Treasury, and the Fiscal Policy Debate of the 1930s (1985) 他、イギリス経済政策に関する論文多数。

ボブ・モリス　Bob〔Robert John〕Morris　エディンバラ大学経済・社会史学部上級講師〔現在、同大学経済社会史教授〕
Class and Class Consciousness during the Industrial Revolution (1979); *The Atlas of Industrializing Britain, 1790-1914* (co-editor, 1986) 執筆。

マーク・オーヴァートン　Mark Overton　ニューカッスル大学地理学講師〔現在、エクセター大学経済社会史教授〕
農業史に関する論文多数。*Agricultural Revolution in England: the transformation of the rural economy, 1550-1830* を完成しつつある。

テッド・ロイル　Ted〔Edward〕Royle　ヨーク大学歴史学上級講師〔現在、同大学歴史学教授〕
Radicals, Secularists, and Republicans (1980); *Modern Britain, A Social History, 1750-1985* (1987) 他、経済・社会史の論文多数。

パット・セイン　Pat Thane　ロンドン大学ゴールド・スミスコレッジ社会科学・行政学上級講師〔現在、同大学歴史学研究所現代英国史教授〕
現代社会政策史の専門家。*The Foundations of the Welfare State* (1982) など、社会福祉に関して広範に執筆。

マイケル・トムスン　Michael Thompson　ロンドン大学歴史学研究所所長〔原著刊行当時〕
English Landed Society in the Nineteenth Century (1963); *The Rise of Respectable Society. A Social History of Victorian Britain* (1988) など、イギリス経済・社会史に関して多数執筆。

マイケル・ターナー　Michael Turner　ハル大学経済史上級講師〔現在、同大学教授〕
English Parliamentary Enclosure (1980); *Enclosures in Britain 1750-1830* (1984) など執筆。

トニー・リグリー　Tony〔Edward Anthony〕Wrigley　ロンドン経済学院人口研究前教授、人口と社会構造史ケンブリッジグループ所長、オックスフォード、オールソウルズ上級リサーチフェロー〔ケンブリッジ大学経済史前教授、英国学士院前会長〕
The Population History of England 1541-1871. A Reconstruction (co-author 1981) 執筆。

訳者一覧

松村高夫　慶應義塾大学名誉教授。専門はイギリスの社会史・労働史。著書に『日本帝国主義下の植民地労働史』（不二書房、二〇〇七年）、『イギリスの鉄道争議と裁判――タフ・ヴェイル判決の労働史』（ミネルヴァ書房、二〇〇五年）、*The Labour Aristocracy Revisited : The Victorian Flint Glass Makers* (Manchester University Press, 1983)。共著書に『連続講義東アジア――日本が問われていること』（岩波書店、二〇〇七年）、『裁判と歴史学――七三一細菌戦部隊を法廷からみる』（現代書館、二〇〇七年）、『戦災復興の日英比較』（知泉書館、二〇〇六年）、『満鉄労働史の研究』（日本経済評論社、二〇〇二年）など多数。共訳書にR・ハリソン『産業衰退の歴史的考察――イギリスの経験』（こうち書房、一九九八年）、D・ダビディーン『大英帝国の階級・人種・性――W・ホガースにみる黒人の図像学』（同文舘出版、一九九二年）、トニー・メイソン『英国スポーツの文化』（同文舘出版、一九九一年）、T・S・アシュトン『イギリス産業革命と労働者の状態』（未来社、一九七二年）。

長谷川淳一　慶應義塾大学経済学部教授。専門はイギリス・日本の戦後社会・都市計画史。著書に *Replanning the Blitzed City Centre* (Open University Press, 1992)、共著書に *Urban Reconstruction in Britain and Japan, 1945-1955* (University of Luton Press, 2002)、『戦災復興の日英比較』（知泉書館、二〇〇六年）、共訳書にP・クラーク『イギリス現代史――1900-2000』（名古屋大学出版会、二〇〇四年）。

高井哲彦　北海道大学大学院経済学研究科准教授。専門はフランスの組織史・社会史・帝国史。共著書に『外国経営史の基礎知識』（有斐閣、二〇〇五年）、論文に「フランス労使関係における多元構造の起源」『経済学研究』二〇〇三年一二月号など、共訳論文にD・ランデス「産業革命再訪」『社会経済史学』（第五七巻第一号）。

上田美枝子　慶應義塾大学経済学部卒。

■ や行

■ ら行

■ わ行

■ は行

■ ま行

■ た行

■ な行

■ さ行

索　引

社会史と経済史——英国史の軌跡と新方位

2007年10月10日　第1刷発行

著　者　A. ディグビー
　　　　C. ファインスティーン

訳　者　松　村　高　夫
　　　　長谷川　淳　一
　　　　髙　井　哲　彦
　　　　上　田　美枝子

発行者　吉　田　克　己

発行所　北海道大学出版会

札幌市北区北9条西8丁目　北海道大学構内（〒060-0809）
tel.011(747)2308・fax.011(736)8605・http://www.hup.gr.jp

アイワード

ISBN 978-4-8329-6680-2